CB139635

casa
DESIGN&DECORAÇÃO

casa
DESIGN&DECORAÇÃO

CLARE STEEL

PUBLIFOLHA

DK | Penguin Random House
www.dk.com

Título original: *Step-By-Step Home Design & Decorating*
Copyright © 2012 Dorling Kindersley Limited
Copyright © 2015 Publifolha Editora Ltda.

Publicado originalmente na Grã-Bretanha em 2012 pela Dorling Kindersley Limited, 80 Strand, Londres WC2R 0RL, Inglaterra, uma empresa da Penguin Random House.

Todos os direitos reservados. Nenhuma parte desta obra pode ser reproduzida, arquivada ou transmitida de nenhuma forma ou por nenhum meio sem a permissão expressa e por escrito da Publifolha Editora Ltda.
Proibida a comercialização fora do território brasileiro.

COORDENAÇÃO DO PROJETO: PUBLIFOLHA
Editor-assistente: Thiago Barbalho
Coordenadora de produção gráfica: Mariana Metidieri
Produtor gráfico: Rodrigo Luis de Andrade

PRODUÇÃO EDITORIAL: PÁGINA VIVA
Edição: Laura Vecchioli, Rosi Ribeiro
Tradução: Luis Reyes Gil, Anna Quirino
Revisão: Temas e Variações Editorias
Produção gráfica: Bianca Galante

EDIÇÃO ORIGINAL: DORLING KINDERSLEY
Editora do projeto: Laura Palosuo
Editora: Hilary Mandleberg
Editoras de arte: Jane Ewart, Glenda Fisher
Editora de arte do projeto: Hannah Moore
Assistente de arte: Charlotte Johnson
Editora de produção: Jennifer Murray
Controller de produção: Seyhan Esen
Suporte técnico criativo: Sonia Charbonnier
Fotografia: Ruth Jenkinson
Diretoras de arte de fotografia: Jane Ewart, Alison Shackleton
Capa: Nicola Powling
Gerente editorial: Penny Smith
Gerente de arte: Marianne Markham
Publisher: Mary Ling
Diretora de arte: Jane Bull

Dados Internacionais de Catalogação na Publicação (CIP)
(Câmara Brasileira do Livro, SP, Brasil)

Steel, Clare
Casa : design e decoração / Clare Steel ; [tradução Luis Reyes e Anna Quirino]. – São Paulo : Publifolha, 2015. – (Passo a passo)

1ª reimpr. da 1ª ed. de 2012.
Título original: Step-by-step home design & decorating.
ISBN 978-85-7914-413-4

1. Arquitetura de interiores 2. Casa – Planejamento 3. Decoração de interiores 4. Design I. Título. II. Série.

12-12239 CDD-747.797

Índice para catálogo sistemático:
1. Casa : Decoração de interiores 747.797

Este livro segue as regras do Acordo Ortográfico da Língua Portuguesa (1990), em vigor desde 1º de janeiro de 2009.

Impresso na Hung Hing, China.

PUBLIFOLHA
Divisão de Publicações do Grupo Folha
Al. Barão de Limeira, 401, 6º andar
CEP 01202-900, São Paulo, SP
Tel.: (11) 3224-2186/2187/2197
www.publifolha.com.br

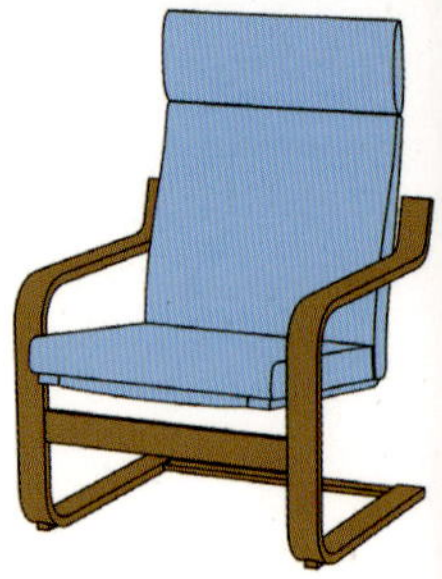

SUMÁRIO

  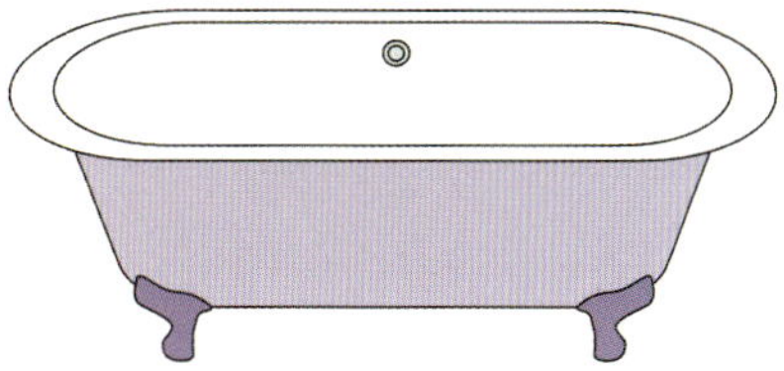  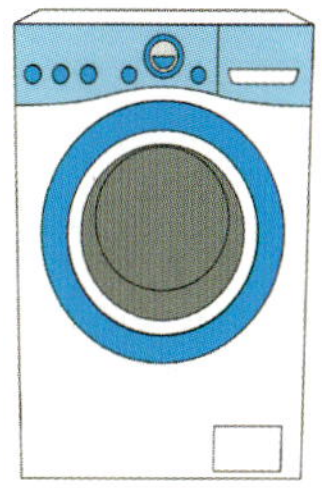

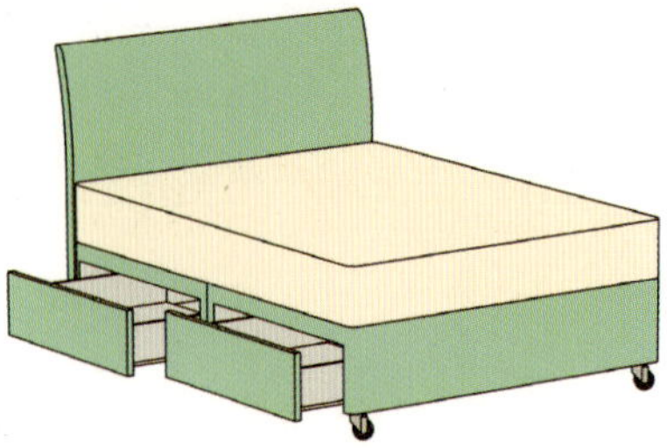 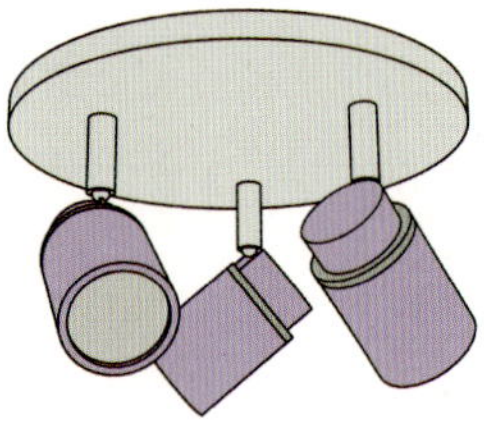 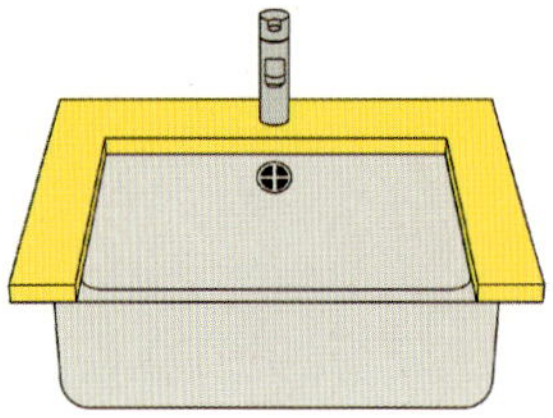  

QUARTOS 170

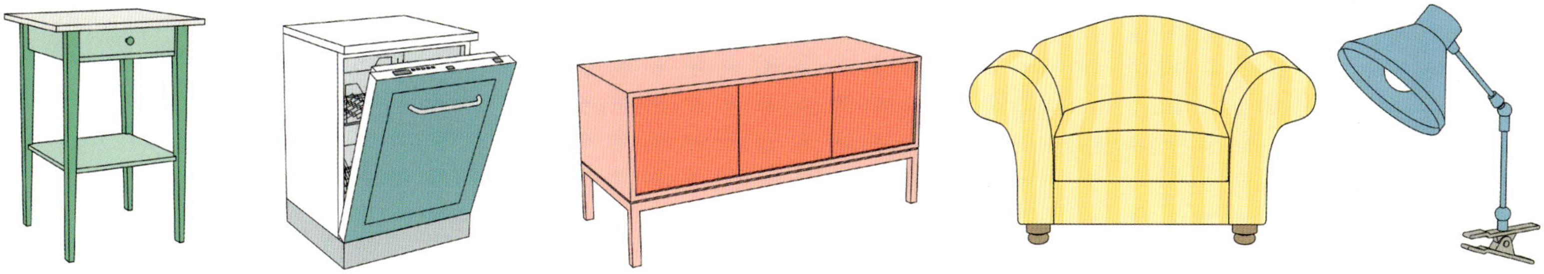

HALL DE ENTRADA 226

ESCRITÓRIO 252

APÊNDICES

APRESENTAÇÃO

Nos últimos quinze anos, trabalhei para diversas revistas de decoração de interiores como designer e redatora, criando ambientes que pudessem inspirar os leitores e também tratando dos detalhes práticos de quase todos os aspectos ligados à decoração e funcionalidade de uma casa.

Nesse período, mudei de casa três vezes. Cada uma que comprei estava num estado de manutenção diferente, e a cada mudança fui ficando mais audaciosa. A primeira exigiu reparos gerais; na segunda, precisei acrescentar mais personalidade; e na última, uma propriedade geminada da década de 1920, mudei tudo: instalação elétrica, encanamento, janelas.

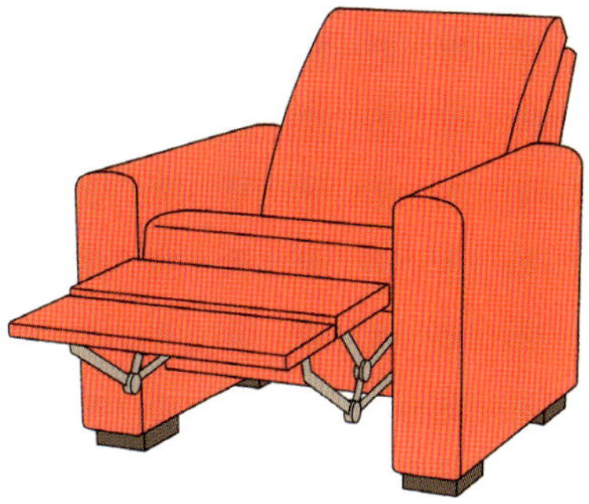
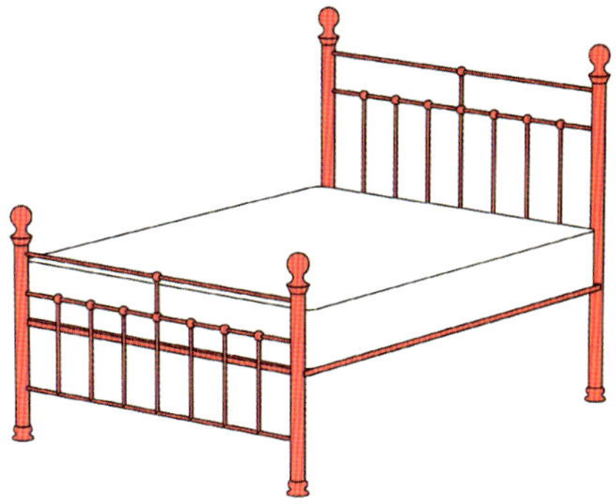

Abordei cada um desses projetos confiando no conhecimento e na experiência que adquiri com meu trabalho, mas minha vida teria sido bem mais fácil se eu tivesse contado desde o início com um livro como este.

Todos sabemos que projetar e decorar uma casa pode custar bastante dinheiro, consumir muito tempo e às vezes se tornar algo estressante. Por isso, trabalhei junto com a Dorling Kindersley, a fim de criar esta abordagem passo a passo, e espero ajudar os leitores a poupar tempo, dinheiro e estresse.

Nossa intenção com este livro é mergulhar você nos aspectos práticos do processo, para que faça o trabalho necessário em sua casa, na

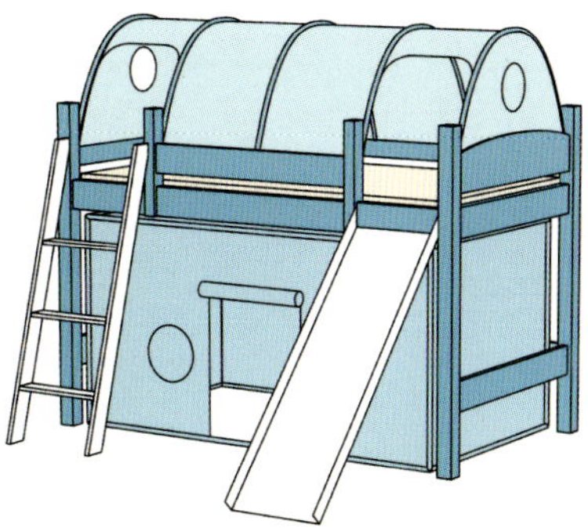

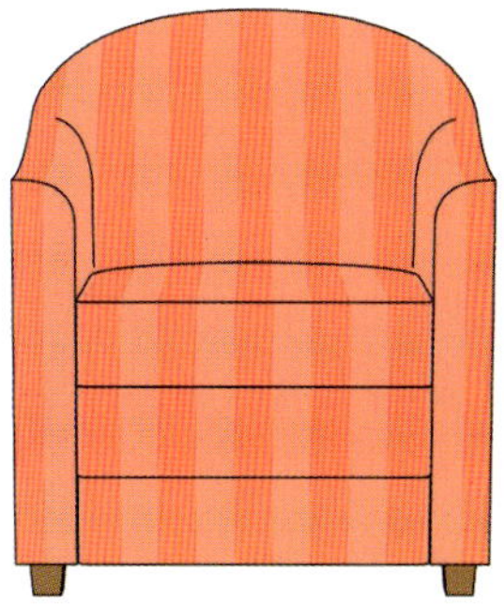
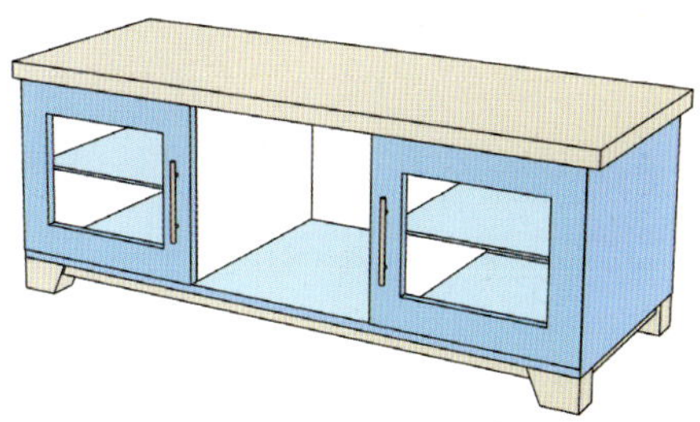

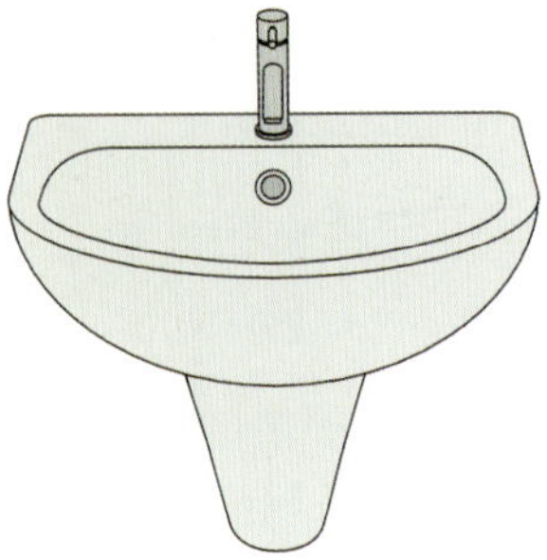

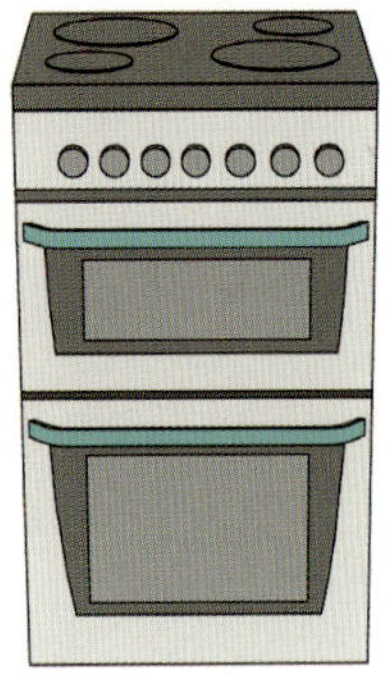

ordem correta, e para que esteja bem informado a respeito de materiais e acabamentos antes de efetuar a compra. Tratamos de todos os materiais de que você irá precisar – de torneiras a tapetes –, abrangendo vários estilos de casas e diversas abordagens e gostos. Seguindo essa orientação, procuramos fornecer toda a informação possível para ajudá-lo a ficar dentro do orçamento que você estipular. Fornecemos ainda projetos práticos – apresentados passo a passo –, para que você mesmo possa criar soluções únicas para sua casa.

Além dos detalhes práticos, cuidamos do aspecto decorativo para se renovar uma casa com bom gosto. Para isso, dividimos em etapas o processo de criação de um estilo decorativo, a fim de torná-lo viável,

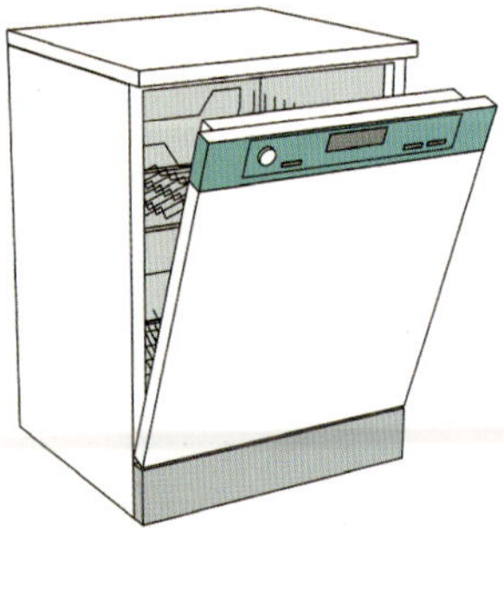
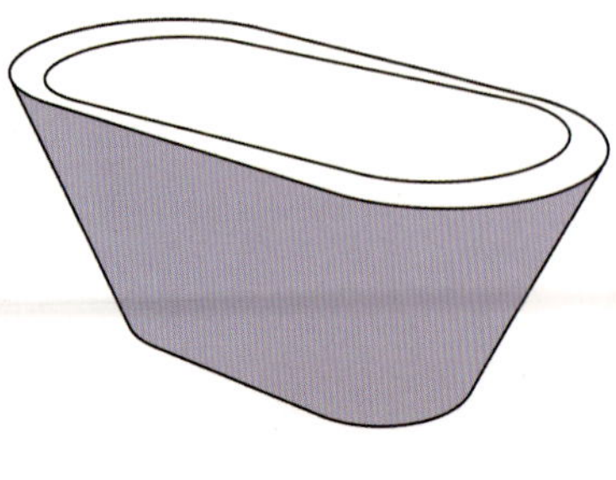
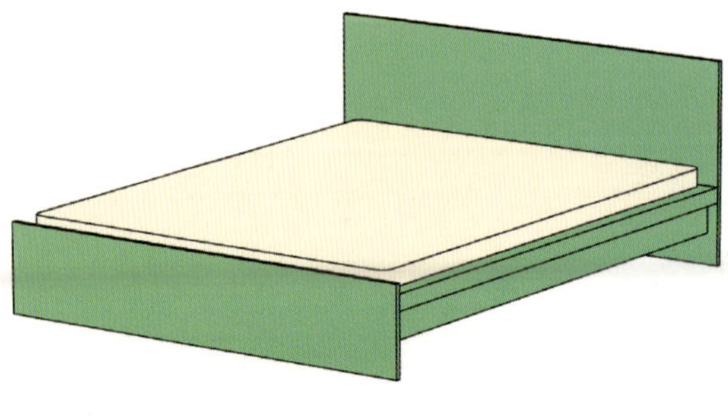

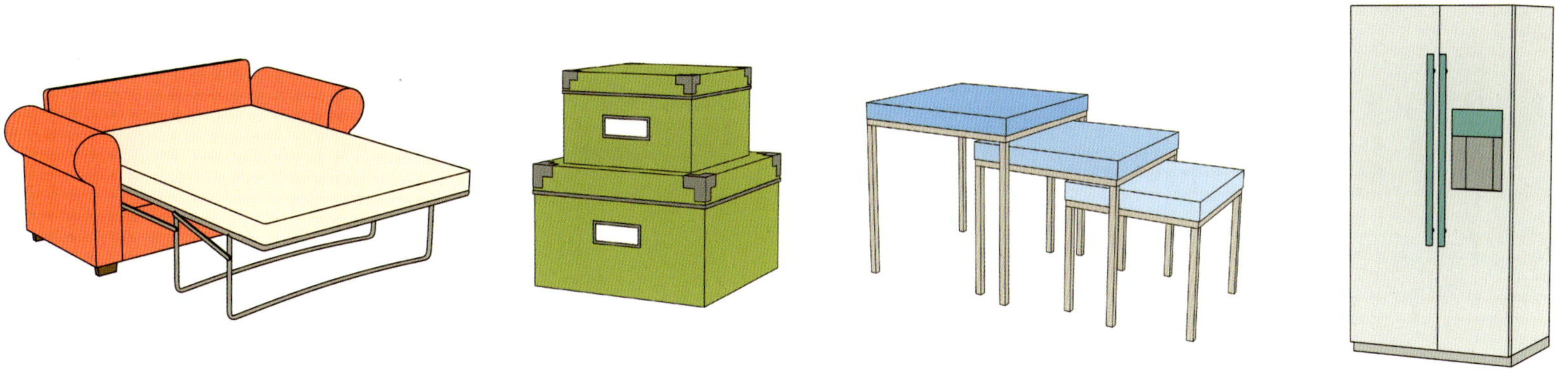

econômico e atraente para você e sua família. Por meio de exercícios dirigidos, propomos mood boards (painéis semânticos) para combinar o esquema de cores e o layout de um jeito prático e decorativo. Além disso, as seções "... opções de/para..." trazem ideias e sugestões de design.

Em resumo, quer você seja um novato na reforma de casas, quer seja um veterano como eu, penso que terá neste livro um guia indispensável e uma inspiração para ousar mais ao renovar sua casa.

Clare

Clare Steel

COMO USAR **ESTE LIVRO**

Este livro foi pensado para você seguir um roteiro lógico ao projetar e decorar sua casa. Tudo é apresentado passo a passo, e por isso é um guia ideal para quem quer atuar como designer e não sabe bem por onde começar, ou então para quem decide fazer uma reforma sem ter experiência anterior e precisa se certificar de que o trabalho está bem planejado e será executado com perfeição.

Se você está abrindo este livro pela primeira vez, comece lendo a seção "Por onde começar?", nas páginas 14-7. Nela são discutidos os princípios gerais para qualquer tipo de ambiente, e há uma introdução muito útil aos aspectos mais fundamentais a serem levados em conta em qualquer trabalho de redecoração.

Em seguida, você encontrará um capítulo específico para cada ambiente da casa, incluindo o espaço externo. A sequência em que cada capítulo está estruturado já é uma sugestão de como executar o trabalho. Mas você pode perceber que, em certas situações, é melhor realizar as tarefas numa ordem diferente, pois com frequência isso é perfeitamente possível. De qualquer modo, leia sempre as indicações que abrem cada capítulo – "O que fazer...", "Crie um mood board para" e "Como montar o layout" – antes de iniciar qualquer trabalho. Com isso, esperamos que consiga identificar eventuais problemas ou complicações desde o início.

A seguir, oferecemos uma breve introdução aos diversos tipos de seções que aparecem neste livro.

O QUE FAZER...

Existe uma ordem lógica para realizar um trabalho de redecoração, qualquer que seja ele. Quando ela não é observada, podem surgir problemas, e talvez você precise refazer o trabalho. Essa seção explica o processo correto a ser utilizado em cada ambiente. Pressupomos que você fará uma reforma relativamente significativa, refazendo o reboco, trocando janelas e assim por diante; se sua reforma for menor, basta concentrar-se apenas nas partes que lhe dizem respeito.

CRIE UM MOOD BOARD

A seguir, iniciamos o processo que o ajudará a decidir a aparência do novo ambiente, em termos de cor, textura, padrões e estilo. Você já pode ter uma noção mais definida de como quer que o ambiente fique. Mas pode também não ter a menor ideia. No primeiro caso, essa etapa irá ajudá-lo a checar se suas ideias compõem de fato um esquema coerente e descobrir, ainda a tempo, se há algo que não funcionará bem; no segundo caso, essa etapa irá guiá-lo pelo processo todo até conseguir o esquema desejado para o seu ambiente.

COMO MONTAR O LAYOUT...

Seu ambiente ideal deve ter não só uma aparência bonita, mas também precisa ser muito funcional. Essa seção permite que você pense em como irá usar cada ambiente e chegue a um arranjo de seus componentes onde tudo funcione de modo fluente, sem nada obstruindo. Nem todo mundo nota que um ambiente está bem concebido, porém com certeza percebe na hora quando não foi bem planejado; essa etapa ajuda a concretizar a primeira opção.

ESCOLHA...

São muitas as escolhas a serem feitas ao redecorar um ambiente. Piso, iluminação, mobília e acessórios – é preciso escolher tudo muito bem. Boa parte deste livro é dedicada a lhe ajudar a tomar essas decisões e escolher as melhores opções para você e sua casa. Como não se trata de um catálogo, não pretendemos ser abrangentes e mostrar todas as alternativas possíveis de torneiras, luminárias, poltronas ou geladeiras. Em vez disso, procuramos apresentar opções genéricas, sem entrar em detalhes, que só podem ser examinados ao se comparar marcas e modelos específicos.

Ao comparar materiais, vimos que certas qualidades eram sempre importantes, e para isso adotamos alguns símbolos que indicam como cada material se comporta nos diversos quesitos. A durabilidade é representada pelo ícone de um martelo, a manutenção, por uma escova. A pontuação baixa, média ou alta é indicada pela presença de um, dois ou três desses ícones. Também procuramos indicar se o material tem preço baixo, médio ou alto. Essa abordagem oferece uma orientação visual rápida, mas é sempre bom ter em mente que a qualidade dos materiais, em geral, varia muito e que um material identificado como de "alta durabilidade" ou de "pouca manutenção" nem sempre corresponde a essa qualificação, dependendo do modelo específico que você escolher e de determinado fornecedor ou marca.

Alta durabilidade — Muita manutenção
Média durabilidade — Média manutenção
Baixa durabilidade — Pouca manutenção

OUTRAS SEÇÕES

As demais seções que aparecem neste livro, embora menos fundamentais no processo de design e decoração de um ambiente, pretendem fornecer algumas ideias interessantes e muita inspiração.

A seção "Planeje..." examina alguns pequenos espaços da casa e mostra como tratá-los. Muitos dos assuntos – cozinhas ao ar livre e closets – podem não se aplicar a todas as casas; outros, porém, como o triângulo de trabalho na cozinha, são bem mais usuais.

A seção "opções de/para..." ("Cinco opções de..." e também "Seis opções de...", "Sete opções de/para..." etc.) mostra diversas abordagens a uma determinada ideia de decoração, como a colocação de obras de arte, a criação de uma parede especial ou a utilização de um espaço sob a escada.

Vários projetos são mostrados ao longo do livro – com instruções passo a passo e fotos indicando como você mesmo pode fazer tais projetos – e alguns envolvem um trabalho mais artesanal.

POR ONDE **COMEÇAR?**

Tanto ao mudar para uma casa nova quanto ao remodelar ou decorar um ambiente onde você já mora, será maior a probabilidade de que tudo dê certo se você planejar seu esquema passo a passo. Seja qual for o local, há alguns pontos-chave a considerar antes de colocar mãos à obra.

1 CONSIDERE A DIREÇÃO

A direção em que um ambiente está posicionado tem muita influência no tipo de luz que recebe e na atmosfera que é criada. Leve isso em conta ao definir o esquema de cores.

AMBIENTES DE FACE SUL

Recebem pouca luz, e uma luz mais fria. Você pode dar mais vida a esse tipo de ambiente utilizando cores mais claras e quentes.

AMBIENTES DE FACE NORTE

Costumam receber muita luz, e uma luz quente. Você pode equilibrar um ambiente muito claro e ensolarado optando por cores mais frias.

AMBIENTES DE FACE LESTE

Têm muita luz de manhã, e tons mais frios à tarde. Suas cores, portanto, devem funcionar em ambos os períodos. Por isso, compare o efeito da mudança de luz.

AMBIENTES DE FACE OESTE

Têm tons mais frios de manhã do que à tarde. Suas cores também devem combinar com os dois tipos de luz.

Muita luz Um ambiente de face norte é banhado por luz quente o dia todo. Usar cores frias como base modera esse efeito e cria uma sensação mais leve e fresca. Você pode criar um ambiente superfrio com paredes e piso brancos e mobília e acessórios cor creme.

2 CONSIDERE A HORA DO DIA

A que hora do dia você costuma usar o ambiente e, portanto, que sensação quer que ele transmita? Considere isso ao planejar as cores – de paredes, piso, mobília e acessórios.

MANHÃ

Se você usa um ambiente principalmente de manhã, talvez prefira decorá-lo de modo que transmita uma sensação de algo claro, leve e revigorante.

NOITE

Se o ambiente é para relaxar à noite, é melhor criar um clima suave, calmo. Talvez ele não receba muita luz natural, por isso considere o efeito da luz elétrica em suas cores.

DIA E NOITE

Se o ambiente é usado de dia e de noite, escolha cores que garantam que ele ficará confortável a qualquer hora.

Cores matinais Experimente cores que passem uma sensação revigorante e que estimulem você a acordar bem e a celebrar o início do dia.

Cores noturnas Selecione de preferência cores que acalmem e descansem, ajudando a criar uma atmosfera na qual você consiga relaxar.

Cores para o dia e a noite Escolha cores versáteis, que permitam conseguir a atmosfera desejada em todas as horas do dia, e compare como elas reagem à mudança de luz.

3 AVALIE AS PROPORÇÕES

Ao avaliar as proporções, você decora melhor o ambiente e também vê o que é possível fazer para que ele dê a impressão de ser maior ou menor. Boas proporções não são só uma questão de tetos altos ou de espaços amplos e compridos – num quarto pequeno, por exemplo, criar janelas grandes, com poucos adereços, pode fazer com que pareça maior.

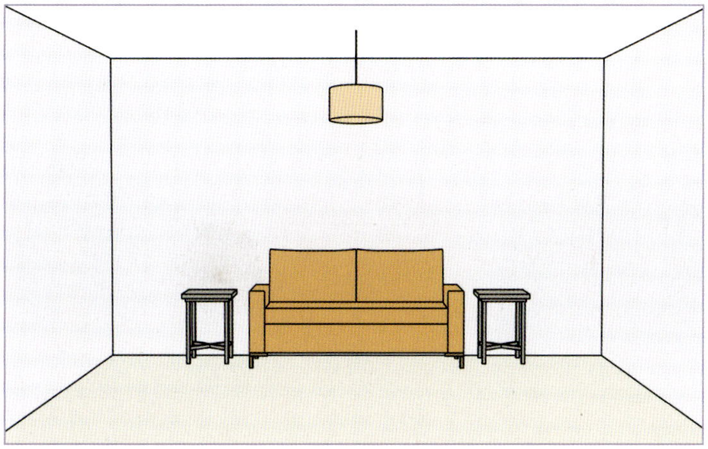

Aprofunde e alargue Para que um espaço estreito e de teto baixo pareça mais amplo e claro, pinte tanto o piso quanto as paredes de cor clara.

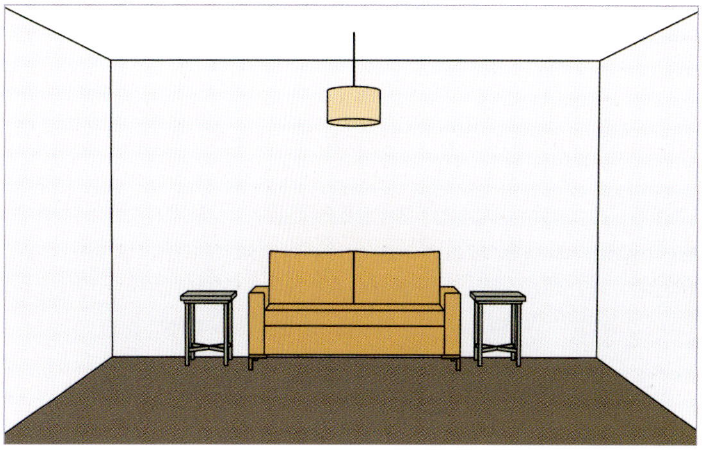

Alargue Um ambiente pequeno, com teto baixo, pode parecer mais amplo se você combinar um piso escuro com teto e paredes de cor clara.

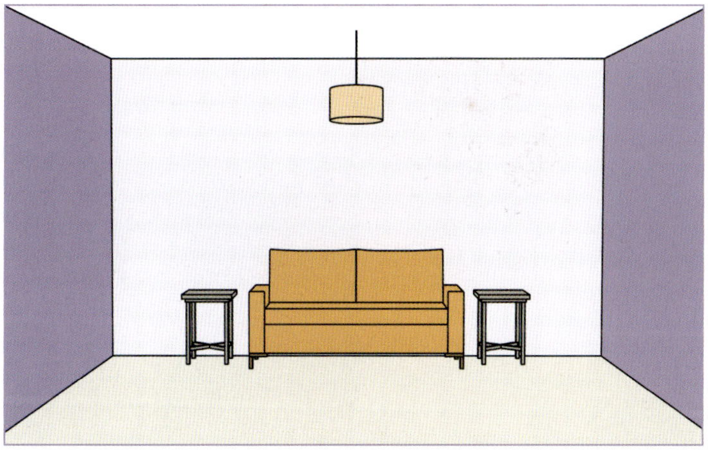

Estreite e deixe mais alto Num local amplo, baixo e sem unidade, deixe as paredes opostas escuras e o piso e o teto claros, dando a sensação de que é mais estreito, alto e coeso.

Alargue e abaixe Se o ambiente é amplo e alto, você pode deixá-lo mais acolhedor e intimista com o piso e o teto escuros e as paredes de cores claras.

Estreite e aprofunde Faça com que um espaço grande, claro e impessoal passe uma sensação mais quente e intimista com o piso e o teto claros e as paredes em tons escuros.

Estreite, aprofunde e abaixe Faça um local grande e com teto baixo parecer mais acolhedor, como se fosse um sótão, com piso e paredes escuras e teto em cor clara.

4 COMBINE CORES

Sua escolha de cores deve se basear na direção, no uso e nas proporções do ambiente, mas é a combinação de cores que lhe permitirá conseguir o equilíbrio desejado.

CLARO COM TOQUES ESCUROS

Cores leves, tranquilas, deixam o ambiente mais espaçoso, mas às vezes também menos atraente. Num local pequeno, face norte, com paredes creme e mobília clara e neutra, dê uma injeção de ânimo com um tapete de cor viva.

ESCURO COM TOQUES CLAROS

Cores quentes, intensas, tornam o ambiente acolhedor, mas podem fazê-lo parecer menor. Assim, um ambiente grande, face sul, pode ter paredes escuras, mas contrabalançadas com um piso branco ou neutro e uma mobília refinada, talvez com algum destaque nas texturas.

Paredes claras fazem o espaço parecer maior.

Piso neutro complementa paredes de cor clara.

Acessórios em cores vivas criam destaque e calor.

Paredes em cores vivas deixam o ambiente acolhedor.

Piso discreto compensa paredes mais escuras.

Acessórios em cores frias dão sensação de frescor.

5 CRIE UM PONTO FOCAL

Eleger um item do ambiente como ponto focal ajuda a dar coesão a seu esquema. O foco pode ser um elemento óbvio que já faça parte da arquitetura existente ou algo que você mesmo crie para atrair o olhar e marcar melhor o ambiente. Há muitas maneiras de criar ou destacar um ponto focal, e algumas delas são apresentadas a seguir.

Crie contraste A parede recuada atrás dessas prateleiras foi pintada numa cor vibrante, que cria contraste e atrai o olhar. Os objetos nas prateleiras foram bem escolhidos e posicionados para realçar o efeito.

Decore A moldura da lareira ganhou destaque com esse quadro vistoso e alguns objetos de impacto.

Construa O painel em cor escura e o grande espelho decorado colocam o ponto focal do ambiente na banheira em estilo moderno e criam um clima intimista e relaxante.

Ornamente As janelas francesas dessa sala simples ganharam cortinas monocromáticas, que atraem a atenção dos olhos para a luz.

6 ESCOLHA A MOBÍLIA

Use o que aprendeu sobre estilo e cor ao escolher a mobília e leve em conta as proporções do ambiente para adequar o tamanho e o formato das peças. Não se esqueça do conforto.

Baixa ou alta? A altura da mobília é ditada pela altura do ambiente.

PENSE NA ALTURA

Um cômodo de teto baixo pede itens de mobília baixos, por isso escolha, nesse caso, um sofá de espaldar baixo ou uma cama mais rente ao chão, como um futon. Ambientes de teto alto podem abrigar uma cama com cabeceira alta, ou mesmo uma cama em dossel, e ainda assim ficarem equilibrados.

PENSE NO DESTAQUE

Se o esquema geral de seu quarto é mais ou menos básico em termos de cor e padrão, ou se a arquitetura é pouco interessante, você pode usar a mobília para criar formas curvilíneas ou então recorrer a acabamentos que acrescentem textura, seja nos estofados seja em outros materiais. Leve isso em conta ao escolher sofás, poltronas, mesas e camas.

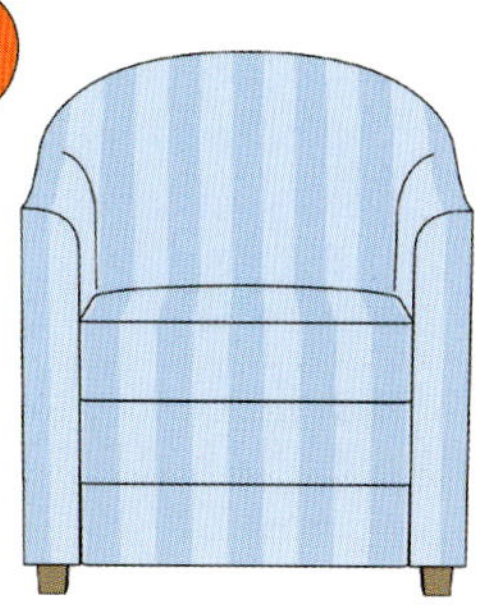

Ouse Formas voluptuosas e texturas incomuns dão destaque a uma sala neutra.

7 SOBREPONHA ELEMENTOS

O estilo do ambiente não deve ser concebido de modo artificial, fazendo a casa toda ficar escrava de apenas um tema, ou, ao contrário, obrigando cada local a ter uma aparência totalmente individual. O ideal é que os espaços evoluam aos poucos, a partir de um esquema básico, ao longo de algumas semanas ou meses – parte por parte.

Item-chave Pode haver alguma coisa a partir da qual o esquema possa evoluir.

Paredes Veja como elas podem complementar isso.

Pisos Como proceder em relação aos pisos da casa?

Cortinas Será que o tecido das cortinas é capaz de dar unidade a seu esquema?

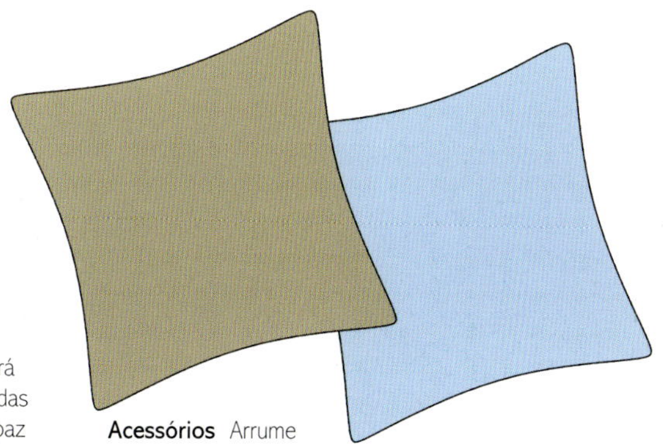

Acessórios Arrume almofadas bem bonitas.

Toques finais Peças atraentes, como pequenas luminárias, dão o toque final ao ambiente.

COZINHA

1 O QUE FAZER PARA **RENOVAR A COZINHA**

O grande número de componentes envolvidos na reforma de uma cozinha exige que você tome cuidados especiais. Em geral, gasta-se a maior parte do tempo preparando as coisas para a instalação da cozinha; mas, se você fizer bem esse trabalho, o resto da instalação deverá correr sem problemas. Seguir essa abordagem passo a passo garante que sua reforma será bem-sucedida.

1 MONTE SEU LAYOUT

Use papel quadriculado para desenhar uma planta em escala de sua cozinha, incluindo janelas e portas e todas as medidas. Defina então o lugar de cada unidade, aparelhos e tomadas. Se for mexer no encanamento, na entrada do gás e na posição das tomadas, o custo será maior; mudar o lava-louças e a pia de lugar também encarece os custos.

2 DEFINA A ILUMINAÇÃO

A iluminação é vital, ainda mais na área de preparação de alimentos. No local de refeições, coloque iluminação graduável. A luz geral deve criar uma atmosfera atraente.

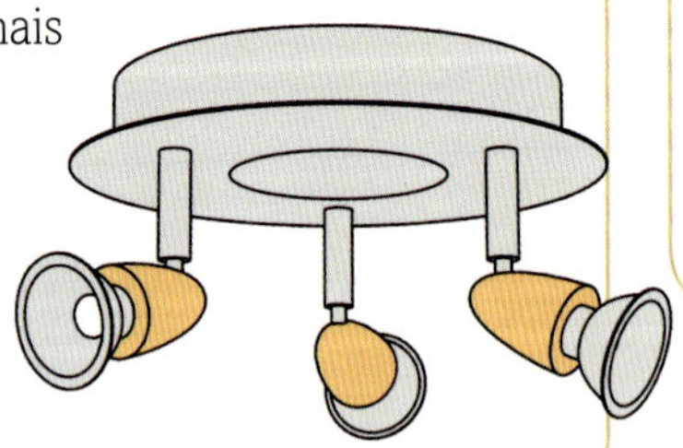

3 CONSULTE UM PROJETISTA

Quando tiver uma noção mais definida do layout e do orçamento, consulte um designer de cozinhas ou uma empresa do ramo. Se tiver tempo, veja mais de uma opção, para comparar preços e colher algumas ideias de design.

4 ENCOMENDE A NOVA COZINHA

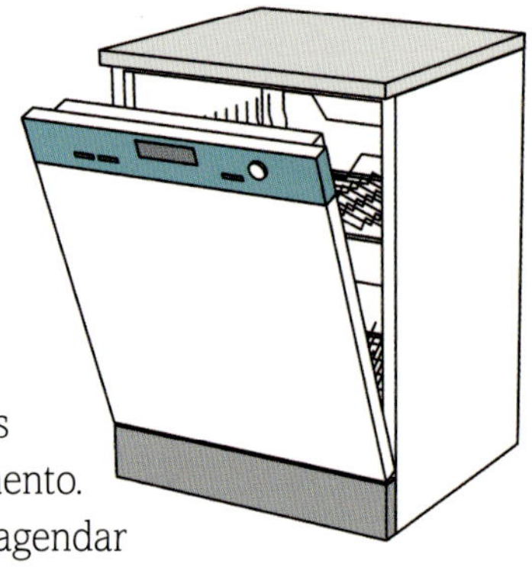

Em geral, você pode escolher entre chamar seu próprio montador ou usar o da empresa da qual adquiriu a cozinha. Esta última opção é melhor – embora às vezes mais cara –, pois será alguém mais familiarizado com o equipamento. Se em vez disso você quiser agendar seu próprio eletricista, pedreiro e encanador, faça isso neste momento. Providencie também os acessórios.

5 REMOVA A COZINHA ANTIGA

Depois que a data de entrega for confirmada (nunca antes), providencie a remoção de sua cozinha antiga. O montador contratado pode fazer a remoção para você cobrando um adicional, mas certifique-se de que ele também a descartará, e lembre-se de que alguém qualificado deverá ajustar a entrada de gás.

6 COMECE A PRIMEIRA ETAPA DA INSTALAÇÃO

Fiação elétrica e tubulação novas devem ser instaladas agora. Verifique a posição de todas as tomadas, tanto atrás dos aparelhos como nas bancadas. O eletricista – ou o montador da empresa de cozinhas – vai precisar de uma cópia das plantas para fazer isso de modo adequado.

7 FAÇA O PISO DA COZINHA

Se o chão não estiver liso, os aparelhos e móveis não assentarão bem, por isso mande nivelá-lo assim que terminar o trabalho sob o piso. Depois aplique o novo piso e proteja-o bem enquanto o resto do serviço é concluído.

8 FAÇA O REBOCO E A PINTURA

Fiação e encanamento novos danificam as paredes, por isso elas terão de ser rebocadas. Quando o reboco secar, o teto, as paredes e a marcenaria devem receber uma camada de primer e duas demãos de tinta. Assim, você evitará ter que pintar sua cozinha nova mais tarde.

9 CONFIRA A NOVA COZINHA ASSIM QUE CHEGAR

Mesmo enquanto o montador da empresa ainda estiver fazendo a instalação, é bom checar todas as caixas da nova cozinha. Veja se todas as dobradiças e parafusos estão lá. Confira também se as unidades não sofreram nenhum dano no transporte, e se houver algum problema providencie a troca o quanto antes.

10 INSTALE AS UNIDADES E A BANCADA

Se a cozinha chegar desmontada, monte-a bem ajustada, para que não entorte depois. Comece pelos armários de base num canto, nivele e encaixe tudo muito bem. Você ou o montador podem instalar a bancada.

11 INSTALE A PIA E OS ACESSÓRIOS

O montador da cozinha instalará a pia depois que a bancada estiver no lugar, a não ser que você escolha um modelo conjugado com pia, que deverá ter sido encomendado na medida exata. Reserve uns dois dias para esse processo todo. Com a pia montada, providencie a colocação das torneiras. Tampos de madeira ou pedra podem ter que receber um tratamento com óleo ou selante depois de instalados. Deixe a montagem e a conexão dos acessórios a cargo de um profissional.

12 MONTE A FRENTE DA PIA

Monte e dê acabamento à frente da pia, e veja se está com as aberturas corretas para a instalação das tomadas. As paredes podem precisar de alguns retoques de pintura depois dessa operação.

13 ORGANIZE A SEGUNDA ETAPA DA INSTALAÇÃO

A fiação e o encanamento que não estiverem prontos ainda podem ser feitos agora, incluindo a iluminação.

14 CUIDE DOS DETALHES FINAIS

Os acabamentos, como pedestais e rodapés, podem ser instalados agora, assim como molduras, portas, gavetas, puxadores etc. Cheque se tudo funciona bem, dos acessórios ao fechamento das gavetas.

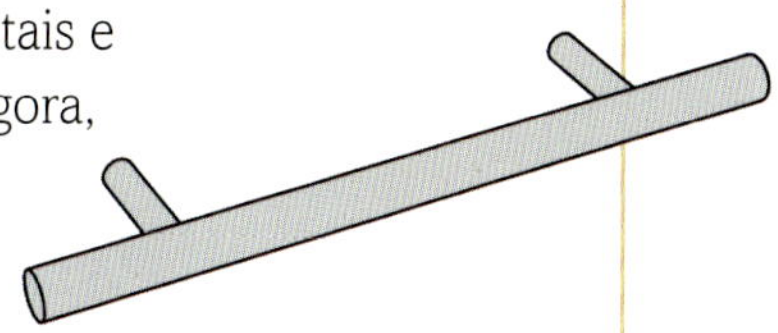

2 CRIE UM MOOD BOARD **PARA SUA COZINHA**

Trabalhar com um mood board é, de certo modo, mais simples no caso da cozinha do que em outros ambientes, pois boa parte do espaço se concentra em portas de armários, gavetas e bancadas. Gaste o tempo que for preciso agora para decidir se quer uma cozinha convencional ou de estilo mais contemporâneo, e use o mood board para ajudá-lo a definir seu tema e conseguir o resultado pretendido.

1 ARRUME FOTOS DE COZINHAS, inclusive aquelas abertas ou conjugadas com salas. Enfim, ambientes que você ache bonitos ou que tenham elementos que você gostaria de aproveitar. Corte fotos de revistas, tire fotocópias de imagens de livros ou imprima de sites e espalhe-as pelo chão ou numa mesa. Conforme restringir suas escolhas de fotos, chegará a algum tema, seja uma preferência por texturas, cores ou por uma atmosfera retrô.

Cole sua foto favorita (ou duas ou três, se tiver várias preferências), no mood board, como ponto de partida para seu projeto.

2 DEFINA ALGUM ITEM-CHAVE que tenha descoberto nas fotos escolhidas, ou que seja algo que você já tem, como um conjunto de mesa e cadeiras, uma batedeira antiga ou um quadro. Use esse item para inspirar seu esquema: uma cor, uma textura não usual ou uma temática para o ambiente.

Ponha em seu mood board as imagens de itens-chave que quer incluir em seu projeto ou que você já tenha – como um conjunto de mesa e cadeiras.

3 ESCOLHA UMA COR PARA A PAREDE DE FUNDO que realce a aparência dos módulos escolhidos ou que delimite o ambiente em relação a outras áreas. Se a parede for coberta em parte pela frente da pia, leve em conta a cor dela também. As cores não precisam combinar, mas deve haver coesão entre elas e as unidades. Acrescente azulejos, cores de tinta e outros itens ao mood board.

Se os módulos tiverem acabamento brilhante ou em cores vivas, escolha uma cor mais discreta ou neutra para as paredes do fundo.

Procure incluir pelo menos dois destaques de cor em seu esquema.

Uma cor mais viva pode criar uma variação de tom ou um contraste com as paredes do fundo.

Escolha uma cor bem contrastante para dar toques luminosos ou criar detalhes.

Se a cozinha for grande, crie um padrão com papel de parede, mas evite usar mais de dois padrões no ambiente.

4 INTRODUZA DOIS DESTAQUES DE COR que dialoguem com a cor de fundo, e considere acrescentar um terceiro destaque com pequenas salpicadas. Brinque com a proporção dessas cores usando amostras de tecido ou de tinta e de tipos de piso, para ver como elas se combinam.

5 ACRESCENTE PADRÕES E TEXTURAS numa bancada em madeira rústica, em portas de armários, azulejos, papel de parede, numa persiana de tecido ou usando pedra natural numa das paredes ou em parte da bancada. Cestas de vime, tábuas de carne rústicas ou tigelas de porcelana compõem texturas adicionais. Cole em seu mood board papéis de parede, amostras de tecidos e fotos de azulejos, pisos e bancadas, até chegar ao estilo que procura.

Reúna vários materiais e texturas como opções para piso, paredes, bancadas e armários.

6 ESCOLHA A MOBÍLIA NOVA, ou seja, mesa, cadeiras, mesa auxiliar ou armários adicionais. A forma e o tamanho são tão importantes quanto a aparência, por isso pense bem antes de comprar, para ver se as peças se encaixam de modo adequado no ambiente. Use os elementos de cor e textura de seu mood board para checar de que material devem ser os móveis.

7 ACRESCENTE OS TOQUES FINAIS, como acessórios de iluminação, quadros e porcelanas. Cole as fotos de suas escolhas no mood board. Se você vive mudando seus ambientes, escolha acessórios lisos e texturizados e crie manchas de uma cor viva com outros itens, para dar unidade ao esquema.

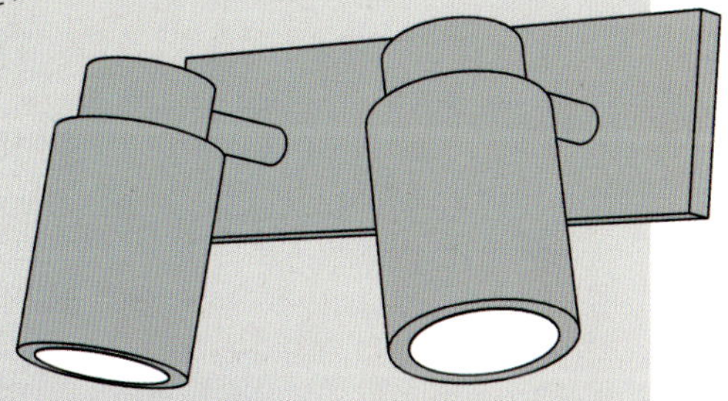

Acessórios em cores vivas ou em novos materiais dão um toque criativo e divertido.

Uma opção é comprar louça e talheres coloridos para deixar mais coeso seu esquema de cores.

3 COMO MONTAR O **LAYOUT DA COZINHA**

Antes de definir que aspecto terá sua cozinha, considere a funcionalidade. Além de pensar em cada componente que fará parte dela, é bom refletir sobre algumas questões gerais a respeito do ambiente. Por exemplo: a cozinha também será a área de refeições? E você tem necessidade de organizar o espaço de modo que várias pessoas ao mesmo tempo possam fazer suas tarefas?

GELADEIRA

O lugar da geladeira e do congelador é um dos primeiros itens que você deve procurar definir, pois eles fazem parte do "triângulo de trabalho" – veja páginas 26-7 para mais informações a respeito disso. Considere também que, se você quer que a geladeira tenha um funcionamento ideal, é bom colocá-la afastada de fontes de calor, como o lava-louças e o fogão. Se escolher uma geladeira equipada com máquina de gelo, coloque-a perto da entrada de água, para facilitar a conexão.

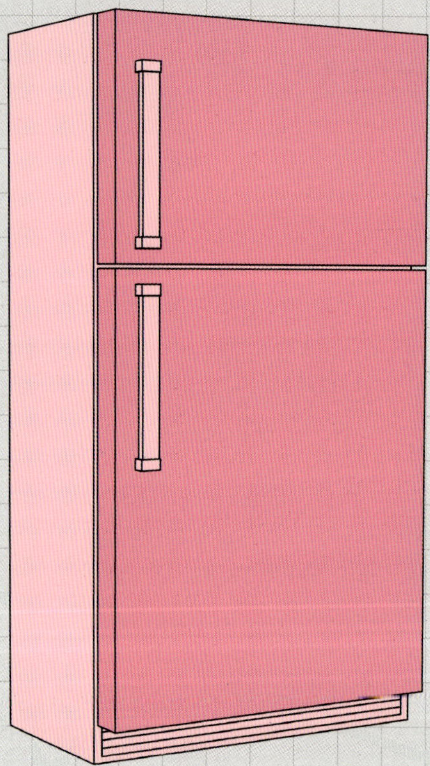

LAVA-LOUÇAS

O melhor lugar para o lava-louças é ao lado da pia ou embaixo dela, para facilitar ao pegar a louça suja c colocá-la na máquina. Também é importante que ele fique perto da entrada e da saída de água, sem exigir tubulação adicional.

MÓVEIS

Ao decidir a localização dos móveis da cozinha, distribua seus conteúdos segundo a funcionalidade, por exemplo: pratos e copos devem ficar num armário próximo do lava-louças, e os ingredientes de cozinha perto do fogão. Alguns armários também possuem bancadas, por isso pense onde é melhor colocá-los – certas cozinhas grandes têm unidades separadas no meio delas, com esse propósito. Independentemente de onde for colocar seus móveis, verifique se há espaço para que portas e gavetas abram com facilidade.

PIA

A pia é o segundo elemento do triângulo de trabalho (pp. 26-7), por isso pense em sua posição com antecedência, na hora em que for decidir onde irão o fogão e a geladeira. Lembre-se de que você precisa de espaço nessa parte da cozinha para poder lavar alimentos ou utensílos sem atrapalhar outras áreas. A pia também não deve ficar num lugar de muita passagem.

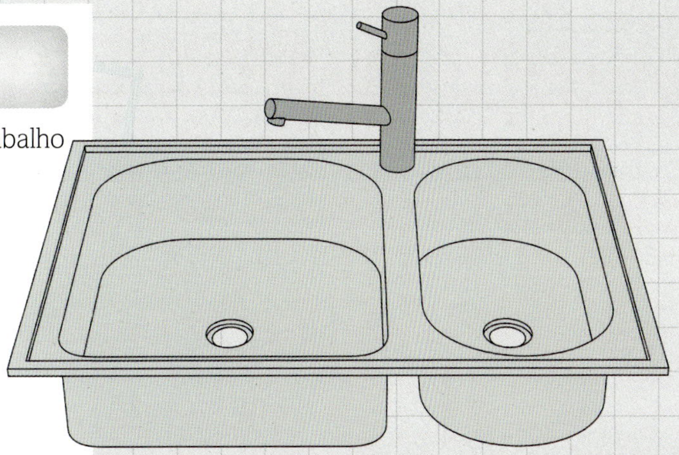

FOGÃO

Como o fogão é o terceiro item do triângulo de trabalho, sua localização ideal é determinada em parte pela posição da pia e da geladeira. Posicioná-lo é mais fácil quando é uma unidade só, com fogão e forno integrados. Se suas bocas forem separadas do forno, numa ilha à parte, então este deve ficar perto – logo atrás, talvez, ou numa série adjacente de unidades. Como você terá de passar comida do fogão para o forno e vice-versa, os dois não devem estar a mais de 1, 20m de distância um do outro.

MESA E CADEIRAS

Quando há pouco espaço, pode ser difícil posicionar mesa e cadeiras de modo que não atrapalhem o triângulo de trabalho, pois o ideal é que haja um metro de espaço livre atrás de cada cadeira. Se você não precisa acomodar pessoas sempre em todos os lados da mesa, pode colocá-la encostada numa parede e só trazê-la para o meio da cozinha quando tiver que acomodar mais gente.

PLANEJE O **TRIÂNGULO DE TRABALHO**

Para criar uma cozinha funcional, é útil considerar o conceito de triângulo de trabalho. Ele define três pontos-chave em qualquer cozinha: uma área para cozinhar (o fogão), uma para guardar comida (a geladeira) e uma para limpar (a pia). Veja como planejar o espaço em torno desses três pontos.

ÁREA PARA GUARDAR COMIDA

Um exemplo de como o triângulo funciona é a geladeira. A comida que você tira dela vai direto para o fogão ou para a pia, para ser lavada. A fim de garantir a funcionalidade, nenhuma dessas duas passagens (na verdade, nenhum dos três lados do triângulo) deve estar a uma distância muito grande nem ser atravancada por armários ou móveis. Se sua cozinha só tem módulos ao longo de uma das paredes, talvez seja interessante colocar a geladeira na parede oposta, para compor um triângulo mais funcional.

BANCADA

As três pontas do triângulo não devem estar próximas demais. Se possível, é aconselhável criar, por exemplo, uma boa bancada entre a geladeira e o fogão, para ser usada no preparo da comida. Procure deixar pelo menos 1,20 m entre os pontos.

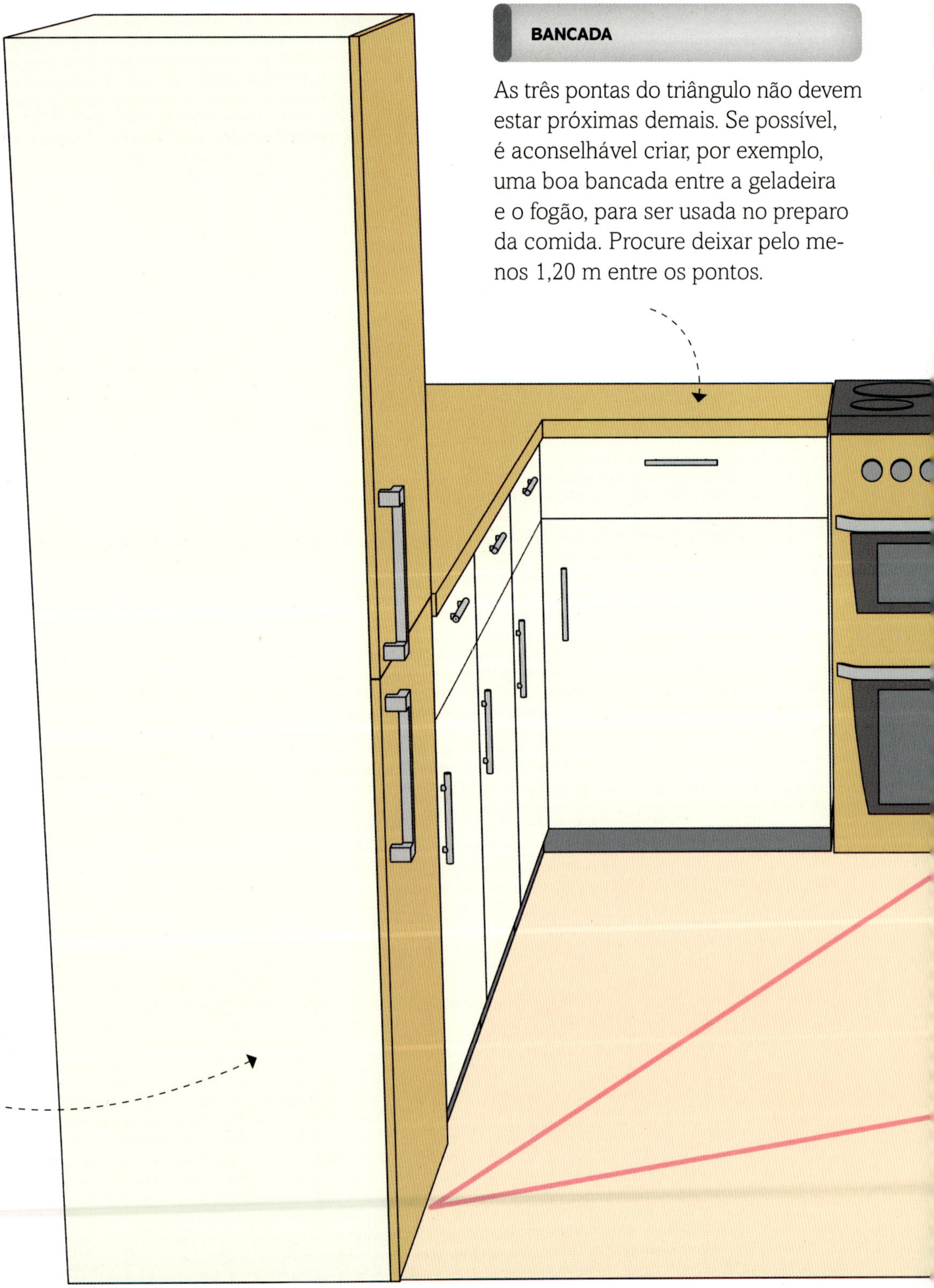

Formato em U (à direita) Os três lados do U criam uma área bem definida para o triângulo de trabalho, que fica isolado das outras vias de passagem. Instale uma tomada de cada lado da cozinha, ou duas em uma lateral e outra na frente.

ÁREA PARA COZINHAR

Ao cozinhar, você precisa pegar ingredientes da geladeira com rapidez e facilidade, além de transferir as panelas e frigideiras que já usou para a pia ou para alguma bancada próxima. Por isso, a distância máxima entre os pontos do triângulo de trabalho é de 3m, em linha reta.

ÁREA PARA LIMPAR

Ir da geladeira à pia para lavar comida, depois até a área de cozinhar, e de volta para a pia com as panelas usadas: tudo isso fica mais simples se você evitar criar qualquer passagem que interfira no triângulo de trabalho. Outra coisa que contribui para a economia de movimentos é deixar o lava-louças o mais perto possível da pia, a fim de que as louças sujas que estiverem na pia não tenham que se deslocar muito.

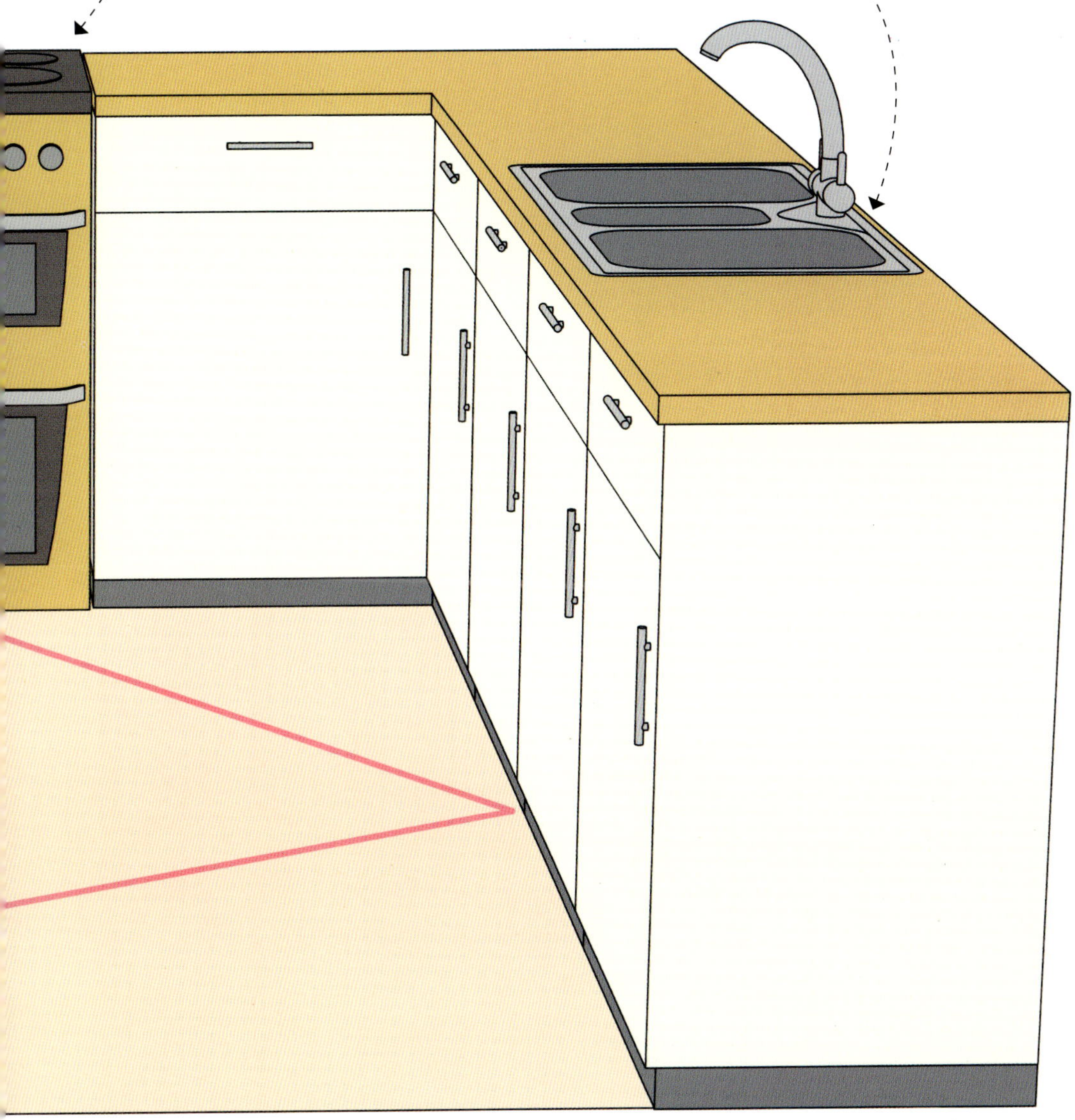

OUTROS FORMATOS

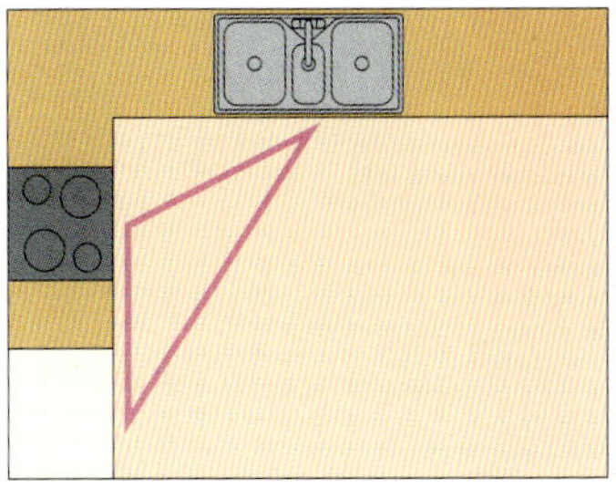

Formato em L Nesse formato, os módulos ficam em dois lados perpendiculares, com dois pontos do triângulo numa parede e outro na segunda parede. Pense quais serão os dois itens que devem ir juntos no mesmo lado.

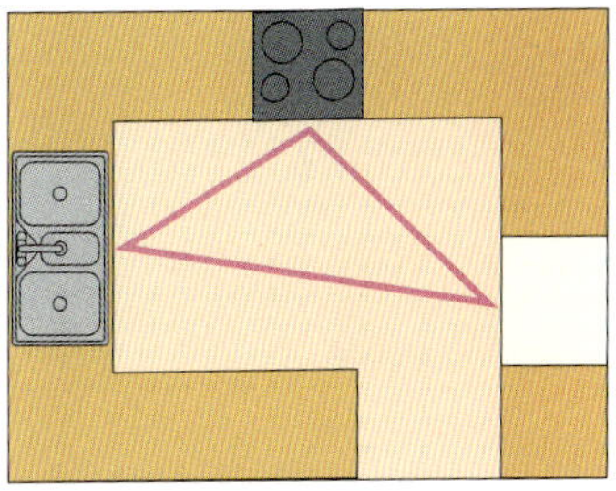

Formato em G A cozinha em G pode ser montada mais ou menos como a em U, com uma das pontas do triângulo em cada um dos três lados. Outra opção é posicionar uma ponta dentro da área abrangida.

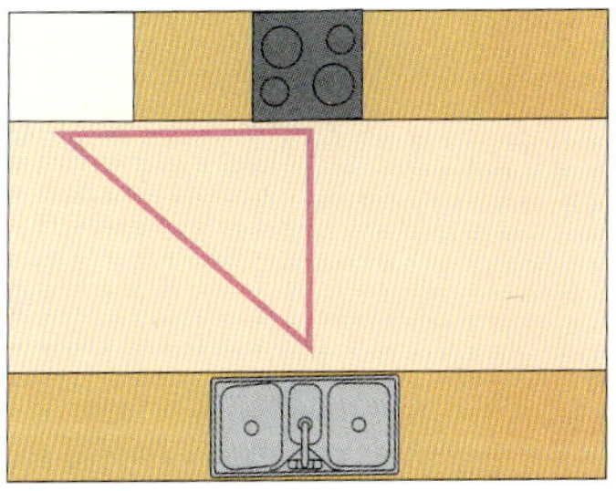

Cozinha de navio Tende a formar uma passagem, o que torna o triângulo imperfeito, mas de resto você pode criar um espaço de trabalho funcional colocando dois dos pontos-chave numa parede e o outro em frente.

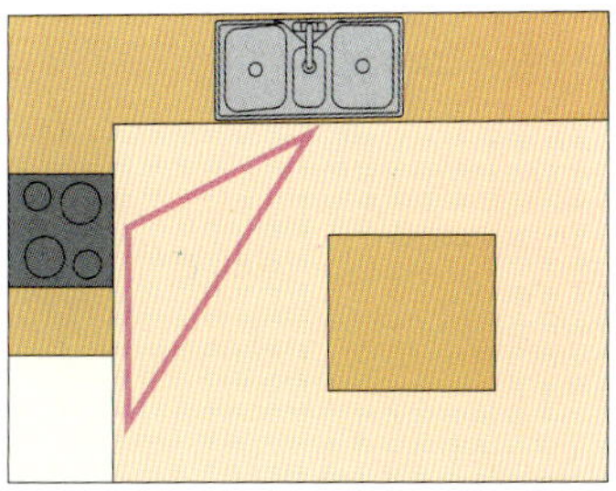

Ilha Se você acrescenta uma ilha a uma cozinha em formato de L ou U, pode usá-la como o lugar para a pia ou o fogão ou, ainda, colocar essas peças junto às paredes e deixar a ilha simplesmente como um recurso a mais do triângulo de trabalho.

4 ESCOLHA OS **MÓDULOS DA COZINHA**

Escolher os módulos da cozinha requer um planejamento cuidadoso para chegar à configuração que melhor atenda às suas necessidades. Comece definindo se quer módulos embutidos ou de piso, e depois decida os elementos individuais: de que armários você precisa e que acabamento terão suas portas?

1 EMBUTIDO OU DE PISO

Dois fatores intervêm na escolha: a aparência e o custo. Armários embutidos têm aspecto moderno e aproveitam melhor o espaço, mas os de piso são mais baratos e sem custos de montagem, o que permite que se invista mais na qualidade.

EMBUTIDO

Os módulos embutidos permitem guardar mais coisas e aproveitar melhor o espaço, por isso são práticos para ambientes de qualquer tamanho. Compre as unidades separadas e contrate um bom montador, ou deixe uma empresa cuidar de tudo, do design à instalação.

DE PISO

Os módulos de piso compreendem armários individuais, gaveteiros, ilhas e outras unidades. São flexíveis, pois você pode acrescentar coisas, rearranjar o layout e, ainda, levá-los com você ao mudar de casa. Funcionam melhor em cozinhas grandes, já que não aproveitam tão bem o espaço quanto os embutidos.

2 ESCOLHA OS MÓDULOS BÁSICOS

Entre os módulos embutidos estão armários de base e de parede, às vezes altos, com capacidade para armazenar muita coisa. Pense em tudo o que vai precisar guardar e na frequência com que irá acessá-los.

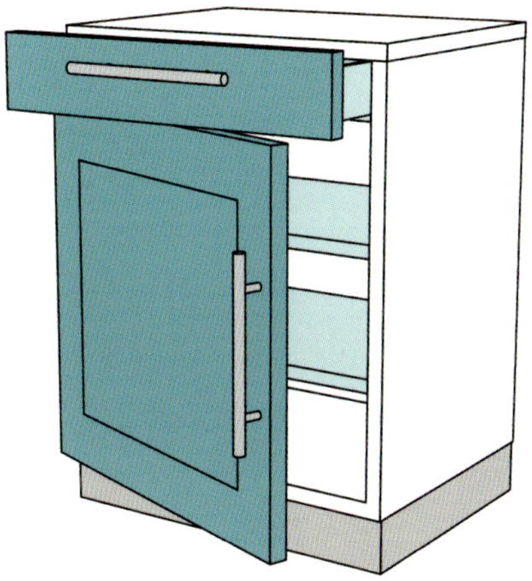

ARMÁRIO DE BASE

O gabinete que fica entre o chão e a bancada tem largura entre 30 cm e 100 cm. Os modelos altos podem ter porta simples ou dupla, em geral com prateleiras internas; os de tamanho mediano costumam ter uma ou mais gavetas.

ARMÁRIO DE PAREDE

O armário de parede também tem entre 30 cm e 100 cm de largura e altura variável (escolha de acordo com a altura de seu teto). Deixe sua parte inferior a uma distância de pelo menos 45 cm da bancada.

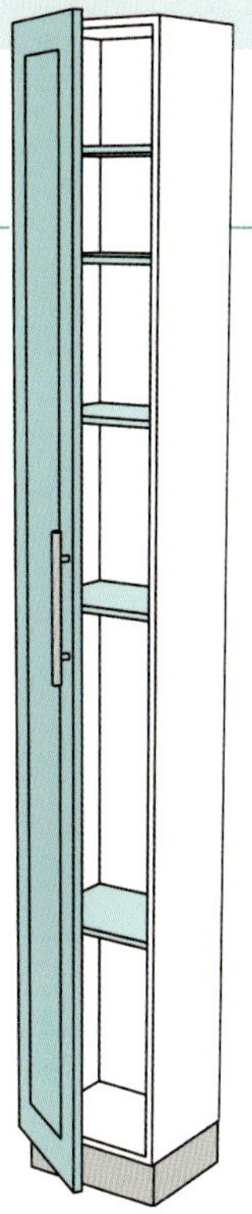

ARMÁRIO ALTO

Vai do piso ao teto, com gabinetes de puxar, que permitem acesso fácil aos itens guardados, e com prateleiras para guardar de alimentos a louças. O acabamento é similar ao dos armários embutidos, e oferece muito espaço para armazenagem, ocupando uma área bem reduzida do piso.

3 ESCOLHA AS OPÇÕES DE ARMAZENAGEM

São muitos os acessórios internos para guarda-louças e gavetas, que ajudam a manter o conteúdo bem organizado e as superfícies desimpedidas. Anote o que você terá de guardar e a frequência de uso para definir as melhores opções.

GUARDA-LOUÇAS

O guarda-louças padrão atende bem às necessidades de armazenagem. Como opção, você pode acrescentar pelo menos um guarda-louças largo de 60 cm ou mais. Se quiser, inclua um de meia profundidade, para latas e frascos de temperos.

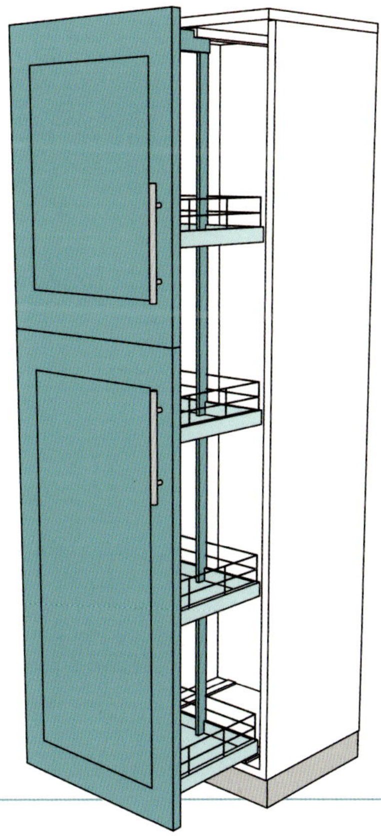

DESPENSA DE PUXAR

A despensa alta de puxar tem cestas de arame sobre trilhos, o que permite a localização de temperos, latas e outros alimentos. Existem modelos de diversas larguras, e costumam ficar próximos à geladeira. O ideal é que fiquem também perto de uma bancada, facilitando o transporte de seus conteúdos.

3 ESCOLHA AS OPÇÕES DE ARMAZENAGEM (CONTINUAÇÃO)

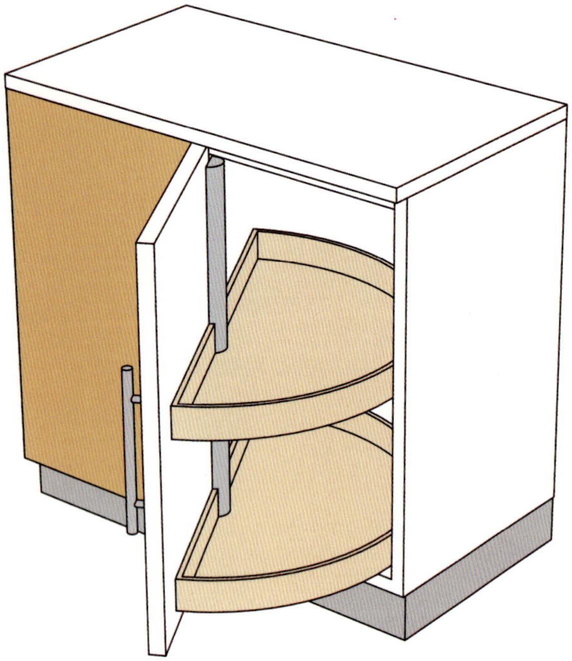

CARROSSEL

Os carrosséis aproveitam o espaço de um canto, que de outro jeito teria acesso muito difícil. Há modelos retangulares com prateleiras em semicírculo (acima) e unidades em L, com prateleiras em três quartos de círculo.

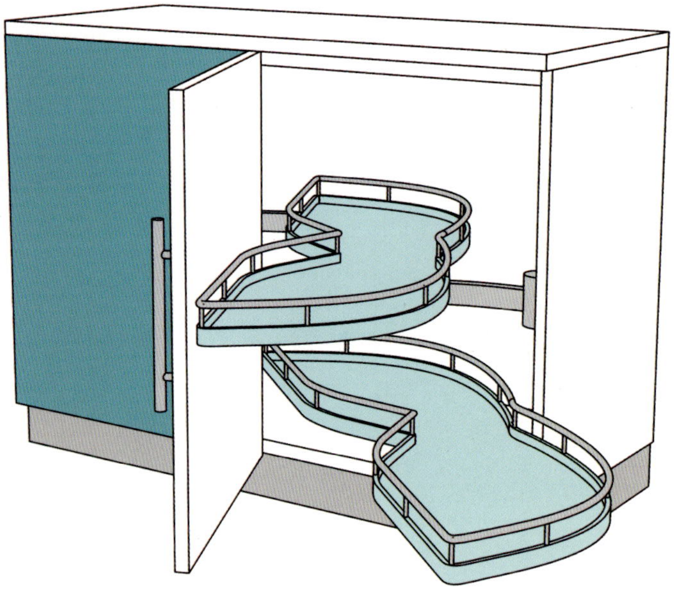

CANTONEIRA COM PRATELEIRAS RETRÁTEIS

Outra ótima ideia para aproveitar o espaço de um canto. Montadas num braço articulado, as prateleiras giram para fora quando sua porta está aberta, assim você pode acessar todo o seu conteúdo com facilidade.

GAVETEIRO

Recurso tradicional na cozinha, pode ser usado para armazenar tudo, desde talheres e toalhas até porcelana fina. Deve ficar suficientemente baixo, para que você possa ver o que há nele ao abrir as gavetas.

GAVETEIRO EXTRAFUNDO

Com gavetas fundas e útil para guardar louça empilhada, caçarolas e aparelhos elétricos, esse gaveteiro está na moda nas cozinhas. Escolha um que tenha mecanismo de fechamento e abertura suaves, para que as gavetas deslizem bem, minimizando danos e ruídos.

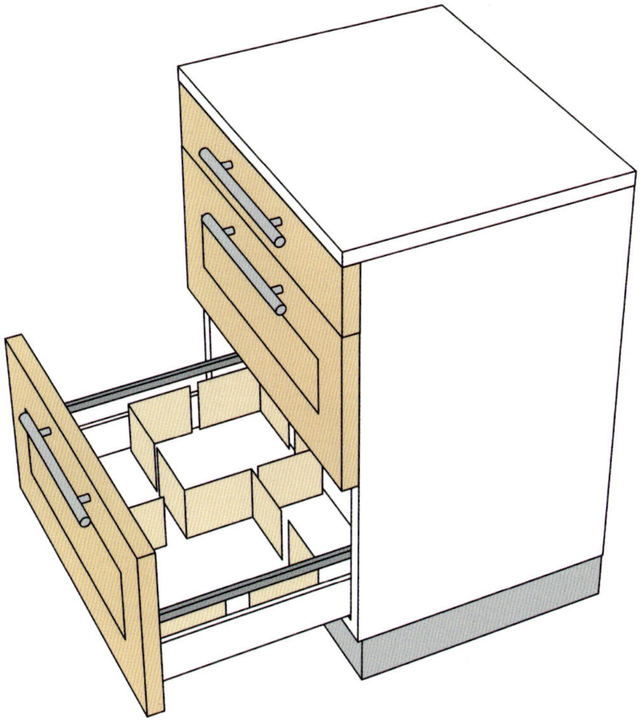

DIVISÓRIA DE GAVETAS

Além de divisórias de madeira ou plástico para separar os itens nas gavetas, há bandejas para talheres, blocos para facas e suportes verticais para pratos que impedem que as pilhas de pratos se mexam ao abrir e fechar a gaveta.

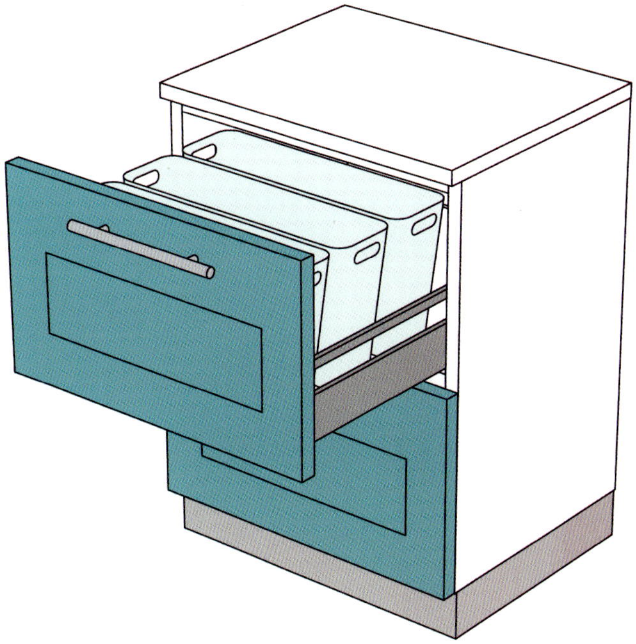

RECIPIENTE DE LIXO REMOVÍVEL

Mantém o lixo da casa organizado e fora da vista, com compartimentos que correm em trilhos, ocultos por portas ou gavetas. Defina um número de compartimentos adequado ao sistema de reciclagem de seu prédio ou bairro.

SUPORTE PARA PRATOS

Mantém os pratos separados e em pé, fazendo com que acumulem menos poeira. É uma boa opção se você tiver louça bonita que gostaria de deixar à mostra e sem empilhar os pratos. Em geral é um módulo embutido, mas também pode ir dentro de uma gaveta funda.

ESTANTE PARA VINHOS

Guarda as garrafas na horizontal. Há modelos de vários tamanhos, embutidos na parede ou como módulos de piso, correndo por trilhos num armário ou como unidades avulsas, em geral preenchendo o espaço entre dois gabinetes mais largos.

4 ESCOLHA AS PORTAS

A aparência e o estilo de uma cozinha dependem muito de como são as portas dos armários. Os fabricantes oferecem a opção de portas maciças, que podem ser revestidas ou lisas, ou de vidro, com vários tipos de moldura.

MACIÇA

As portas lisas são elegantes, contemporâneas e fáceis de manter limpas. As revestidas têm aplicações de madeira sobre uma base. As de compensado com moldura de madeira vão bem em cozinhas de todos os estilos, e para os esquemas tradicionais há modelos com painéis em arco, faixas e entalhes.

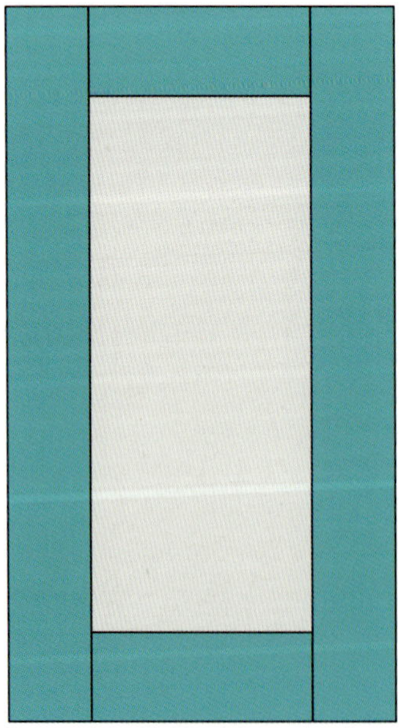

DE VIDRO

É comum alternar portas de vidro com portas maciças nos armários de parede, a fim de criar contraste. O vidro fosco é popular, mas há quem prefira o transparente, para poder enxergar o que há dentro. Os guarda-louças também podem ter iluminação interna, com uma luz suave que mostre o seu conteúdo.

5 ESCOLHA O ACABAMENTO

O material e a cor das portas dos armários são fatores cruciais na criação de um visual. Num ambiente grande, você pode combinar dois tons ou acabamentos, como madeira e um material brilhante – mas evite usar mais do que dois.

EFEITO MADEIRA

Algumas dessas portas são de aglomerado, cobertas por papel impresso imitando madeira; outras, de aglomerado revestido por uma fina folha de madeira.

MADEIRA MACIÇA

São disponíveis em diversas madeiras, desde pinho até mogno. A alta qualidade se reflete no preço. Alguns modelos são de madeira reaproveitada.

PINTADA

De madeira maciça ou aglomerado, as portas pintadas são comuns em cozinhas estilo rural, podendo receber tinta da cor que você desejar.

BRILHANTE

Feitas de aglomerado com uma placa de PVC aplicada quente sob alta pressão, as portas lisas e brilhantes são disponíveis em diversas cores.

AÇO INOX

Esse material resistente cria um efeito industrial contemporâneo. As portas são de aglomerado revestido de aço escovado. Causam ótimo efeito, mas são caras.

VIDRO

Escolha vidro opaco ou transparente, com moldura de madeira ou de aglomerado. As molduras podem ser simples ou em caixilhos, para ambientes tradicionais.

6 ESCOLHA OS PUXADORES

Puxadores bem escolhidos fazem toda a diferença: transformam uma cozinha comum em algo especial e ajudam a criar um efeito particular. Use puxadores iguais em todo o ambiente, para obter unidade e evitar que o esquema fique confuso.

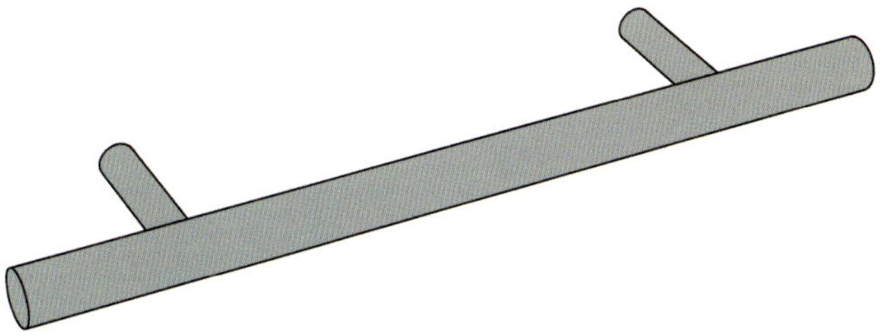

FORMATO EM T

São disponíveis em vários comprimentos e tipos de acabamento. Se a cozinha for contemporânea, escolha um modelo elegante, minimalista. Se o estilo for clássico, opte por desenhos mais elaborados.

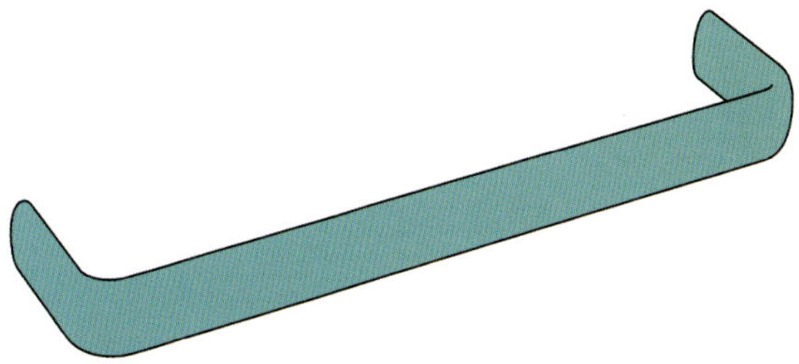

FORMATO EM D E EM ARCO

Puxadores em D são de estilo simples e prático, e seu aspecto é mais suave que os em T, por causa dos cantos arredondados. Os puxadores em arco são similares, mas com forma curva. Ambos são disponíveis em vários comprimentos, espessuras e contornos.

TIPO ALÇA CAÍDA

Podem ter um pingente, uma barra ou um anel caído, e são usados quase exclusivamente em cozinhas de estilo tradicional. Ao contrário dos outros tipos, são articulados. Basta erguê-los e puxá-los para abrir gavetas e armários.

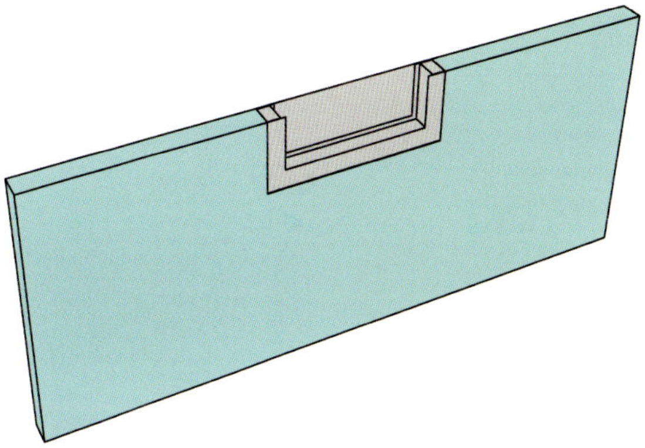

REBAIXADO

Também conhecidos como puxadores integrados, criam um efeito mais enxuto e funcional e são característicos de cozinhas ultramodernas. Em geral ficam na parte de cima de gavetas e gabinetes, e têm ranhuras moldadas e reforços de metal.

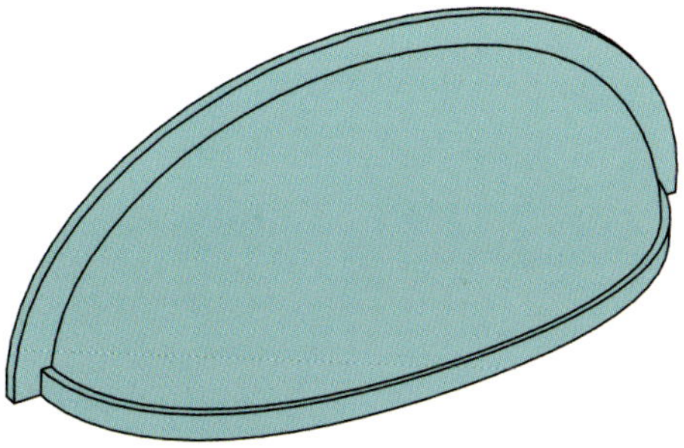

TIPO CONCHA

São puxadores tradicionais de metal, típicos de gaveteiros, e menos frequentes em armários. Podem ser em níquel escovado, cromados ou em metais antigos. Costumam ser usados em cozinhas convencionais, como um toque de acabamento.

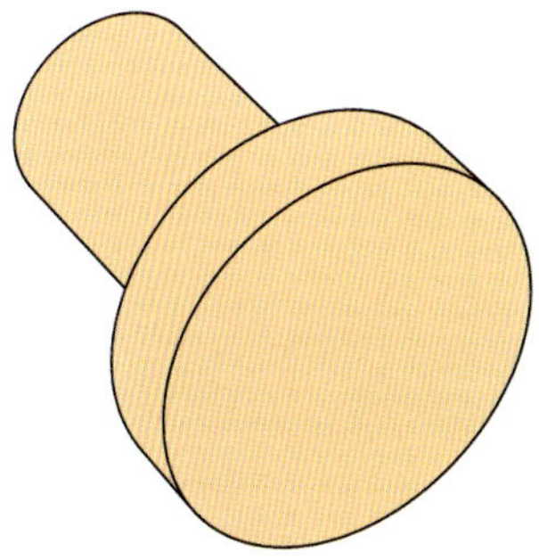

TIPO BOTÃO

São os que oferecem maior variedade de tamanhos, materiais e formatos. Numa cozinha clássica, escolha-os de madeira ou porcelana. Os de metal polido ou escovado dão aos armários um toque mais contemporâneo.

5 ESCOLHA AS **BANCADAS**

Uma boa bancada pode realçar o aspecto da cozinha, mesmo que você tenha comprado unidades simples numa promoção. Vale a pena gastar um pouco mais, pois seu preço compensa em termos de qualidade. Siga com atenção as instruções do fabricante sobre os cuidados que ela requer, para que dure bastante.

ESCOLHA O MATERIAL

Há muitos materiais de bancadas à sua escolha, e cada tipo varia bastante em qualidade. Antes de comprar, verifique a durabilidade do material e também se é adequado para usar em volta do fogão e da pia.

GRANITO
Caro, mas extremamente resistente, é disponível com acabamento polido de alto brilho ou opaco e granulado. Fica cerca de dez anos sem precisar ser selado.

PEDRA COMPOSTA
Feita de resina, minerais e acrílico, essa resistente pedra artificial de custo médio é oferecida em várias cores. Escolha uma de superfície lisa ou levemente granulada.

PEDRA DE LAVA
É uma pedra vulcânica natural que pode ser vitrificada em qualquer acabamento ou cor. É cara, mas, ao que parece, nada é capaz de danificar sua superfície.

MADEIRA
Com preço de médio a alto, a madeira cria um aspecto quente. As opções vão da faia, clara, à escura wengé. Deve ser selada todo ano, ou antes, se perder muito brilho.

VIDRO
Tem preço de médio a alto, mas resiste a arranhões, calor e ácido, e só racha se cair algo muito pesado em cima dele. Há opções de vidro pintado ou colorido.

AÇO INOX
Comum em cozinhas profissionais, tem preço de médio a alto. É higiênico, durável e moldável em várias formas e tamanhos. Os arranhões lhe dão até um certo charme.

CONCRETO
Com diversas opções de acabamentos, é caro e feito no local ou moldado segundo suas especificações, mas deve receber um selante antes de ser usado.

CORIAN®
Muito resistente, tem preço alto e acabamento semiopaco e não poroso. Não exige grandes cuidados, e quaisquer arranhões podem ser removidos por um profissional.

LAMINADO
Apresenta versões imitando madeira, pedra e granito. Não é tão resistente quanto os materiais que imita, mas custa bem menos.

CUIDADOS COM A BANCADA

Siga essas dicas para manter as bancadas em boas condições.

Limpe superfícies de madeira com pano macio, água e sabão. Se derramar algo, limpe na hora.

Para bancadas de granito, use detergente neutro; removedor à base de água para manchas de vinho e chá; desengraxante alcalino para manchas de óleo e gordura; e palha de aço nas canaletas. Seque com camurça para dar brilho.

Limpe Corian® usando spray e pano. Remova manchas fortes de água com um limpador multiuso, e as de gordura e vinho com detergente. Use alvejante em manchas de chá e café.

Use um pano macio, água morna e sabão para limpar laminados. Remova as manchas mais resistentes com produto de limpeza ou solução diluída de alvejante, que também pode ser usada para tirar manchas mais fortes, como as de vinho tinto.

Em vidro, concreto ou aço inox, utilize pano macio, água morna e sabão. Dê polimento com pano de microfibra. Para que o aço inox fique com aspecto de novo, passe óleo infantil.

Para pedra composta e pedra comum, use pano macio e úmido com detergente neutro.

6 ESCOLHA A **FRENTE DA PIA**

Você deve escolher o material da frente da pia quando for escolher também o da bancada. Eles não precisam ser iguais, porém é bom que se complementem. A decisão de usar apenas um pequeno anteparo ou uma parede inteira depende de seu gosto.

ESCOLHA O MATERIAL

O material da frente da pia deve ser prático e fácil de lavar. Mas, ao escolhê-lo, você também tem uma boa oportunidade de acrescentar charme às paredes, brincando com cores e brilhos nos vidros e azulejos, ou criar calor, usando madeira.

AZULEJOS

Talvez a escolha mais popular, pois são fáceis de lavar e não mancham com facilidade, mas é bom evitar acabamentos não vitrificados, que são porosos e mancham. Se você tem uma cozinha grande, pode ser interessante lançar mão de azulejos maiores.

VIDRO

Boa opção para cozinhas modernas, a frente da pia de vidro temperado geralmente é feita sob encomenda, mas há painéis pré-cortados com 70cm de largura e várias opções de cores. Escolha os resistentes a raios ultravioleta, que não desbotam.

MADEIRA

A frente da pia de madeira maciça precisa ser tratada regularmente – a cada três meses, ou quando você notar que perdeu o brilho –, para que continue repelindo respingos de água e óleo. Não é recomendável usar madeira atrás do fogão, pois pode chamuscar.

AÇO INOX

O aço inox é extremamente resistente, higiênico e fácil de limpar. Sua superfície pode ficar arranhada com o tempo, mas isso faz parte de seu charme e complementa seu aspecto industrial. A frente da pia de aço inox pode ser encontrada em diferentes tamanhos.

CINCO OPÇÕES PARA **A FRENTE DA PIA**

Mudar a frente da pia pode transformar sua cozinha por uma quantia de dinheiro bem menor que você gastaria se fosse substituir todos os módulos. Ela não precisa ser lisa; há diversos efeitos incomuns e materiais que você pode escolher se quiser fazer dessa área um ponto focal da cozinha.

AZULEJOS EM FORMA DE TIJOLO

Funcionam bem em cozinhas tanto de estilo rústico quanto contemporâneo. Coloque-os na horizontal, e se gostar do efeito, experimente estender a frente da pia por toda a área atrás da bancada.

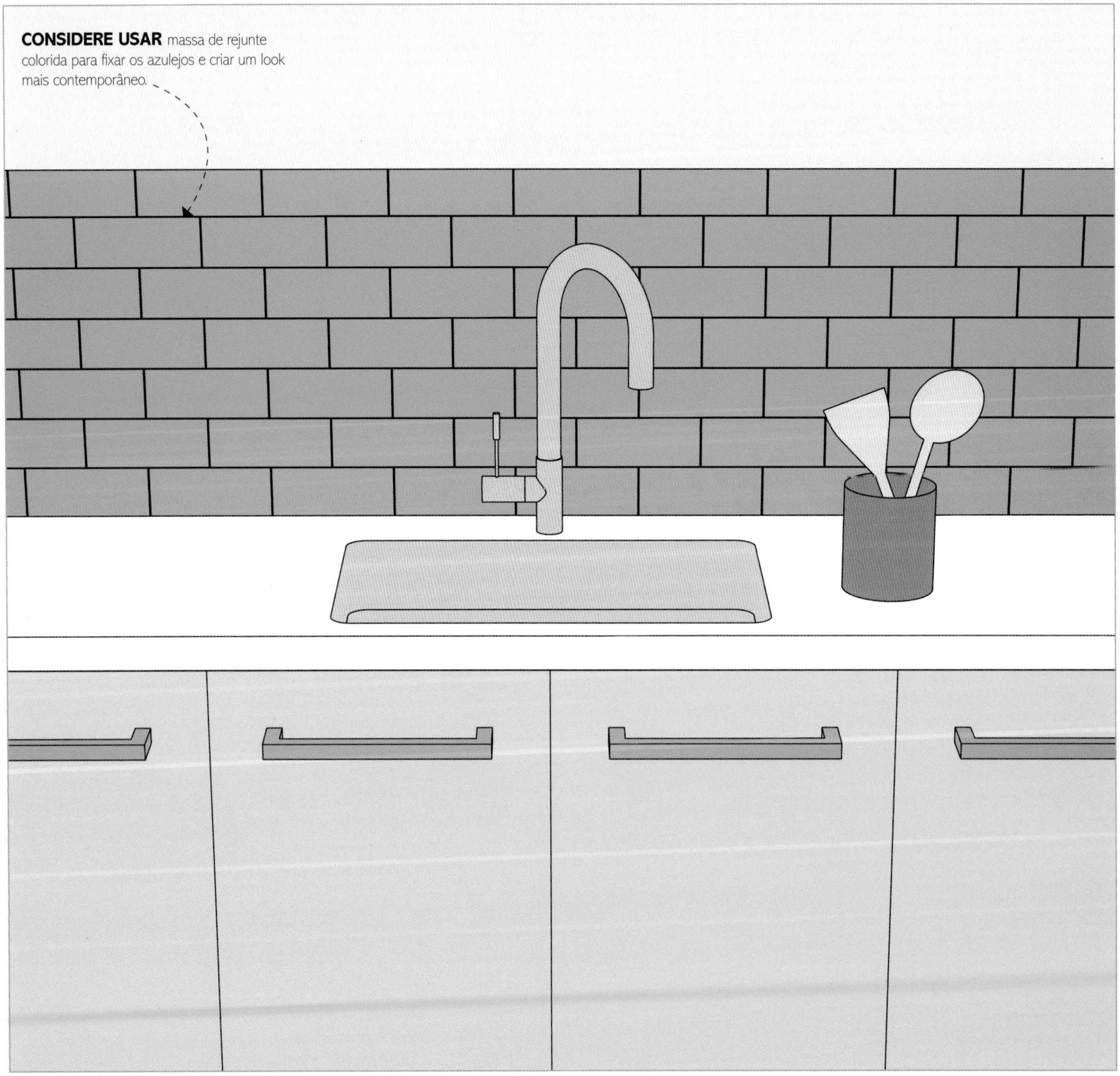

AZULEJOS DECORADOS

Para uma aparência eclética, experimente combinar azulejos de estilo antigo e padrões bem variados.

ESPELHO

Em cozinhas pequenas e escuras, a frente da pia espelhada irá refletir a luz pelo ambiente. Não use essa solução atrás do fogão.

A FRENTE DA PIA ESPELHADA cria um belo efeito, mas prepare-se para limpá-la e dar-lhe polimento todo dia.

PAPEL DE PAREDE COBERTO POR VIDRO

Crie um efeito de maior impacto revestindo a frente da pia com papel de parede e recobrindo-o com um painel de vidro como proteção.

COZINHAS SÃO ÚMIDAS, por isso é bom escolher um papel de parede resistente a mofo.

MOSAICO ESPELHADO

O mosaico de azulejos espelhados dá charme à sua cozinha e refletirá a luz num ambiente pequeno.

COMBINE UM MOSAICO espelhado com bancadas e módulos mais discretos para obter um estilo sutil.

7 ESCOLHA A PIA

Além de pensar nos acessórios e no material, ao escolher a pia de sua cozinha vale a pena também considerar que uso será feito dela – você é um cozinheiro de mão-cheia ou alguém que não passa muito tempo na cozinha? – e quanto espaço da bancada você pode dispor para ela.

1 DECIDA O TIPO DE PIA

Considere o tamanho do gabinete ou módulo onde a pia será instalada (se é capaz de acomodar o recipiente), na largura e grossura da bancada e no uso que fará da pia. Se cozinhar toda noite, é bom pelo menos ter uma pia e meia.

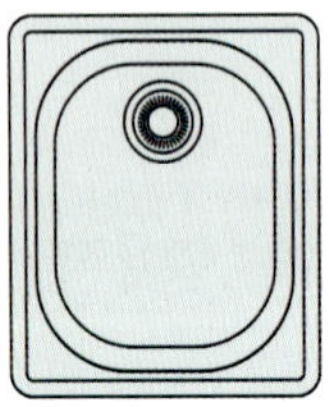

PIA SIMPLES

Mais do que suficiente para cozinhas compactas, é oferecida em diversos modelos, formatos e tamanhos à sua escolha.

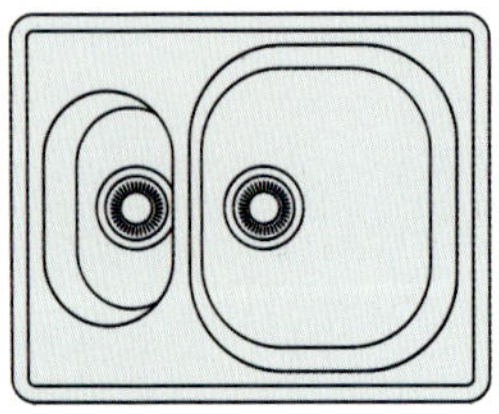

UMA PIA E MEIA

Com essa opção, é possível desempenhar mais de uma tarefa ao mesmo tempo. O recipiente maior pode ser usado para lavar louça, e o menor para enxaguar e preparar a comida.

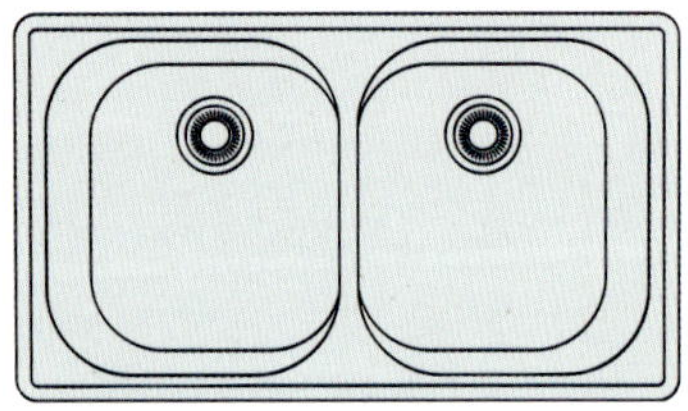

PIA DUPLA

Trata-se de dois recipientes de tamanho igual. Isso permite lidar com duas tarefas de grande porte ao mesmo tempo, como lavar louça e deixar panelas e frigideiras engorduradas de molho na água.

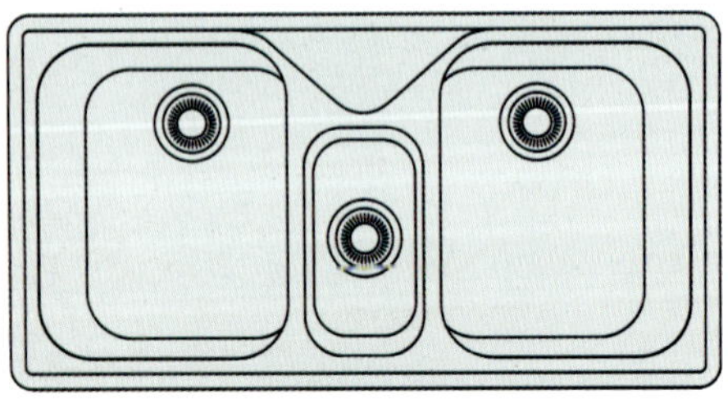

DUAS PIAS E MEIA

Contando com dois recipientes grandes e um terceiro menor, o modelo oferece mais alternativas para lavagem. Por seu tamanho, é adequado somente para cozinhas maiores.

ESCORREDOR DE PRATOS

Algumas pessoas têm preferência por colocar o escorredor de pratos de um dos lados da pia e não do outro. O mais importante, contudo, é decidir qual configuração geral é mais adequada ao seu espaço. Procure adotar o arranjo que menos atrapalhará em relação à funcionalidade da bancada.

2 DECIDA O TIPO DE MONTAGEM

Existem pias projetadas para serem montadas abaixo do nível do tampo, e outras – menos elegantes, porém mais baratas e fáceis de instalar – que são montadas no nível da superfície.

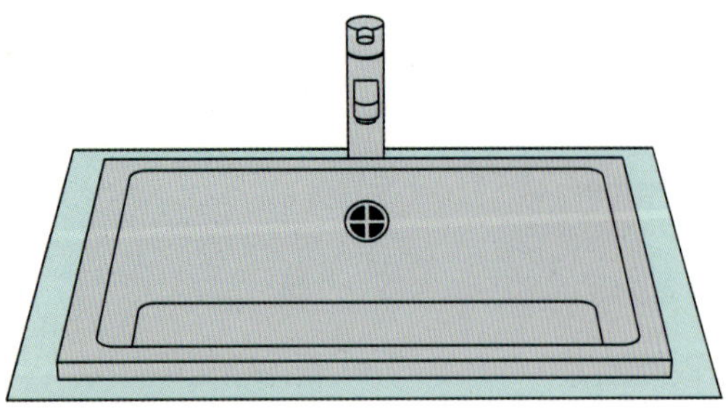

ENCAIXADA COM RESSALTO

É fixada de modo que sua borda sobressaia um pouco da superfície. Está disponível em muitos tamanhos e modelos, e pode ser usada com bancadas de qualquer material.

DE ENCAIXE NIVELADO

Tem uma aba fina em volta de seu perímetro que se encaixa num recesso cortado no tampo para ficar bem nivelado. Uma massa de silicone prende a pia no lugar e impermeabiliza a junção. Não é adequada para tampos de madeira ou laminados.

EMBUTIDA

Como o nome sugere, esse tipo de pia é montado abaixo do nível da superfície da bancada, cuja borda fica à mostra. Só pode ser usada com tampos maciços como os de pedra ou de Corian®.

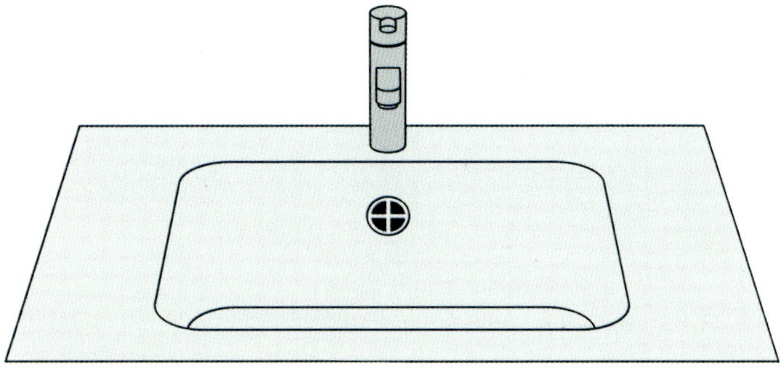

INTEGRADA

Feita da mesma peça de inox ou de pedra composta da bancada, a pia integrada permite criar uma aparência elegante, uniforme, que dá a impressão de higiene, já que não há qualquer junta. Pode ser uma opção mais cara, e você terá que mandar cortar canaletas na superfície para criar uma área de drenagem.

APARENTE

Em geral de formato retangular, dispõe de modelos muito parecidos; a diferença está no sistema de controle de transbordamento. A pia fica sobre a bancada, com a parte frontal sempre aparente.

3 ESCOLHA O ACABAMENTO

Há muitas opções de acabamento para as pias. É bom escolher uma resistente e fácil de lavar. Certos materiais mancham e arranham mais fácil; outros duram anos com aspecto de novos. Veja também se a pia combina bem com a bancada, que na verdade é o astro principal.

AÇO INOX

É a escolha mais popular. Durável, resistente e fácil de manter. Os preços variam bastante, dependendo da qualidade e do design.

PORCELANA

Resiste bem a calor, manchas e arranhões. É uma boa escolha na faixa de preço média, mas corre o risco de rachar se algo pesado cair nela.

GRANITO

Feita com 80-85% de granito natural moído misturado com resina, é cara, mas bem resistente, e tem grande variedade de cores.

CORIAN®

Esse material caro e resistente, também usado em tampos de pia, tem acabamento opaco e não poroso. Exige alguém especializado para remover arranhões.

PEDRA COMPOSTA

Feita de resina, minerais e acrílico, essa pia de preço médio pode ter textura lisa ou granulosa. Vem em várias cores (pode manchar se a água for muito mineralizada).

COBRE

Embora uma opção cara para pias, o cobre tem propriedades antibacterianas. Lave com sabão e água. Em regiões de água muito mineralizada, seque com pano macio.

8 ESCOLHA AS TORNEIRAS

A escolha da torneira certa depende do estilo que você prefere e da existência ou não de orifícios para ela. Em geral, as cozinhas têm bom suprimento de água, por isso a maioria das torneiras irá funcionar bem (se a pressão for muito baixa, os modelos com spray não darão muito certo).

1 ESCOLHA O TIPO

A não ser que a escolha da torneira já esteja predeterminada pela pia (que já tenha orifícios), o que você terá de priorizar são o estilo de sua preferência e o quanto quer gastar.

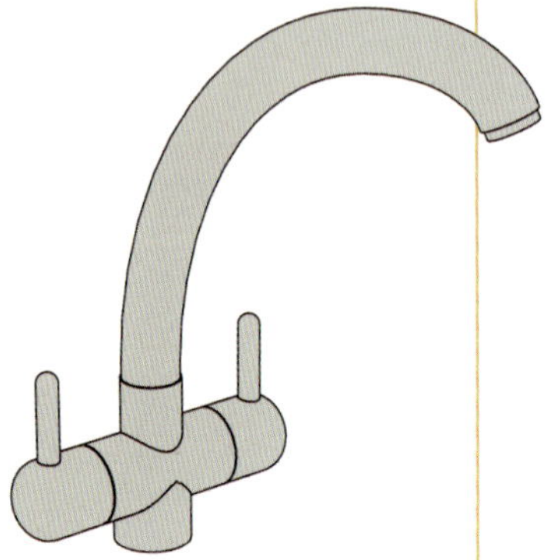

COM MISTURADORES

É simples, com controle dos dois lados para misturar água quente e fria. Há modelos montados na parede ou com três peças, saída única, misturador.

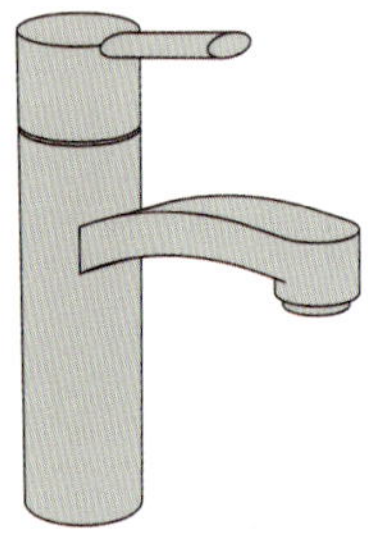

DE ALAVANCA SIMPLES

Opera de modo similar à anterior, no entanto tem na mesma alavanca o controle de temperatura e o de fluxo de água. O design simples facilita a limpeza.

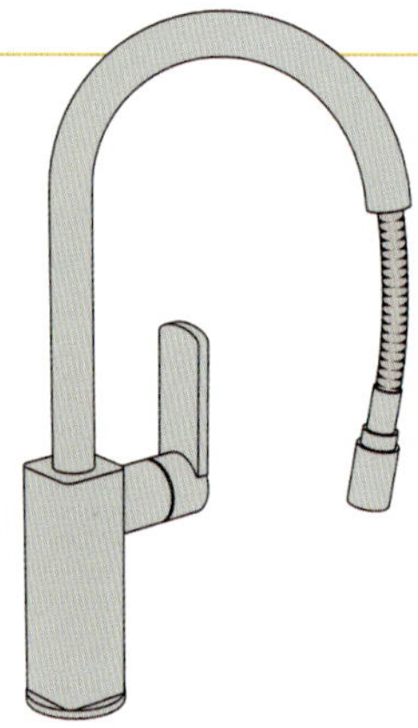

DESTACÁVEL

Maior que as comuns, requer alta pressão de água e tem a cabeça destacável, na ponta de uma mangueira flexível, para enxaguar pratos e alimentos.

DE PILAR

Esse modelo para pias com dois orifícios tem torneiras separadas para água quente e fria. O design é tradicional, com manopla de quatro pontas ou de alavanca.

2 ESCOLHA O ACABAMENTO

É grande a variedade de acabamentos para torneiras, por isso a escolha dependerá da cor da pia; dos acessórios e de outros elementos da cozinha; e da sua preferência por um acabamento polido, brilhante ou fosco, mais contemporâneo.

CROMADO

É o tipo mais popular, com boa variedade de preços. Adapta-se bem em cozinhas contemporâneas e tradicionais. Fácil de limpar, mas cria manchas de água.

METAL

Polida ou com efeito de metal antigo, tem preço variável e dá calor e personalidade a estilos tradicionais ou rústicos. Mantém seu aspecto por vários anos.

METAL ESCOVADO

O cromo ou o níquel escovado é uma opção de preço médio a alto. Não cria manchas de água como as brilhantes e combina com acessórios do mesmo tipo.

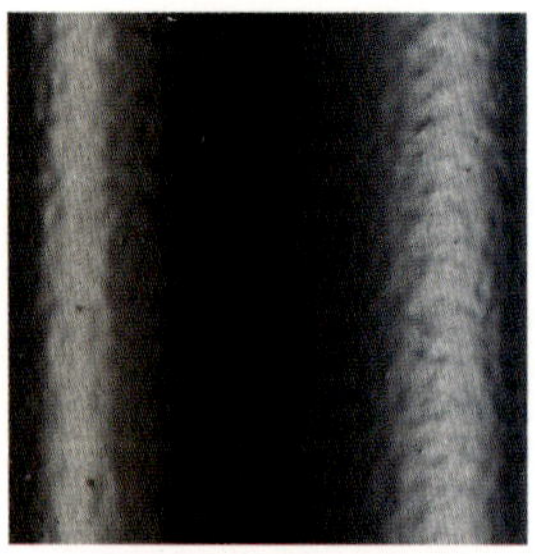

CAPA DE PÓ METÁLICO

Torneira preta ou branca, com revestimento de pó de metal, produz ótimo efeito com certas pias e tampos. Existem modelos de todos os preços.

BRONZE POLIDO A ÓLEO

Para cozinhas tradicionais. O acabamento escuro é atraente e muda com o tempo, conforme a camada se gasta e deixa aparecer o metal amarelo.

9 ESCOLHA A **GELADEIRA**

O layout da sua cozinha e o total de espaço vertical ou no piso irão determinar a escolha de uma geladeira com freezer ou de unidades separadas. Defina os tamanhos relativos – quanta comida fresca ou congelada você precisa guardar? – e leve em conta o consumo de energia dos diversos modelos.

1 ESCOLHA O MODELO

Se a geladeira e o freezer ficarem debaixo de uma bancada, você pode comprar duas unidades de piso. Mas se precisar de mais espaço em seu armário de base, é melhor comprar uma geladeira conjugada com freezer.

UNIDADES SEPARADAS

Escolher geladeira e freezer separados é uma opção para uma cozinha onde os módulos não ocupam a altura toda. Os dois podem ser colocados até numa ilha da cozinha. Não precisam ficar lado a lado, embora isso facilite.

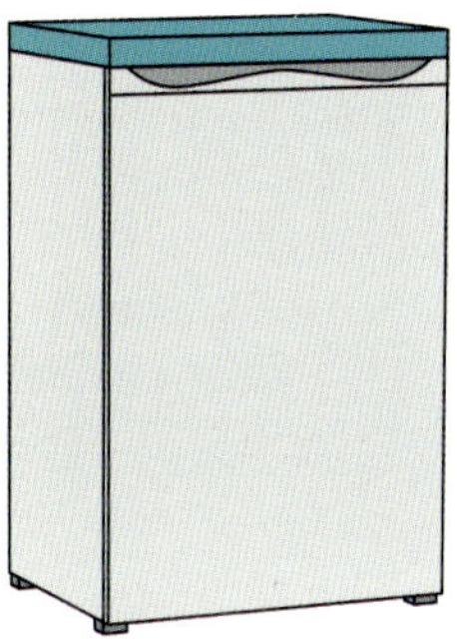

GELADEIRA-FREEZER ESTILO AMERICANO

Nessa versão, freezer e geladeira geralmente ficam lado a lado, e o conjunto tem quase 2 m de altura. A geladeira costuma ter o dobro da largura do freezer. São disponíveis em várias cores, e às vezes incorporam máquina de gelo e refrigerador de água, exigindo, portanto, uma tubulação especial para cumprir essas funções.

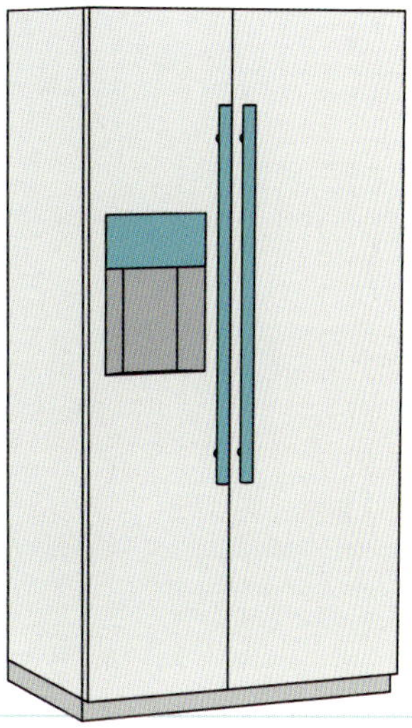

UNIDADES CONJUGADAS

Geladeira e freezer conjugados, um sobre o outro, são uma opção possível tanto em cozinhas embutidas como de piso, com vários tamanhos e tipos de conjugação. Em geral, a geladeira é quase tão grande quanto o freezer, que costuma ficar em cima, para minimizar a necessidade de se abaixar.

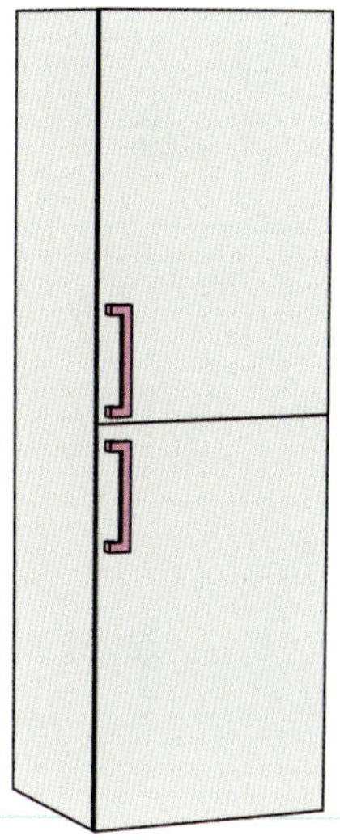

2 ESCOLHA O DESIGN

Provavelmente esse será o maior item da cozinha. Por isso, seu aspecto precisa ser escolhido com cuidado. Os modelos embutidos criam maior unidade de estilo, mas os de piso podem constituir um bom ponto focal.

DE PISO

Se espaço não for problema, ou se você viu uma geladeira-freezer especialmente bonita, o modelo de piso será uma boa opção. Outra vantagem é que se pode levá-la embora ao mudar de casa.

EMBUTIDA

Numa cozinha planejada, a escolha mais adequada será de geladeira e freezer embutidos. Você pode comprar um modelo alto, com os dois empilhados, ou pôr as unidades isoladas embutidas lado a lado sob uma bancada.

10 ESCOLHA O FOGÃO

A escolha do fogão certo é mais complicada que a de outros aparelhos da cozinha, pois é necessário considerar muitas coisas: as várias ações, de grelhar a assar; o tipo de combustível; a configuração das bocas e do forno; e se quer incluir ou não a função autolimpante.

1 DECIDA QUE COMPARTIMENTOS VOCÊ PRECISARÁ USAR

Ao pensar nos compartimentos do fogão que você precisará usar, considere para quantas pessoas terá que cozinhar e com que frequência. Um forno só dará conta? Ou precisará de dois, ou de um grill e um forno funcionando ao mesmo tempo?

SIMPLES

Ideal para cozinhas pequenas, costuma ter dentro uma grelha, o que impede de usar as funções grelha e forno ao mesmo tempo. Alguns modelos a gás têm tampas de levantar que servem também como anteparo.

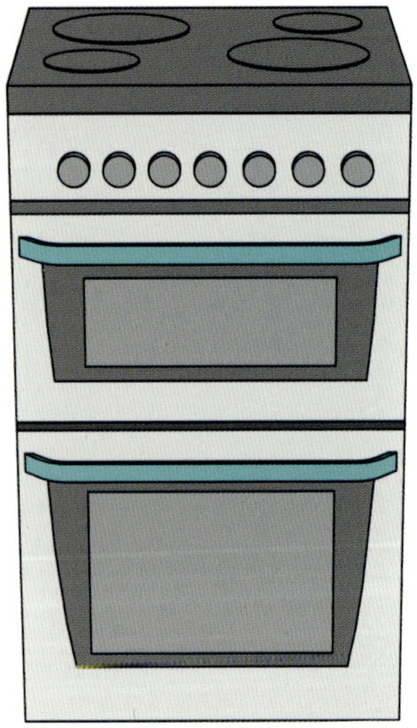

DUPLO

Os fornos duplos podem ter um forno menor acima de outro maior, bem como dois grandes (um sobre o outro). O maior pode ser multifuncional (com vários modos de aquecimento), e o menor em geral é dotado da função grelha.

LADO A LADO

Quase sempre é de piso, e bem maior do que o fogão padrão – às vezes tem até 1,5m de largura. A maioria dos modelos tem fornos duplos lado a lado, mas alguns têm ainda um compartimento separado para usar como grelha.

2 DE PISO OU EMBUTIDO

Um fogão pode ser de piso ou embutido nos módulos. A escolha vai depender muito do estilo da sua cozinha – os embutidos vão bem com as planejadas modernas, enquanto os de piso conferem uma aparência mais descontraída.

DE PISO

Em geral presente em cozinhas convencionais, pode também ser usado em unidades planejadas, se você reservar espaço. Os modelos padrão têm 60cm de largura, mas há outros de piso lado a lado. Podem ser elétricos ou a gás, e há muitos modelos, do estilo contemporâneo ao retrô.

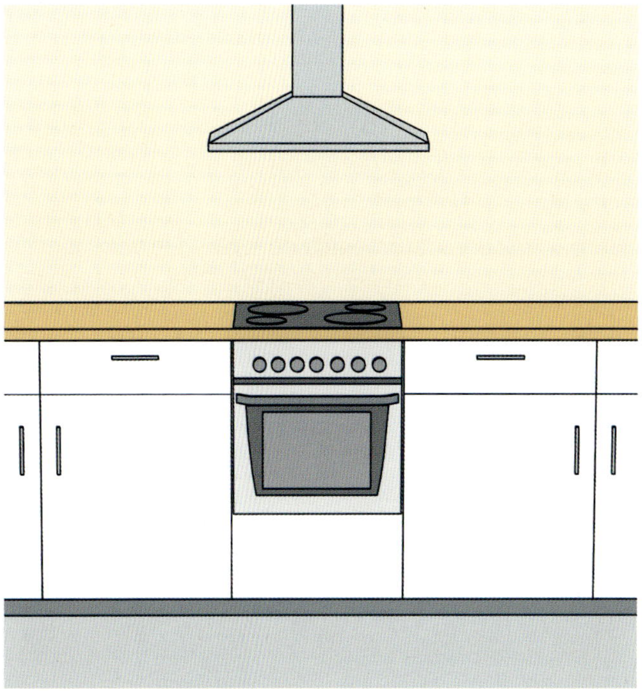

EMBUTIDO (CONJUGADO)

Numa cozinha planejada, o fogão embutido preserva o estilo geral. Se você dispõe de pouco espaço e escolhas limitadas de layout, na maioria das vezes fará mais sentido escolher um modelo conjugado, no qual o fogão fica posicionado em cima do forno. Há opções de forno simples e duplo.

EMBUTIDO (SEPARADO)

Se houver espaço, pode ser melhor colocar o fogão separado do forno. Ter um embutido numa fileira de módulos ao nível dos olhos pode ser uma boa opção, pois permite que você abra o fogão para checar seu conteúdo sem precisar se abaixar.

3 ESCOLHA A FONTE DE ENERGIA

Fogões podem ter combinações de energia única ou dual. Os elétricos e com ventilação assistida podem ser combinados com bocas a gás, mas você também pode optar por bocas por indução e forno com ventilação, ou bocas a gás com forno a gás.

FOGÃO

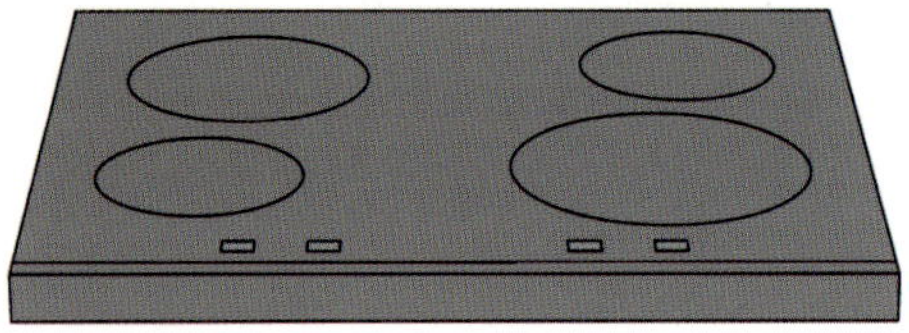

CERÂMICO

Fácil de limpar, tem seus aquecedores sob a superfície de vidro. A condução de calor é rápida, mas não tão simples de controlar como nos a gás. Use panelas de ferro com esse tipo de fogão.

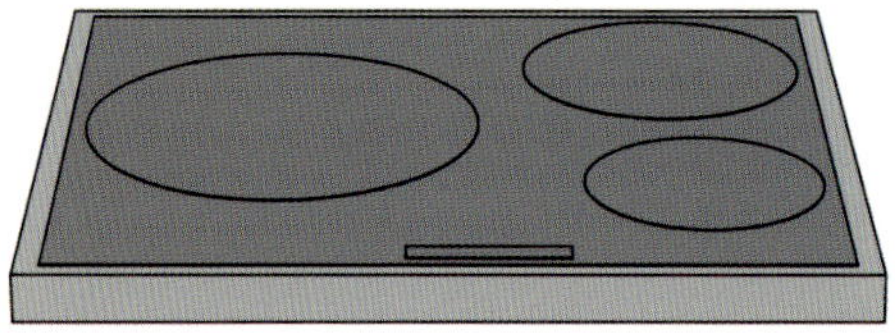

POR INDUÇÃO

A chapa é rapidamente aquecida pelo campo magnético, situado entre ela e uma bobina sob a superfície do fogão, e esfria quase de imediato ao ser desligada. Use panelas de ferro ou ferrosas.

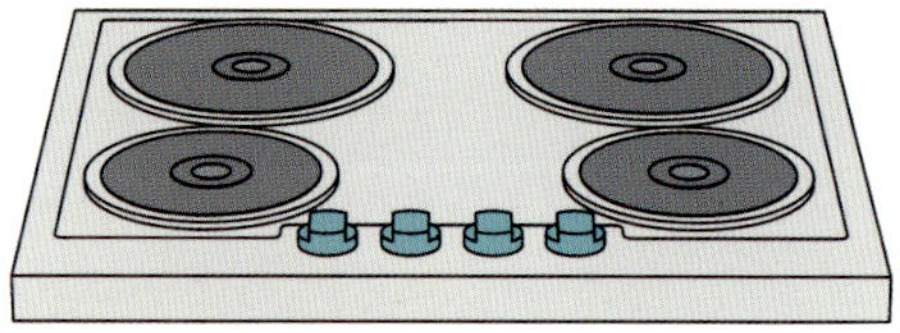

CHAPA ELÉTRICA

Proporciona uma distribuição de calor excelente, que se espalha de modo uniforme pela base da chapa. É uma boa opção em termos de custo. Use panelas de fundo chato – em especial as de ferro.

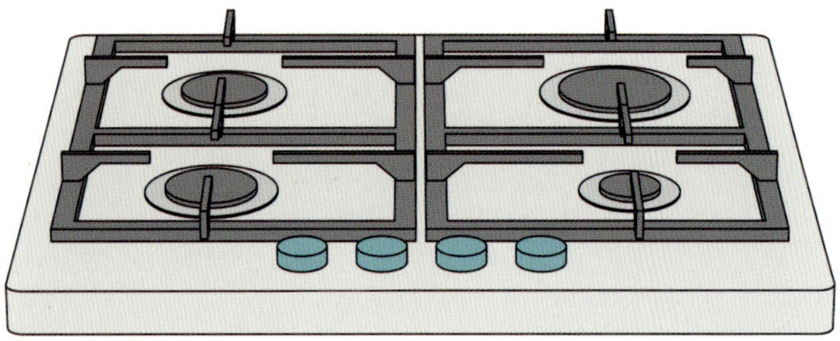

A GÁS

O fogão a gás típico tem quatro bocas de tamanho variável, mas existem versões maiores (se você escolher um fogão em série a gás, ele pode ter seis ou até oito bocas). O gás ainda é uma escolha popular, devido à facilidade de controlar e ao fato de proporcionar uma fonte de calor bem visível.

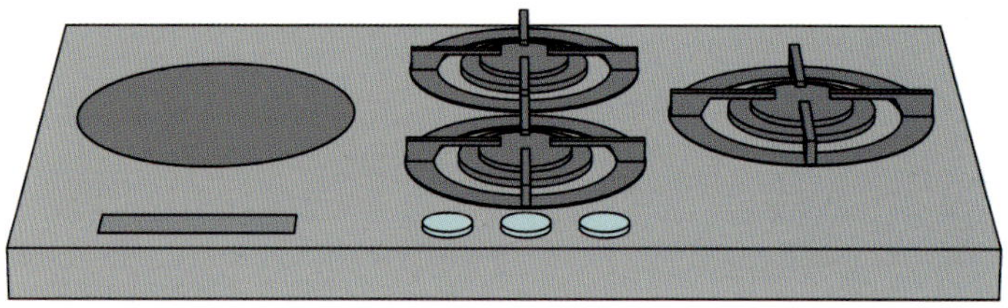

COMBINADO

Existem também fogões combinados – duas bocas a gás e duas elétricas é um exemplo básico. Mas pode-se optar por algo mais ousado e combinar um fogão elétrico com um queimador grande a gás. A vantagem é a oportunidade de escolher o estilo do cozimento e a fonte de energia.

FORNO E GRELHA

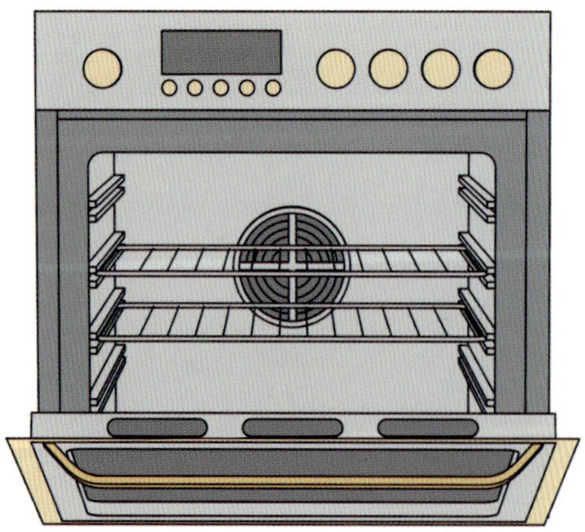

ELÉTRICO

Os elétricos convencionais são controlados por um termostato no meio do forno, o que os deixa mais quentes no alto e mais frios embaixo. Demoram um pouco para alcançar a temperatura ideal, por isso devem ser preaquecidos. Os elétricos com ventilação fazem o calor circular rápido, uniformizando a temperatura.

A GÁS

São aquecidos por uma chama na parte de baixo da câmara. Ao subir, o ar quente circula e cria diferentes zonas de calor, mantendo a temperatura mais alta em cima e a mais baixa no fundo. Assim, expulsam a umidade durante o cozimento, e por isso são especialmente bons para assar bolos.

4 ESCOLHA A COIFA

As coifas de cozinha são vitais para eliminar o vapor e os cheiros. Os designs variam: existem as de extração, que retiram o ar do ambiente, e as de recirculação, que meramente filtram o ar. Alguns modelos podem abrigar as duas funções.

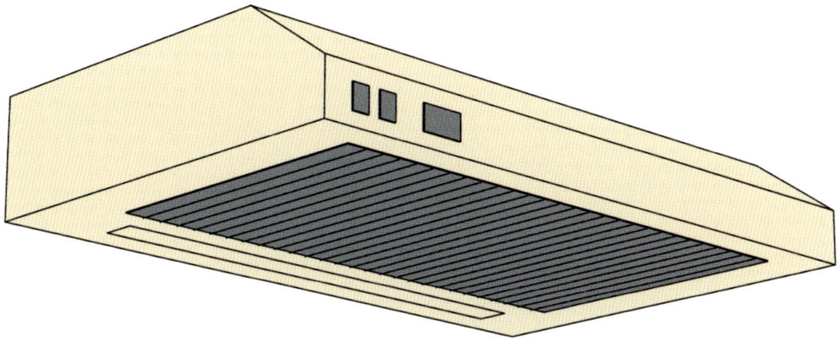

PADRÃO DE RECIRCULAÇÃO

Instalada de modo aparente, bem em cima do fogão, é recomendável que tenha a mesma largura dele. Como não leva o ar para o exterior, pode ser instalada quase em qualquer lugar da cozinha. Entretanto, não é tão eficiente quanto a coifa de exaustão.

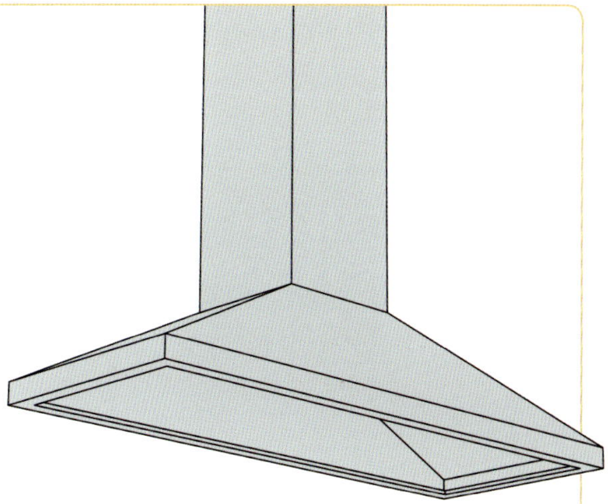

CHAMINÉ

Disponível em diversos formatos e tamanhos, geralmente é feita de aço inox. Também há versões para ilhas, que são projetadas para poderem ser vistas de todos os ângulos.

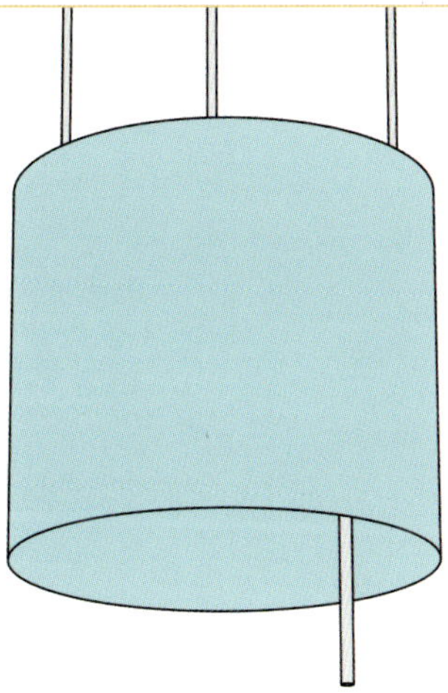

SUSPENSA

Ideal para fogões situados em uma ilha de cozinha, uma vez que é projetada para ficar suspensa do teto. Os modelos de recirculação têm muitos estilos, desde as coifas básicas até as que parecem abajures ou globos estilo diamante.

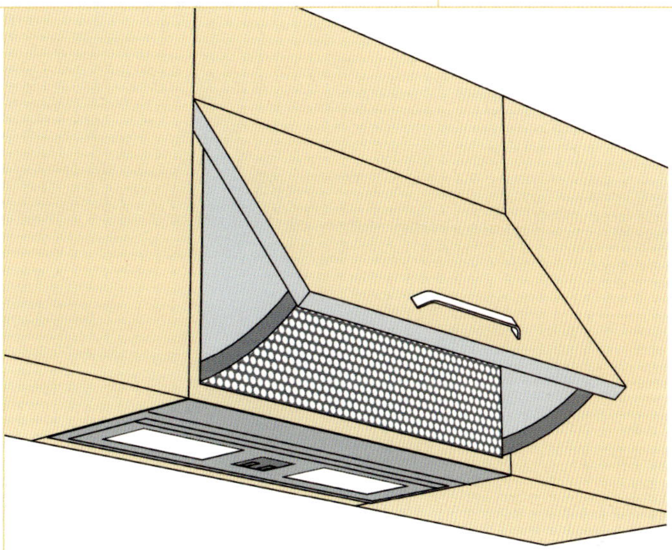

INTEGRADA

A coifa totalmente integrada fica escondida atrás de um painel ou porta, que quase sempre combina com as portas dos armários, mas deve-se abri-la para que o exaustor funcione. É a opção ideal para uma cozinha pequena.

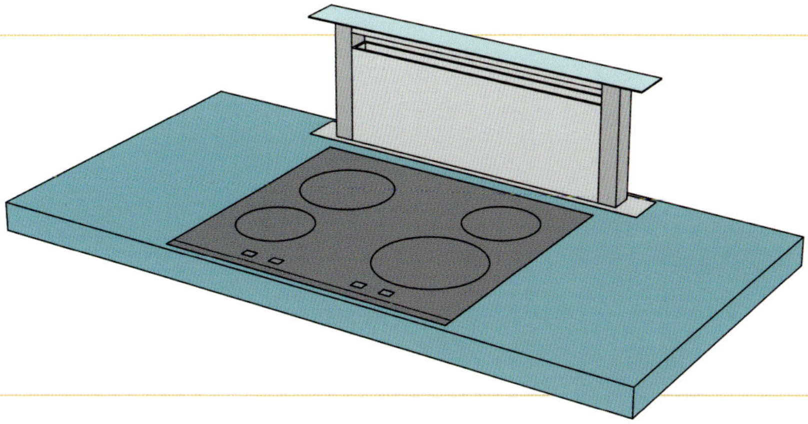

EXAUSTOR DOWNDRAFT

Ao contrário das outras coifas, é montado atrás do fogão, dentro da bancada, e fica oculto abaixo dela quando não está em uso. Pode ser utilizado com fogões a gás ou elétricos e posicionado tanto contra a parede como numa ilha de cozinha.

11 ESCOLHA O **LAVA-LOUÇAS**

Ao escolher um lava-louças, é preciso considerar não só a aparência e a capacidade, mas também se ele pode ser integrado ao conjunto de armários, a questão da energia elétrica, do aproveitamento do espaço, se ele faz muito barulho e se tem funções que atendam às necessidades da sua família.

1 ESCOLHA O MODELO

Ao planejar sua cozinha, você pode incluir no layout um lava-louças de tamanho padrão, mas essa não é a única opção disponível, e talvez não seja o modelo mais adequado para sua cozinha ou seu estilo de vida.

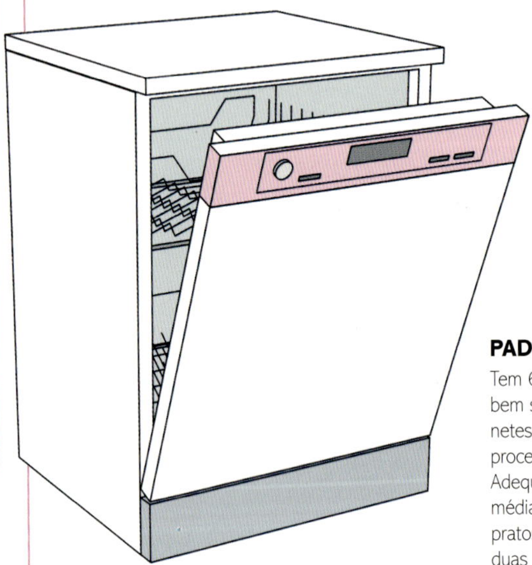

PADRÃO
Tem 60cm de largura, cabe bem sob uma fileira de gabinetes e tem capacidade para processar inúmeras tarefas. Adequado para uma família média, em geral pode lavar pratos e panelas sujos de duas refeições.

ESTREITO
Tem a mesma altura do modelo padrão, mas mede 35-45cm de largura, sendo mais adequado a uma cozinha de espaço apertado. Por isso é adequado para casas onde morem uma ou duas pessoas.

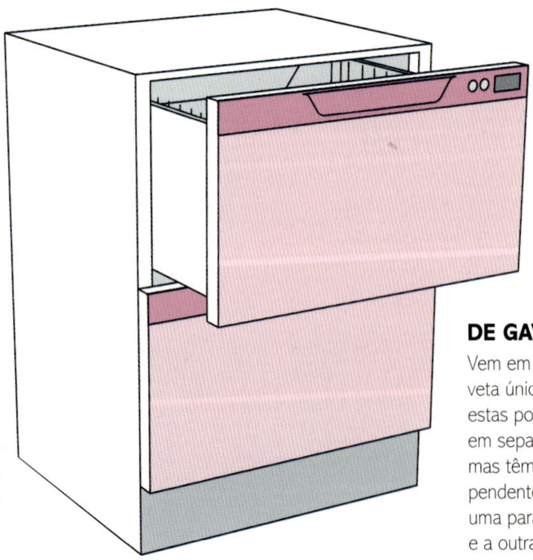

DE GAVETA
Vem em versões de gaveta única ou dupla – estas podem ser usadas em separado ou juntas, mas têm operação independente: você pode usar uma para louça delicada e a outra para panelas, com um programa de lavagem mais forte.

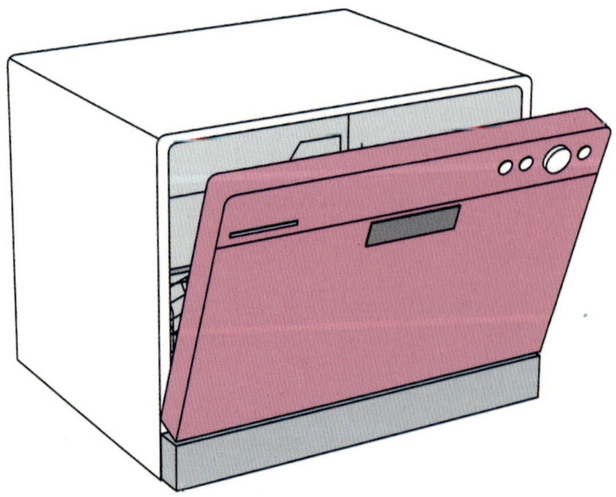

DE BANCADA
Projetado para ficar sobre uma bancada ou tampo de pia, tem 50cm de largura e 45cm de altura, por isso é a escolha ideal para cozinhas pequenas ou casas onde more uma só pessoa.

2 ESCOLHA A APARÊNCIA

Se você optar por um lava-louça de piso, instalado debaixo de uma bancada, terá de decidir se quer que fique totalmente oculto, semi-integrado ou à mostra.

À MOSTRA

Uma das principais vantagens desse modelo é que você pode levá-lo embora ao mudar de casa. A maioria é de cor branca, mas se quiser um look mais contemporâneo, procure modelos com uma porta de estilo mais elaborado ou um acabamento diferente, como em aço inox.

SEMI-INTEGRADO

Fica parcialmente coberto por uma porta de gabinete até a altura das gavetas, com o painel de controle à mostra acima dela. A vantagem desse modelo sobre os totalmente integrados é que você pode ver o painel enquanto a máquina opera, para controlar melhor o ciclo de lavagem.

TOTALMENTE INTEGRADO

Fica oculto – inclusive os controles – atrás da porta de algum armário. Procure uma máquina que contenha uma luz que brilha no piso quando estiver ligada, para você saber que o ciclo está em andamento, e considere que se a porta do gabinete sofrer danos, talvez seja complicado trocá-la.

LAVA-LOUÇAS E CONSUMO DE ENERGIA

Os lava-louças têm uma classificação de A a G para eficiência de consumo de energia (A é o modelo mais eficiente). Será que uma máquina mais eficiente é o modelo certo para você?

- Os aparelhos mais econômicos em termos de energia usam em média 22% menos energia que os menos eficientes. Vale a pena considerar essa opção, tanto pelo bem do planeta como pela economia na sua conta de luz.
- O lava-louças eficiente em termos de consumo de energia costuma gastar menos água – alguns até menos do que se você lavasse a louça à mão. É sempre bom consumir o mínimo de água possível.
- Procure escolher máquinas que tenham um programa "eco" ou de "economia de energia". É o que gasta menos água e menos energia, e costuma lavar os pratos a uma temperatura mais baixa.

12 ESCOLHA O PISO

O piso da cozinha é provavelmente o piso da casa que mais sofre desgaste e danos, por isso deve-se escolher um modelo que realmente suporte as exigências de uso. Além de considerar sua aparência, procure um que também não exija cuidados excessivos de manutenção.

1 ESCOLHA O VISUAL

Há três tipos de piso adequados para a cozinha: liso, de ladrilho e de madeira. Ladrilho e piso liso criam um look contemporâneo e são muito resistentes; madeira e ladrilho são boas escolhas para dar um toque informal e rústico.

LADRILHOS CERÂMICOS

É a escolha clássica para a cozinha. Ao escolher as peças, considere o tamanho e o acabamento: as grandes dão um toque contemporâneo, as pequenas um ar mais tradicional. Quanto mais usar rejunte, mais será preciso limpar o chão.

MADEIRA

Devem ser bem selados e capazes de resistir tanto ao trânsito intenso de pessoas quanto ao alto nível de umidade da área da cozinha. As tábuas destacam a extensão e largura, por isso são boas opções para cozinhas pequenas e estreitas.

LISO

Podem ser de lâminas de vinil, borracha e linóleo, e também de massa de concreto ou resina. São essencialmente de uma peça só, sem juntas. Embora caros, os últimos lançamentos em pisos laminados constituem uma boa escolha para área pequenas.

DICAS

- **Ao calcular a quantidade** de placas, tábuas ou laminados de piso necessária ao seu projeto, acrescente pelo menos mais 10% ao total, para cobrir enventualidades.
- **Ao aplicar placas**, particularmente as de maior dimensão, é preciso que o piso de base esteja perfeitamente nivelado. Se for de tábuas comuns, aplique compensado marítimo.
- **Se você já tem um piso de concreto** ou um cerâmico e quer aplicar um novo por cima, cheque primeiro se o aumento da altura com a nova camada de piso não irá impedir o movimento das portas e de outras partes móveis da cozinha.

2 ESCOLHA O MATERIAL

A escolha do material irá depender muito do custo e da sua preferência pelo aspecto e solidez das lajotas ou pelo toque mais quente e suave do vinil ou da borracha.

LADRILHOS

PORCELANA
Muito resistente, é uma opção versátil em termos de preço, design e acabamento. Em placas não vitrificadas, passe uma mão de selante antes e depois da aplicação.

CERÂMICA
Bons para áreas grandes. Disponíveis em várias cores, formatos e texturas, são baratos, resistentes, não mancham e dispensam o uso de selante.

COMPOSTO DE QUARTZO
Se você quer combinar a bancada com o piso, essa pode ser uma boa escolha. Não mancha, disfarça a sujeira e é raro rachar ou lascar, mas é relativamente caro.

TERRAZZO
Feito de lascas de mármore numa base de cimento, com acréscimo de pigmento de cor, é caro, mas conta com muitas combinações de cores e acabamentos.

CONCRETO
Muito resistente, porém caro, vem em tamanhos diversos, polido ou fosco. Os polidos são mais fáceis de limpar, ideais para uma cozinha.

TERRACOTA
Na faixa média de preço, é poroso e por isso exige selante para não manchar. Há vários formatos à escolha, dos clássicos quadrados aos retangulares.

TRAVERTINO
Uma pedra natural relativamente cara, mas bonita, e disponível em acabamento polido ou rústico, com aparência difusa e esponjosa e arestas suaves.

CALCÁRIO
Essas lajotas, caras, têm cores variadas, do branco giz ao mel, muitas vezes com detalhes de fósseis em seu interior. O acabamento é polido ou rústico, opaco.

ARDÓSIA
A superfície rugosa de branco e cinza da ardósia às vezes tem reflexos esverdeados, sempre com grande efeito. O preço fica na faixa de média a alta.

LAMINADO
Uma alternativa mais econômica, essas placas de fibra laminada são encontradas em várias cores e padrões, incluindo ardósia e travertino.

VINIL
Consegue imitar muito bem o material original. Os preços dependem da marca. As versões mais baratas são autoadesivas, sendo mais fáceis de aplicar.

BORRACHA
Tem preço médio e diversas cores e texturas, sendo que algumas proporcionam maior aderência aos pés. As de superfície mais lisa são fáceis de lavar.

MADEIRA

DE LEI
As boas opções, de preço médio a alto, que não reagem ao calor e à umidade, são mogno, nogueira e teca. Compre pré-selada ou sele com verniz ou linhaça.

CHAPEADA
Tem preço médio e, por ser feita com camadas de madeira dura e mole encimadas por uma placa de madeira nobre, é mais difícil de empenar que as de lei.

BAMBU
Tem preço de médio a alto e é ecologicamente correto. Embora tolere a umidade, deve ser selado. Pode ser deixado natural ou tingido.

LAMINADA
Não é cara e dispõe de acabamento em padrões de texturas e detalhes realistas, imitando o carvalho e outras madeiras.

VINIL
O vinil imitando madeira tem efeito realista e é mais fácil de cuidar do que a madeira real. Os preços variam. Os mais caros são aplicados por um profissional.

LISO

CONCRETO
O piso de concreto é aplicado inteiro, depois polido até ficar bem liso. É uma opção mais cara, mas oferece variedade de cores e é das mais resistentes.

RESINA
É caro, mas dá um acabamento impecável. Muito contemporâneo, tem disponibilidade de acabamento brilhante ou opaco, em diversas cores.

BORRACHA
Prática, resistente e quente sob os pés, tem custo médio e grande variedade de cores e texturas. As superfícies mais lisas são mais fáceis de limpar.

VINIL
Modernas, as placas de vinil têm preço de baixo a médio. São disponíveis em vários padrões, que reproduzem o aspecto e a textura de diferentes pisos.

LINÓLEO
Feito de elementos naturais, sustentáveis, não é caro. É fácil de limpar e só arranha se objetos pesados caírem ou forem arrastados em cima dele.

DELIMITE AS ÁREAS DO PISO DA COZINHA

Se você tem uma cozinha bem ampla, é uma boa ideia dividir o piso em diferentes áreas, de refeições e de cozinhar, para criar contraste e diversidade.

- **Escolha um tapete colorido** que combine com o esquema de cores da cozinha e coloque-o sob a mesa e as cadeiras. Certifique-se de que tem o tamanho necessário para que caibam todas as cadeiras, mesmo quando elas ficarem um pouco afastadas da mesa.

- **Evite cores de piso muito claras** ou um tapete muito felpudo, que retenha os detritos que caírem no chão. O material do tapete também deve ser fácil de lavar.

Delimitar a área de refeições com um piso diferente cria uma mudança no ambiente.

MATERIAIS NATURAIS como a madeira dão calor ao ambiente, especialmente nas cozinhas modernas, sempre mais sóbrias e brilhantes.

13 ESCOLHA O REVESTIMENTO DAS PAREDES

Se você quer que sua cozinha ganhe um visual estimulante, pense em usar mais de um material para revestir as paredes: a combinação de superfícies decoradas cria um destaque e talvez seja mais econômica. Mas é bom lembrar que as paredes são um complemento e não devem ofuscar os módulos da cozinha.

1 ESCOLHA O MATERIAL

Ao pensar nos diversos materiais para a sua cozinha, tenha sempre em mente o quanto de limpeza e de manutenção cada um irá exigir e se eles podem receber respingos de água ou de comida sem problemas.

AZULEJOS

Azulejos são uma opção prática para a cozinha, especialmente na frente da pia e do fogão, onde podem ser limpos com facilidade. São muitas as alternativas de padrões, cores e acabamentos, que combinam com estilos tradicionais e também com contemporâneos.

TINTA

A pintura pode ser usada em todas as paredes da cozinha, mas para perto da pia ou do fogão escolha um tipo de tinta próprio para cozinha e banheiro, que resista à umidade e possa ser limpo com facilidade. Evite tinta texturizada, que não é tão fácil de lavar.

PAPEL DE PAREDE

Como no caso da tinta, é bom escolher papel de parede para a cozinha que seja resistente à umidade. Mesmo assim, evite usar perto da pia ou do fogão; ou então, proteja-o colocando por cima dele um painel de vidro transparente.

REVESTIMENTO EM MADEIRA

Para uma aparência mais rústica, o revestimento de madeira é uma boa escolha, mais econômica que os azulejos. Como proteção, aplique verniz, óleo ou tinta resistentes à umidade. A madeira pode ser usada em áreas úmidas, mas evite colocá-la junto ao fogão.

2 ESCOLHA O TIPO

O tipo de material para revestir as paredes deve combinar com o estilo da sua casa e dos módulos que você tiver em sua cozinha. Se for escolher um esquema com vários materiais, certifique-se de que eles se complementam.

AZULEJOS

CLÁSSICO
Os lisos, tanto os retangulares quanto os quadrados, são uma opção barata. Um toque contemporâneo é dado pelo rejunte cinza – é bonito e mascara a sujeira.

TIJOLO
Dê um ar retrô à cozinha com azulejos em forma de tijolo. Têm preço médio e em geral são feitos de cerâmica brilhante ou fosca, com aresta reta ou chanfrada.

PASTILHA
Dá um ar contemporâneo, tem custo de médio a alto e há opções em vários materiais e acabamentos, como prata, vidro espelhado e vidro cintilante.

MELAMINA
Com grande quantidade de padronagens e cores lisas, podem ser utilizados em todas as paredes, exceto as próximas de fogões a gás.

FORMATO GRANDE
Você pode montar a frente da pia com apenas uma fileira de azulejos grandes (80 x 80 cm), mas as paredes têm de ser bem planas. Os preços variam muito.

TINTA

ESPECIAL
Tem preço de médio a alto e resiste bem à umidade e, alguns tipos, também ao mofo. As opções de cores, porém, são mais limitadas.

FOSCA
A não ser que sua cozinha tenha ventilação ruim, use emulsão fosca em todas as paredes, exceto em frente à pia e ao fogão. Os preços variam bastante.

BRILHANTE
É fácil de lavar e tem preço médio, por isso é uma boa alternativa. Seu brilho sutil contribui para espalhar a luz pelo ambiente.

CASCA DE OVO
Robusta e lavável, tem preço médio e boa impermeabilização, inclusive para rodapés e painéis de madeira, assim como para as paredes.

DE LOUSA
Em cozinhas contemporâneas, com muita luz e espaço para pintar uma parede de preto, crie um mural com tinta de lousa. O custo é de baixo a médio.

PAPEL DE PAREDE

VINIL
É bom para ambientes úmidos, porém não para usar diante de uma pia, porque ele pode se descolar.

LISO OU COM PADRÕES
O papel de parede com padrões tem preços variados. Se usar junto à pia ou ao fogão, cubra-o com um painel de vidro transparente.

REVESTIMENTO EM MADEIRA

PAINÉIS
Ficam na faixa média de preço e exigem pintura. O ideal é usar tinta brilhante, para combinar com a dos rodapés.

FAIXAS CANELADAS
Placas de preço médio, em geral cobertas com tinta própria para cozinha, como a casca de ovo. Não instale junto ao fogão.

14 ESCOLHA A **ILUMINAÇÃO**

É preciso escolher muito bem a iluminação da cozinha, porque, assim como o escritório, é a área da casa onde a luz tem papel mais fundamental, já que ilumina os espaços onde se prepara e consome a comida. Pense também na luz ambiente e em dirigir focos de luz a elementos de design.

1 ESCOLHA A ILUMINAÇÃO

O modo de iluminar a cozinha depende, em boa medida, do tamanho dela. Se for pequena, será melhor concentrar-se na luz ambiente e em iluminar onde se realizam tarefas. Se for grande, ou conjugada com a sala, você poderá ser mais criativo.

LUZ AMBIENTE

A maioria das cozinhas tem iluminação acima da cabeça, além de focos de luz onde se realizam as tarefas. Se você tem uma cozinha conjugada com copa e sala, instalar luz regulável permite reduzir a claridade local durante a refeição.

ILUMINAÇÃO DE TAREFAS

Iluminar tarefas é crucial na cozinha, seja qual for o tamanho do ambiente. Dirija a luz diretamente sobre a bancada para não criar sombras ao se curvar para cortar ingredientes, por exemplo. Em cozinhas pequenas, se não quiser gastar muito, defina uma área de trabalho – como perto do fogão – e a ilumine bem.

PONTOS DE LUZ

Distribuir pontos de luz faz o ambiente parecer maior. Você pode instalá-los na parte de baixo, no alto e dentro de armários de vidro transparente, ou no nível do rodapé, para aumentar a sensação de espaço e realçar o design. Outra opção é focar, como numa sala, algum quadro ou um fogão grande, por exemplo.

2 ESCOLHA OS ADEREÇOS DE ILUMINAÇÃO

É importante que a cozinha seja um espaço onde você e sua família se sintam bem e que também seja prática para trabalhar. Procure escolher uma combinação de elementos que cubra todas as suas necessidades de iluminação.

LUZES DE TETO

ILUMINAÇÃO EMBUTIDA DIRIGIDA

Cria um efeito de luz natural, o que é muito bom num ambiente onde talvez você passe muito tempo. O design praticamente embutido a torna adequada para ambientes de teto baixo. Equipe a iluminação com um dimmer para poder reduzir o nível de luz quando desejar.

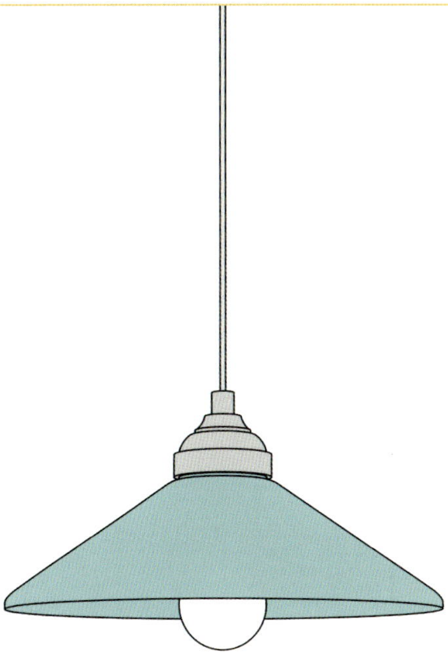

LUZES SUSPENSAS

Funcionam bem em cozinhas quando são postas baixas sobre uma ilha (não sobre o fogão), um balcão ou uma mesa. A iluminação fica interessante ao alinhar três dessas luzes. Existem modelos de exaustor com esse aspecto de luz suspensa.

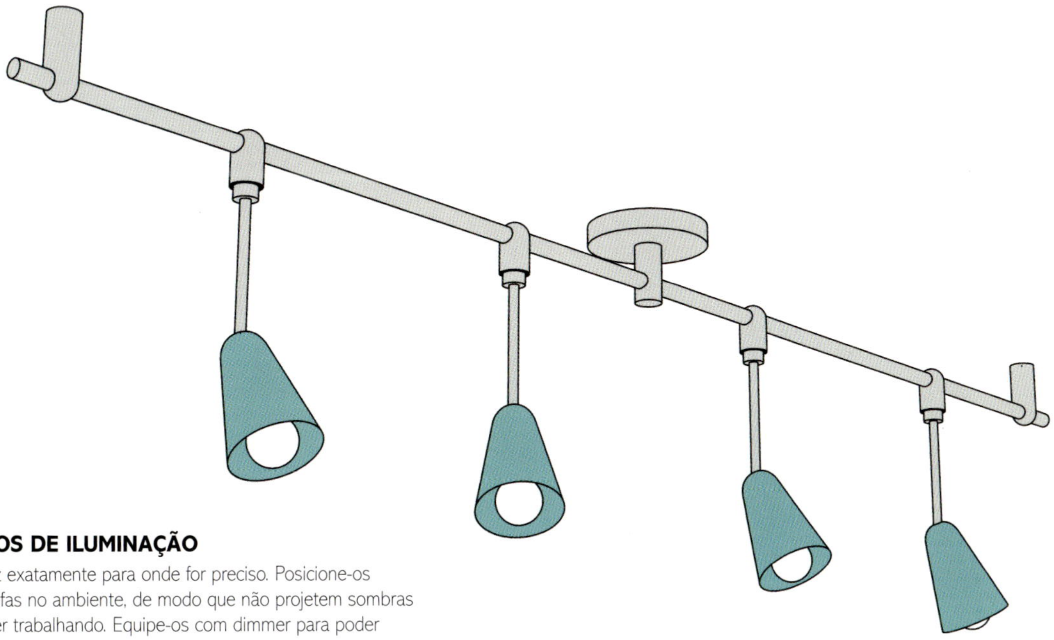

SPOTS E TRILHOS DE ILUMINAÇÃO

Permitem dirigir a luz exatamente para onde for preciso. Posicione-os voltados para as tarefas no ambiente, de modo que não projetem sombras enquanto você estiver trabalhando. Equipe-os com dimmer para poder dosar a luz do ambiente.

ILUMINAÇÃO ADICIONAL

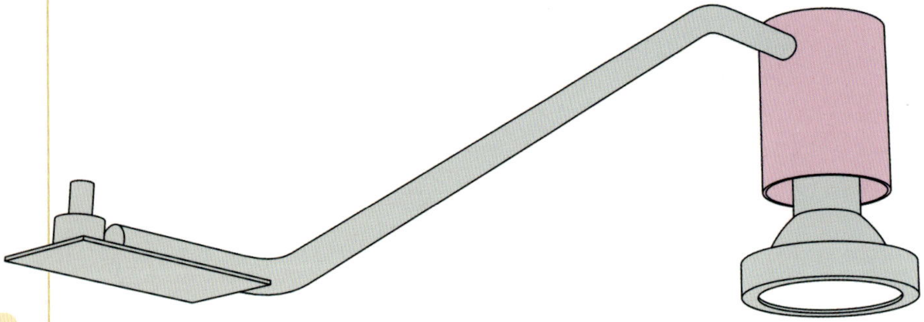

SOBRE O GABINETE

Acessórios montados numa articulação podem ser dispostos diante dos armários, para iluminar as portas e as áreas de preparo de alimentos, ou acima deles, a fim de iluminar simplesmente esse espaço. Os dois tipos dão um destaque decorativo.

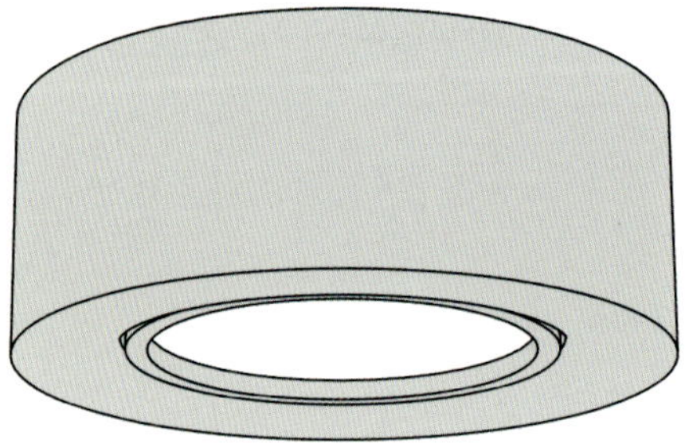

NA PARTE DE BAIXO DO ARMÁRIO

Colocar um ponto de luz sob a base de um armário de parede permite iluminar as áreas de preparo de comida, além de criar um efeito decorativo. Os acessórios devem ser montados mais ou menos no meio da parte de baixo do armário, para que a iluminação fique distribuída de modo uniforme e não projete sombras.

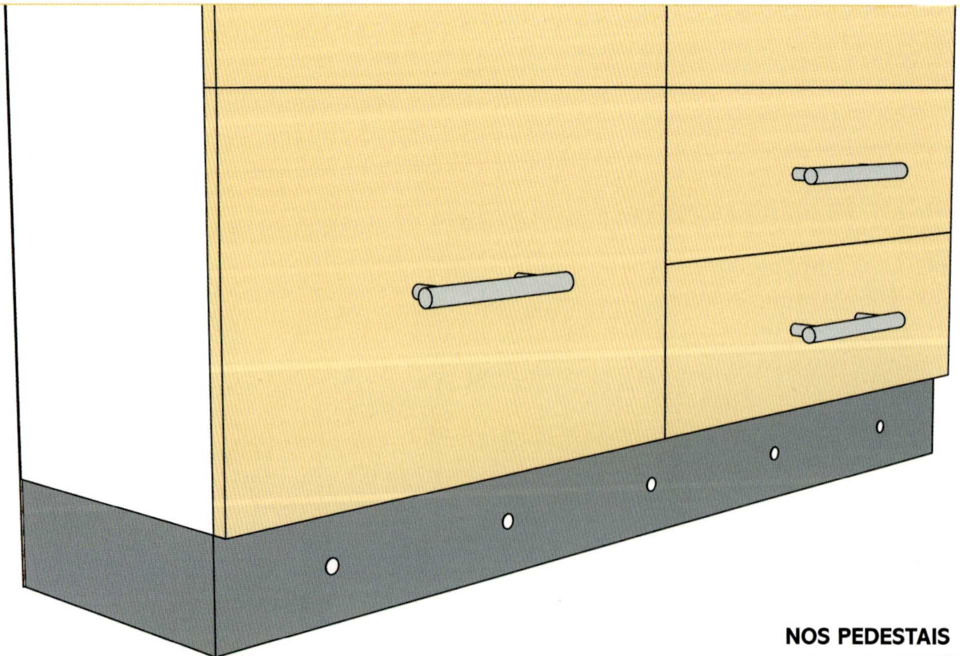

NOS PEDESTAIS

Instalar lâmpadas, de LED ou halogêneo, nos pedestais dos gabinetes valoriza o piso da cozinha. Dispostas no painel dos pedestais, na parte de baixo dos armários, elas podem ter diferentes designs.

15 ESCOLHA O QUE COLOCAR NAS JANELAS

Antes de decidir o que irá pôr nas janelas da cozinha, você precisa pensar se quer que a vista do lado de fora fique visível ou escondida. Se ficar perto da pia, lembre-se de que ela deverá suportar os respingos. Por fim, que impacto visual ela deverá ter na decoração?

1 ESCOLHA O TIPO

Como estão mais sujeitos à umidade que os dos demais ambientes, os adereços da janela da cozinha devem ser práticos e fáceis de limpar, pois com o tempo a gordura e a poeira se acumularão.

PERSIANA

As persianas são muito usadas na cozinha, pois se acomodam bem no vão da janela e são menos propensas a ficarem molhadas. Escolha um material resistente ao mofo e fácil de lavar e acrescente detalhes decorativos como padronagens ou barras.

CORTINA

Se decidir colocar cortinas na cozinha, escolha um tipo que possa ser lavado na máquina, pois elas vão acumular odores, gordura e poeira. Se tiver duas janelas, coloque uma persiana na área de cozinhar e cortinas na área de refeições.

PORTA CORREDIÇA

Alternativa prática para a cozinha, as portas corrediças podem ser lavadas com facilidade. Há vários modelos, com portas sobrepostas, de meia altura, tipo cortina de argola ou de altura inteira. Escolha um acabamento em branco ou madeira clara se quiser refletir a luz.

INSULFILME

O insulfilme oferece total privacidade, sem bloquear de vez a luz natural. É um produto fácil de comprar e de instalar nas vidraças. Pode ser uma boa escolha se o seu espaço é pequeno e se você decidir não investir num efeito mais decorativo.

2 ESCOLHA O ESTILO

As cozinhas costumam ser movimentadas, pequenas e quase sempre pedem uma decoração simples nas janelas. Mas isso não quer dizer que elas tenham que ser sem graça – você pode criar padrões e texturas com tecidos e acabamentos.

PERSIANA

ROMANA

Se quiser que sua cozinha fique acolhedora, mais do que funcional, escolha uma persiana romana. Encontra-se disponível em grande variedade de tecidos, e talvez você prefira uma com algum tipo de padronagem ao invés de lisa, pois esta mostra mais facilmente quaisquer marcas.

ROLÔ

A persiana de enrolar é uma opção relativamente barata, por isso pode ser uma boa escolha para cozinhas com janelas grandes. É possível encomendá-la sob medida, mas a maioria pode ser cortada e ajustada, e em geral você mesmo pode instalá-la. Escolha tecidos que sejam resistentes à umidade.

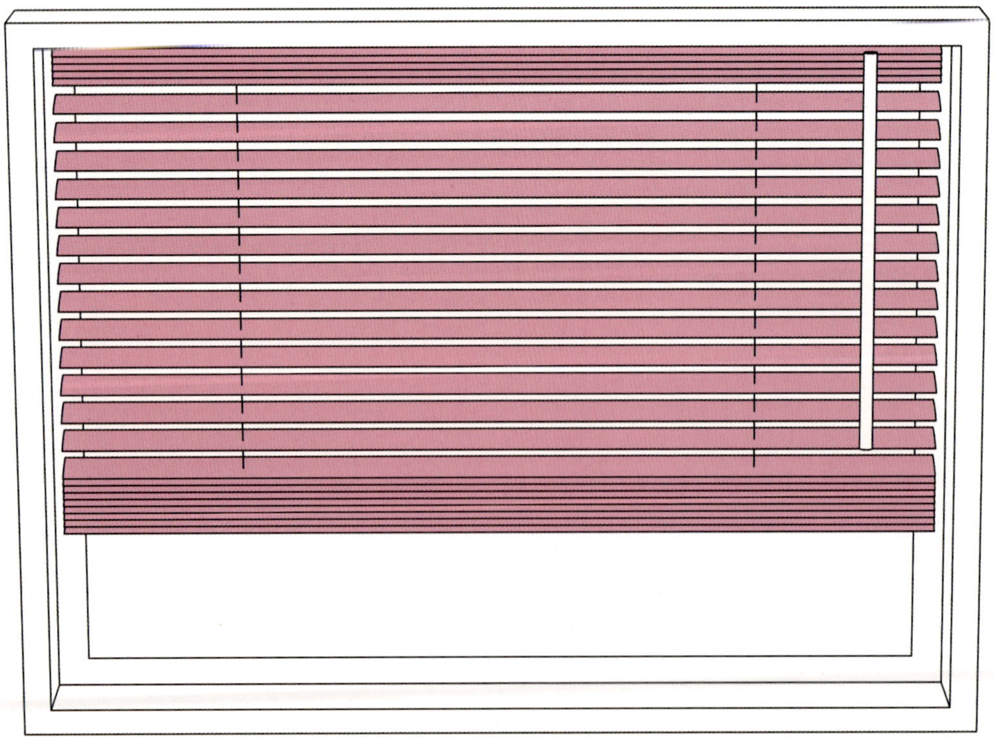

VENEZIANA

Com lâminas horizontais, seja de metal ou de madeira, é fácil de lavar, e uma opção funcional para a cozinha. Cria uma aparência elegante, ideal para cozinhas de estilo contemporâneo. Tem boa variedade de materiais, cores e medidas das lâminas.

CORTINA

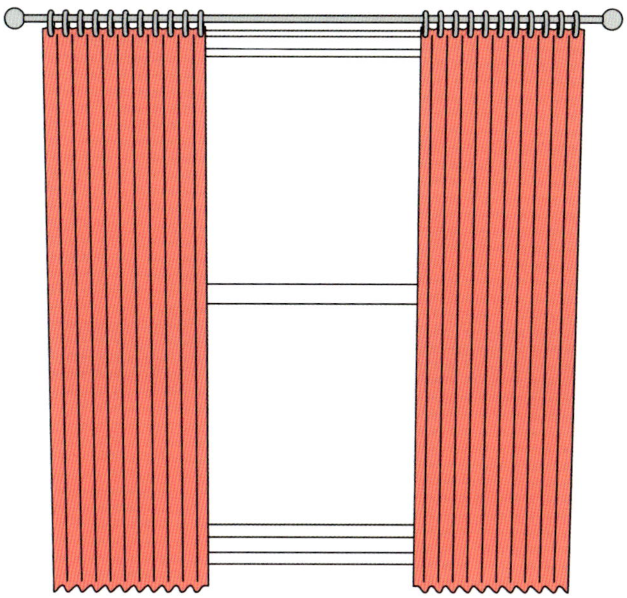

ATÉ O PEITORIL

Cortinas de algodão, até o peitoril ou logo abaixo dele, são uma boa opção para janelas pequenas. O tecido deve ser leve, fácil de lavar, com estampados que mascarem manchas de gordura ou respingos. Mas lembre-se de que esse comprimento parece antiquado, por isso escolha bem o desenho.

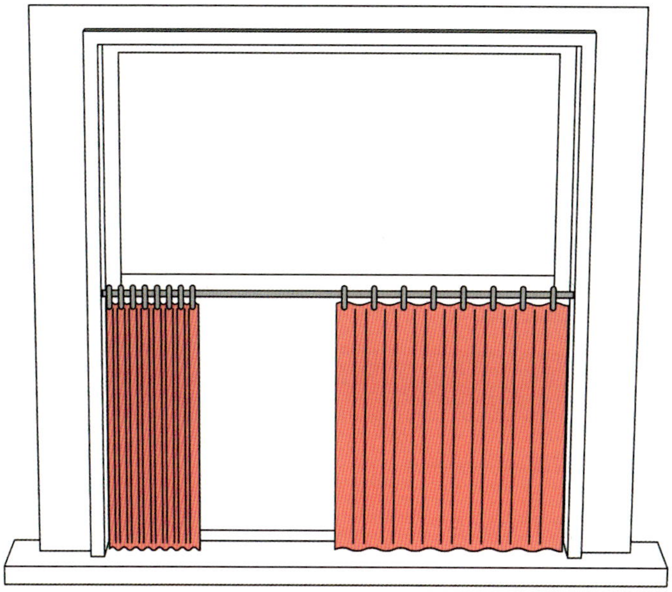

DE ARGOLA

Esse tipo de cortina desliza por argolas dentro de uma barra ou fio de arame e cobre geralmente a metade inferior da janela. A vantagem é que ela oferece privacidade, ao cobrir a parte de baixo da janela, mas ainda permite que a luz natural penetre e que você possa também espiar o que acontece lá fora.

PORTA CORREDIÇA

MODELO PERSIANA

Dependendo do tipo de madeira ou pintura que você escolhe, esse tipo de porta corrediça combina com a maioria dos estilos de cozinha, tanto tradicionais como contemporâneos. Se a janela estiver em frente à pia, certifique-se de que consegue abrir a janela sem que a torneira atrapalhe.

INSULFILME

LISO OU COM DESENHOS

Caso opte pelo insufilme, veja se prefere criar um destaque com algum desenho ou motivo em particular, ou se acha melhor deixar liso. Se for combiná-lo com alguma outra coisa, como uma cortina, que tenha um estampado qualquer, evite que os padrões entrem em choque.

FAÇA UMA
PERSIANA ROMANA

Assim como a cortina rolô, a persiana romana traz mais luz natural para o ambiente do que uma cortina grossa, além de ter maior impacto na decoração. As cordas e varetas presas à parte de trás permitem deixá-la recolhida em duas dobras quando não estiverem cobrindo a janela toda.

VOCÊ PRECISA DE:

- Tecido de trama lisa
- Material para o forro
- Fita métrica e régua
- Tesoura
- Alfinetes
- Ferro de passar roupa
- Velcro
- Máquina de costura
- Kit de persiana
- Lápis ou esferográfica
- Cola
- Nível de bolha e chave de fenda

1 CORTE O TECIDO E O FORRO

1 MEÇA SUA JANELA para definir que tamanho sua persiana deve ter. Decida se ela vai ficar dependurada dentro do vão da janela ou para fora dele.

2 CORTE O TECIDO, acrescente 15 cm ao comprimento e 8 cm à largura. Em seguida, corte o material do forro no mesmo comprimento do tecido (15 cm a mais do que o comprimento final da persiana) e deixe a largura igual à da persiana pronta – não precisa sobrar margem adicional.

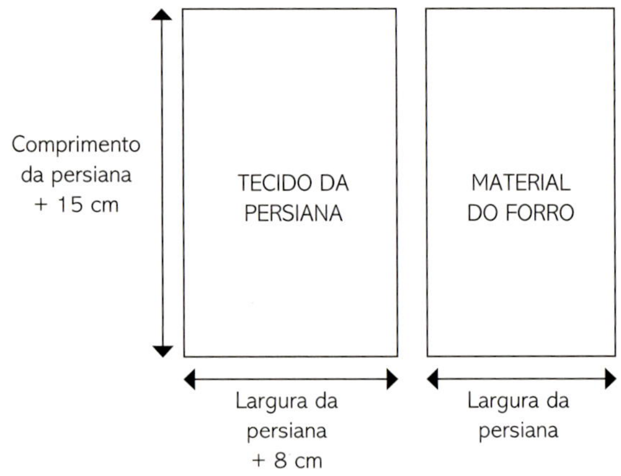

2 ALINHAVE O FORRO

1 PONHA O TECIDO virado para baixo numa superfície plana e coloque o forro por cima. Alinhe as beiradas de ambos os lados e prenda com alfinetes (sobra um pouco mais de tecido por baixo do forro).

2 COSTURE OS LADOS deixando sobrar 2 cm depois da costura.

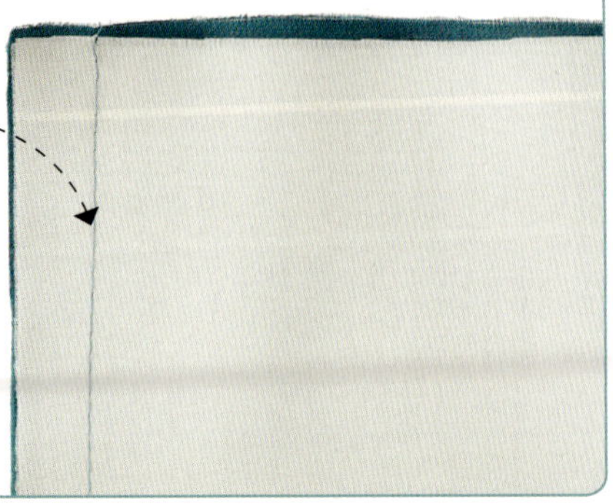

3 VIRE OS TECIDOS JUNTOS pelo avesso, de modo que o lado direito fique para dentro. Deite a persiana sobre uma superfície lisa e certifique-se de que a faixa adicional do tecido tenha 2 cm de cada lado. Passe ferro quente até aplainar bem suas bordas.

3 PRENDA O VELCRO

1 DOBRE O ALTO da persiana: a dobra deverá ter de 3 a 4cm, dependendo da largura de seu velcro.

2 CORTE A BORDA do tecido, se for preciso como remate, e então passe a dobra a ferro para aplainar bem.

3 DOBRE OS CANTOS DE CIMA em triângulos, enfie na dobra que passou a ferro e prenda metade do velcro na dobra do tecido.

4 COSTURE O VELCRO no lugar.

4 COSTURE AS FITAS

1 PARA DEFINIR ONDE prender as fitas (nas quais irão os bolsos das varetas), você precisa dividir a persiana em seções. Um modelo com três varetas deve ter três seções iguais mais uma seção adicional com metade do tamanho. Deixe espaço também para o trilho de cima.

Para calcular a posição das fitas, parta do comprimento final da persiana, como definido no passo 1. Reserve 5cm para o trilho. Divida então o valor resultante por 3,5 (ou seja, as três seções iguais mais a meia-seção; se sua persiana tiver quatro varetas, divida o valor por 4,5).

O exemplo (à direita) mostra como isso funciona para uma persiana de 110cm. Subtraindo 5cm do trilho, você ficará com 105cm. Dividindo isso por 3,5, terá um valor de 30cm. Este será, então, o tamanho dos três painéis grandes.

De novo, reserve espaço para o trilho: meça 5cm a partir do alto da persiana, depois marque (com um lápis ou uma caneta esferográfica) uma linha 30cm abaixo. Delimite mais duas linhas a intervalos de 30cm. A parte inferior da persiana, depois da bainha pronta, ficará 15cm abaixo da 3ª fita; se quiser, pode marcar essa linha agora, mas ainda deverá checar se está certo segurando a persiana sobre a janela (ver passo 5) antes de fazer a bainha.

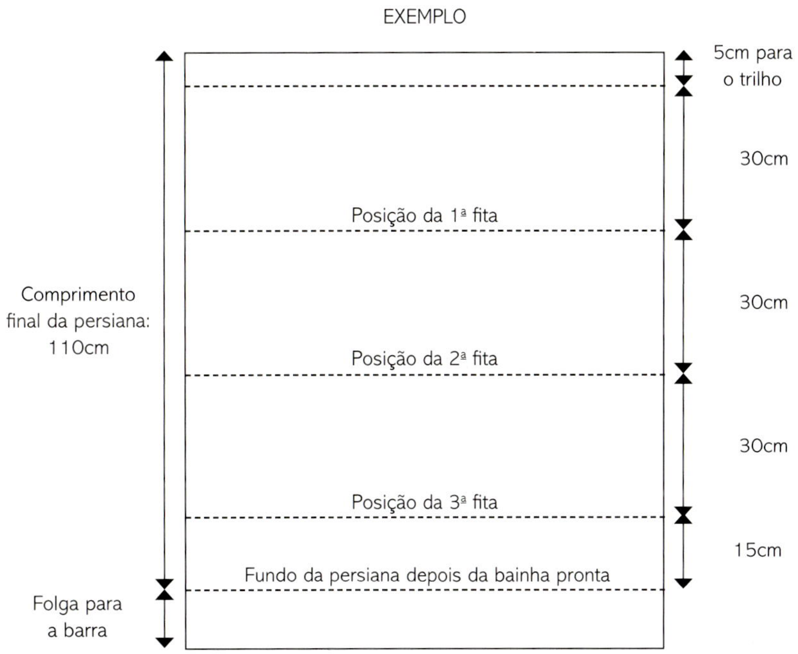

2 PRENDA OS TRÊS TAMANHOS de fita no forro com alfinetes, nos pontos indicados.

3 COSTURE AS FITAS na persiana.

5 FAÇA AS DOBRAS

1 SEGURE A PERSIANA em cima da janela para checar onde deve ficar o fundo dela e marque uma linha com alfinetes (se já fez isso no passo 4 e confirmar que está no lugar certo, não precisará fazer agora esta marcação).

2 DOBRE O FUNDO do tecido de modo que ele fique logo abaixo da linha de alfinetes; passe a ferro.

3 DOBRE O TECIDO de novo (de modo a formar um canal ou bolso, onde ficará a barra de peso). Prenda a dobra no lugar com alfinetes.

4 COSTURE A DOBRA, deixando as pontas abertas para poder enfiar a barra.

6 INSIRA A BARRA DE PESO E AS VARETAS

1 INTRODUZA A BARRA DE PESO no bolso do fundo da persiana.

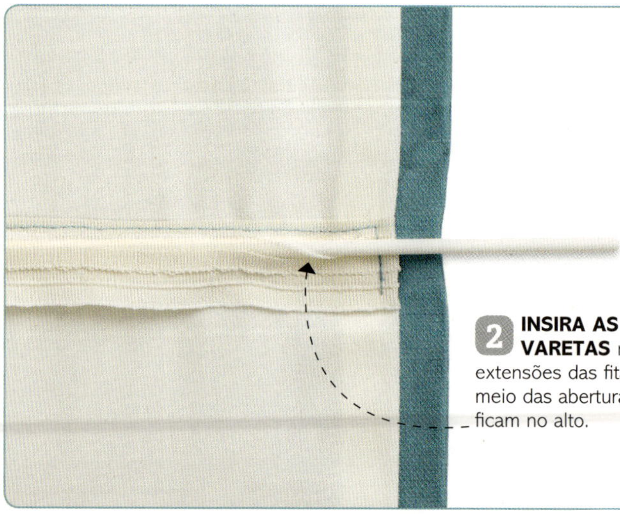

2 INSIRA AS VARETAS nas extensões das fitas por meio das aberturas que ficam no alto.

7 PREPARE A PERSIANA PARA A MONTAGEM

1 COLE A OUTRA PARTE do velcro ao mecanismo da persiana, e depois prenda este à persiana, pressionando firme as duas partes do velcro.

2 MONTE A PERSIANA, certificando-se de que as cordas passam por toda a extensão das fitas no mesmo ponto.

8 PRENDA OS SUPORTES

1 PARA AVALIAR A ALTURA CERTA dos suportes na janela, meça a posição deles na persiana e transfira essas medidas para a moldura da janela ou o seu vão. Desenhe uma linha reta entre esses dois pontos com o auxílio de um nível de bolha.

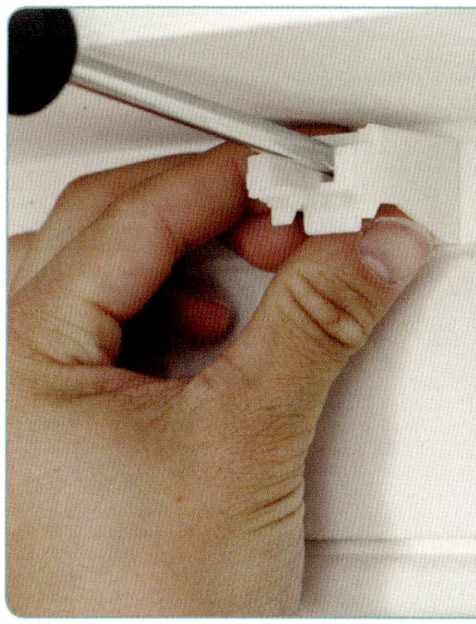

2 PARAFUSE OS SUPORTES no batente da janela ou na parede. Monte a persiana. Para mantê-la no lugar ao ser levantada, fixe uma presilha à parede, do lado em que pende a polia.

17 ESCOLHA **A MESA E AS CADEIRAS**

Mesa e cadeiras são peças fundamentais da mobília – seja na cozinha, na sala de jantar ou numa área aberta de convivência. Defina se nas suas refeições você dá prioridade a uma atmosfera mais acolhedora ou mais espaçosa, e se prefere uma aparência mais sofisticada e integrada ou uma mais descontraída.

1 DECIDA O TAMANHO DA MESA

Sua mesa deve no mínimo ser capaz de acomodar o número habitual de pessoas. Se você recebe visitas com frequência, pense também na logística para acomodar pessoas adicionais. O espaço disponível é outro fator de peso, e, particularmente numa cozinha, é preciso certificar-se de que haverá espaço para se movimentar depois que tudo estiver no lugar.

2 ESCOLHA O FORMATO DA MESA

A maioria das mesas é redonda (circular ou oval), quadrada ou retangular. Talvez algum formato se encaixe melhor na sua cozinha, mas pense também no número de pessoas que usarão a mesa e no melhor formato para acomodá-las.

REDONDA
Boa para o convívio nas refeições, permite que todos se vejam bem e possam conversar. É possível dispor um número variável de cadeiras em volta dela sem deixar que ninguém fique desconfortável.

QUADRADA
É boa para ambientes desse mesmo formato, pois aproveita bem o espaço. Se a mesa só é usada para acomodar quatro pessoas ou menos, cada uma terá bastante espaço para os cotovelos.

OVAL
É uma boa opção para ambientes retangulares. Se você recebe grupos grandes, ou se o número de pessoas à mesa varia, as pontas curvas ajudarão a acomodar todo mundo.

RETANGULAR
Como a maioria dos ambientes é retangular, a mesa desse formato aproveita muito bem o espaço. Há uma grande variedade de comprimentos e larguras para se ajustar às dimensões do local, e mesmo os modelos menores permitem acomodar mais do que quatro pessoas confortavelmente.

3 ESCOLHA O TIPO DE CADEIRA

Se você gosta de objetos discretos e homogêneos, escolha cadeiras que combinem com a mesa. Se prefere um ar menos formal, procure modelos de estilos diferentes, que não sejam uma combinação perfeita, para dar um toque mais pessoal.

COM BRAÇOS

Se tiver bastante espaço em volta da mesa, a cadeira com braços é a opção mais confortável. Se o espaço for menor, compre apenas uma ou duas dessas. Coloque-as à cabeceira da mesa ou nas pontas, e nos outros lugares use cadeiras sem braços.

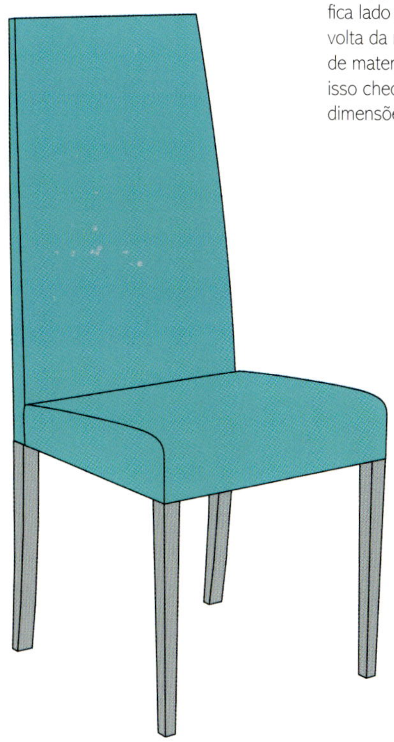

SEM BRAÇOS

É a opção mais prática e popular, pois fica lado a lado de modo confortável em volta da mesa. Tem grande variedade de materiais, estilos e tamanhos, por isso cheque tudo, principalmente as dimensões, antes de comprar.

DOBRÁVEL

Boa alternativa para cozinhas com pouco espaço, pois pode ser dobrada e guardada quando não está em uso. É útil também quando chegam visitas. Lembre-se, porém, que exige espaço para ser guardada.

EMPILHÁVEL

Essa cadeira é projetada para permitir seu empilhamento, de modo a ocupar apenas o lugar de uma no piso quando outras não são usadas – mas você pode escolher esse modelo por seu design, mais do que pela praticidade. Está disponível em grande variedade de estilos.

4 ESCOLHA O MATERIAL

Embora os materiais da mesa e das cadeiras devam combinar ou pelo menos complementar a aparência da mobília da cozinha, pense também na durabilidade, no custo e no conforto.

MESA

MADEIRA

A madeira maciça tem preço médio e dura anos. Se o tampo sofrer danos, pode ser lixado e receber outro acabamento. Como material natural, varia em cor e textura.

EFEITO MADEIRA

Algumas mesas são de material sintético, que imita a madeira. É uma opção mais barata, porém não oferece a mesma resistência que a madeira de verdade.

METAL

Mesas de metal têm preço médio. Geralmente a estrutura e as pernas são de metal, e o tampo é de madeira ou vidro. O uso de metal escovado dá um toque industrial.

VIDRO

Tem custo médio e cria a sensação de mais espaço. Como a de metal, pode combinar materiais: tampo de vidro temperado e pernas de madeira ou metal.

PLÁSTICO

Disponível em diversos preços e fácil de lavar, é ideal para crianças, embora a de acrílico transparente seja mais adequada para adultos.

CADEIRAS

MADEIRA

É uma opção prática e de preço médio, mas desconfortável de se sentar por longos períodos, por isso costuma-se usar assentos almofadados.

ESTOFADO

As estofadas, de preço médio, em geral têm assento e encosto forrados de espuma e são confortáveis. Escolha couro ou capas laváveis, se tiver crianças.

PLÁSTICO

São baratas e muito fáceis de lavar, portanto uma boa opção em termos de manutenção. Mas não são confortáveis para sentar por longos períodos.

VIME

De aspecto rústico e custo médio, as de vime trançado não são totalmente rígidas, portanto são confortáveis. As mais baratas podem deformar; as demais duram anos.

VERIFIQUE

- **Em que lugar irá a mesa,** e como você irá usá-la? A aparência fica melhor quando mesa e cadeiras combinam com as unidades da cozinha. Se a mesa servir para outras coisas além de comer (fazer lição de casa, por exemplo), escolha um tampo resistente.
- **A mesa irá caber?** Faça o teste pondo no chão um modelo feito de jornal. Deixe pelo menos 60 cm – o ideal são 90 cm – entre a mesa e a parede.
- **As alturas das mesas variam,** por isso, se comprar as cadeiras separadamente, meça tudo com atenção para poder comprar as que tenham o tamanho mais adequado.

MESA EXTENSÍVEL

Se você tem pouco espaço na cozinha ou na copa, ou não precisa de uma mesa grande para uso cotidiano, uma extensível, que você pode aumentar e diminuir à vontade, pode lhe dar a flexibilidade de que você precisa. Existem em diversos modelos, com sistemas diferentes de retração e expansão; abaixo estão alguns dos tipos mais comuns. Estão disponíveis em todos os formatos padrão e também em uma variedade de tamanhos e materiais, portanto não impõem limitações à sua escolha.

TAMPO ADICIONAL

Nesse tipo de mesa extensível, uma parte adicional do tampo, do mesmo material, pode ser acrescentada para aumentar o comprimento. Em geral, ela fica escondida sob o tampo quando não está em uso. Algumas mesas têm mais de um tampo adicional – as com quatro podem acomodar até dezesseis pessoas.

EXTENSÃO TIPO BORBOLETA

É similar à mesa com tampo adicional. Seus dois tampos correm e deixam à mostra uma "borboleta" central, que é puxada para cima e para fora – permitindo acomodar mais duas pessoas.

TAMPO DOBRÁVEL

O tampo de uma mesa desse tipo tem dobradiças e pode ser duplicado de tamanho. Para que as pernas da mesa fiquem centralizadas, deve-se deslizar o tampo ou girá-lo em 90 graus.

LATERAIS DOBRÁVEIS

Tem a parte central do tampo fixa e duas laterais dobráveis, que são sustentadas por suportes sob o tampo e podem ser levantadas e abaixadas nas duas pontas da mesa ou em somente uma, conforme o espaço de que você precisa. Em geral, tem uma gaveta embutida, para guardar os talheres, por exemplo.

PERNAS QUE GIRAM DE LADO

É uma variação da de laterais dobráveis. Suas pernas têm dobradiças e podem ser abertas para fora (como uma porta), a fim de dar suporte a extensões. Estas, quando não estão em uso, ficam dobradas de lado. Como dão um suporte robusto, podem ter grandes extensões e muitas vezes se transformam de uma mesa bem pequena em uma que acomoda um número surpreendentemente grande de pessoas.

FAÇA ALMOFADAS **PARA AS CADEIRAS**

Você pode mudar o visual das cadeiras da cozinha e torná-las muito mais confortáveis com essas almofadas coloridas de amarrar, simples e com estilo. E, como você mesmo escolhe cor e medidas, é mais provável que combinem com o esquema geral de cores e se encaixem muito bem nas suas cadeiras.

VOCÊ PRECISA DE:

- Papel craft
- Tesoura
- Alfinetes
- Tecido colorido (prefira de algodão, com peso de cortina)
- Sianinha
- Agulha e linha
- Máquina de costura (opcional)
- Enchimento de poliéster
- Botões para as capas (4 por almofada)
- Máquina de pregar botões (opcional)

1 FAÇA UM MOLDE

1 MEÇA O ASSENTO de uma de suas cadeiras e faça um molde com papel craft. Coloque-o em cima da cadeira para checar se o tamanho está certo. Apare-o com a tesoura, se necessário.

2 DOBRE O TECIDO ao meio (para poder cortar duas formas por vez) e prenda o molde em uma de suas pontas.

2 CORTE O TECIDO

CORTE EM VOLTA do molde, deixando pelo menos 1 cm de folga para a costura nas beiradas. Com o tecido ainda dobrado (deixe sua dobra na vertical), corte os laços das almofadas: duas tiras de 7 cm de altura por 20 cm de comprimento. Desdobrada, cada tira deverá medir 7 x 40 cm.

3 PRENDA A SIANINHA

1 ESTENDA UM dos cortes de tecido do assento, com o lado direito para cima. Prenda com alfinetes a sianinha em volta dos quatro lados.

2 COSTURE A SIANINHA na beirada do tecido.

4 FAÇA AS AMARRAS DE TECIDO

1 DOBRE AS PONTAS CURTAS de cada amarra de tecido, depois as longas, para que se juntem no meio.

2 DOBRE AS AMARRAS pela metade no comprimento e ponha alfinetes nas dobras.

3 COSTURE as bordas externas de cada amarra para fazer o acabamento.

5 COSTURE A CAPA DO ASSENTO

1 DOBRE AS AMARRAS COSTURADAS na metade e ponha-as sobre o corte de tecido (com a sianinha para cima). As pontas dobradas das amarras devem pender atrás do corte do encosto, perto de cada canto. Prenda cada amarra com alfinete nos cantos.

2 POSICIONE O SEGUNDO CORTE, com o verso para cima, sobre o corte com a sianinha e as amarras, e prenda os dois juntos usando alfinetes.

3 COSTURE OS DOIS CORTES DE TECIDO. Deixe um buraco num dos lados do assento, grande o suficiente para poder virar do lado avesso para o direito.

6 COLOQUE O ENCHIMENTO NOS ASSENTOS

1 VIRE A CAPA DO ASSENTO para a direita puxando-a pelo buraco lateral.

2 PREENCHA O ASSENTO com poliéster suficiente para que fique confortável para sentar, mas sem deixá-lo cheio demais.

3 COSTURE O BURACO na lateral do assento usando agulha e linha.

7 DECORE AS ALMOFADAS DOS ASSENTOS

1 CORTE QUATRO CÍRCULOS de tecido no dobro do tamanho de cada botão. Cubra-os, dobre as beiradas do tecido para baixo do botão e prenda a tampa do fundo do botão para fixar o tecido no lugar (use uma máquina de botões, se preciso).

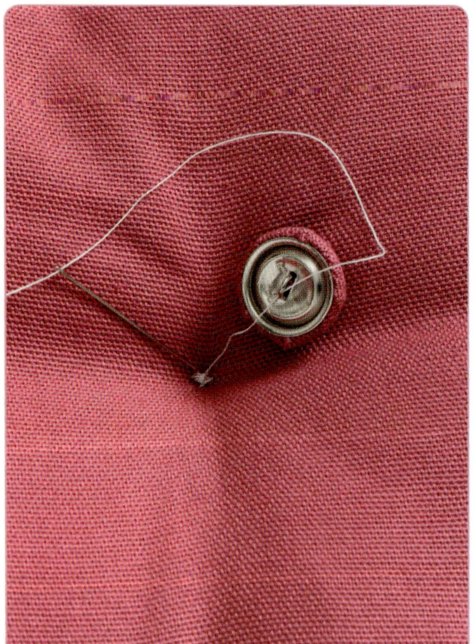

2 OS QUATRO BOTÕES devem ficar equidistantes na almofada do assento. Marque a posição de cada um com dois alinhavos simples. Depois, prenda os botões: com uma linha dupla, passe a agulha pelo tecido do botão, pelo da almofada e pelo fundo do botão.

3 PRENDA OS BOTÕES no fundo da almofada. Cada um deve produzir uma depressão de aspecto atraente na parte de cima do assento.

SETE MANEIRAS DE **RENOVAR A COZINHA**

Se sua cozinha parece um pouco desgastada, dê-lhe uma nova aparência com algumas pequenas intervenções, como mudar as portas dos móveis ou as cores das paredes. Se quiser ousar, faça mudanças maiores, que podem exigir mais tempo e esforço, mas com certeza causarão maior impacto.

CRIE UMA PAREDE ESPECIAL

Realce sua cozinha pintando ou revestindo de papel uma das paredes com um padrão ou cor bem vistosos.

TROQUE OS PUXADORES

Atualize a aparência de seus armários colocando novos puxadores. Uma boa ideia é escolher desenhos que cubram buracos existentes.

PREENCHA BURACOS usando uma massa adequada (caso os novos puxadores não os cubram). Depois, lixe e pinte.

SUBSTITUA AS PORTAS

Para uma transformação maior, troque as portas dos armários e as frentes das gavetas. Verifique bem o tamanho das novas peças.

CONFIRA SE A POSIÇÃO das dobradiças das novas portas é igual à das antigas.

SUBSTITUA A FRENTE DA PIA

Trocar a frente da pia faz uma boa diferença no aspecto da cozinha, especialmente se você escolher um material bem diferente do antigo.

TROQUE O TAMPO DA PIA

Trocar as bancadas muda completamente o visual da cozinha. Escolha qualquer material que seja compatível com o seu orçamento.

SE O TAMPO ATUAL é uma boa solução, remova-o e use-o como modelo para adquirir o novo tampo.

RENOVE OS AZULEJOS

Dê uma maquiada nos seus azulejos com tinta própria para isso, disponível em várias cores, ou com adesivos decorativos.

APLIQUE NOVO REJUNTE nos azulejos, caso o velho esteja muito sujo.

MUDE O TRATAMENTO DAS JANELAS

Uma nova persiana pode mudar a atmosfera da cozinha. Se a janela for voltada para algum vizinho ou para a rua, aplique insulfilme.

REPINTE OS **ARMÁRIOS DA COZINHA**

Para renovar sua cozinha de modo rápido e fácil, pinte as portas dos armários (se forem de madeira) e troque os puxadores. O ideal é usar tinta a óleo, pois os móveis de cozinha precisam suportar muito desgaste. Se usar tinta à base de água, dê uma última demão de acabamento sobre a tinta seca.

VOCÊ PRECISA DE:

- Chave de fenda
- Massa corretora
- Lixa fina
- Pano
- Puxadores de armário
- Lápis
- Régua ou esquadro
- Fita métrica (opcional)
- Furadeira
- Tinta para madeira
- Pincel

1 REMOVA A PORTA

1 DESPARAFUSE AS DOBRADIÇAS da porta e deite-a numa mesa. Desparafuse o puxador e remova-o.

2 PREENCHA O BURACO com massa corretora e deixe secar. Passe a lixa fina na massa para suavizar a superfície.

2 LIXE A PORTA

1 LIXE A PORTA toda para remover quaisquer imperfeições da madeira e conseguir um acabamento uniforme, e também para que a tinta nova tenha maior aderência.

2 PASSE UM PANO na madeira para remover a poeira.

3 MARQUE A POSIÇÃO DO PUXADOR

1 **SEGURE** o novo puxador contra a porta para decidir onde ficará mais bem posicionado.

2 **MARQUE COM UM LÁPIS** onde ficarão as partes de cima e de baixo do puxador. Trace uma linha horizontal com régua na madeira de cada ponto até a borda da porta.

3 **TRACE UMA RETA VERTICAL** entre as duas linhas horizontais. Use a régua ou a fita métrica para checar se ela está perpendicular, medindo a distância da beirada da porta às partes de cima e de baixo da linha vertical.

4 **FAÇA UM BURACO** em cada ponto no qual as linhas horizontal e vertical se cruzam.

4 APLIQUE DUAS DEMÃOS DE TINTA

1 PRIMEIRO PINTE as bordas da porta, na direção dos veios da madeira.

2 SE VOCÊ TEM PORTAS TIPO CAIXILHO, pinte agora o painel central, repassando bem os cantos.

3 PINTE a seguir as faixas horizontais, de cima e de baixo.

4 PINTE AS FAIXAS VERTICAIS. Essa sequência confere um acabamento mais limpo e destaca o veio da madeira. Deixe a primeira demão secar antes de aplicar a segunda.

5 PRENDA OS PUXADORES

FIXE OS PUXADORES na parte frontal da porta com parafusos e chave de fenda e depois reinstale as dobradiças da porta. Repita o processo nas portas e gavetas das demais unidades.

ANTES

BANHEIRO E LAVANDERIA

1 O QUE FAZER PARA RENOVAR O BANHEIRO

Ao reformar o banheiro, é importante ter um planejamento bem organizado e lidar com as tarefas na ordem certa – senão você poderá ficar sem dinheiro no meio da obra ou ter que refazer alguns serviços. Se seguir o plano sugerido aqui, não deverá ter problemas.

1 FAÇA UM ORÇAMENTO

Avalie suas finanças e decida o quanto você poderá gastar. Depois, veja como vai usar o dinheiro disponível. Uma boa ideia é fazer uma reserva adicional de 10% para custos não previstos.

2 PLANEJE SEU LAYOUT

Desenhe uma planta do seu banheiro, incluindo as posições de janelas, portas, encanamentos de água e esgoto. Decida que modificações irá realizar e então consulte um encanador, para dizer se o plano irá funcionar ou não e para fazer uma estimativa geral.

3 REVISE A PARTE ELÉTRICA

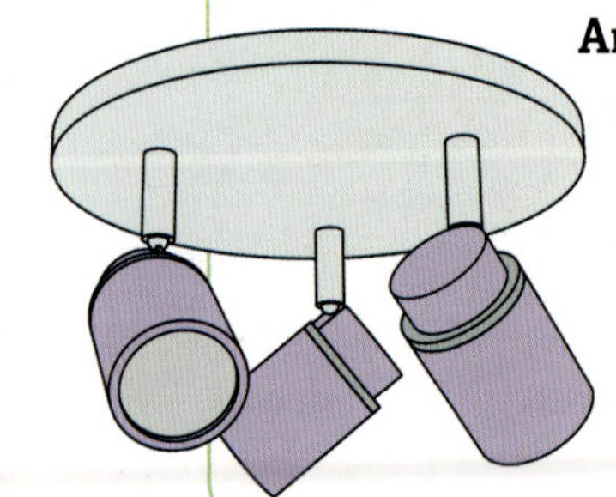

Antes que as paredes sejam rebocadas ou azulejadas, decida onde as luzes e o exaustor serão instalados, e a posição dos interruptores.

4 AGENDE OS PROFISSIONAIS

Contate um eletricista e um pedreiro (a não ser que você mesmo vá aplicar os azulejos) para obter orçamentos desses serviços. Se estiver satisfeito com os valores e com a escolha do pessoal, agende, certificando-se de que cada um sabe quando deve terminar para que o outro comece. Pergunte a cada um se seu trabalho irá influir no que o outro terá de realizar.

5 FAÇA SEUS PEDIDOS

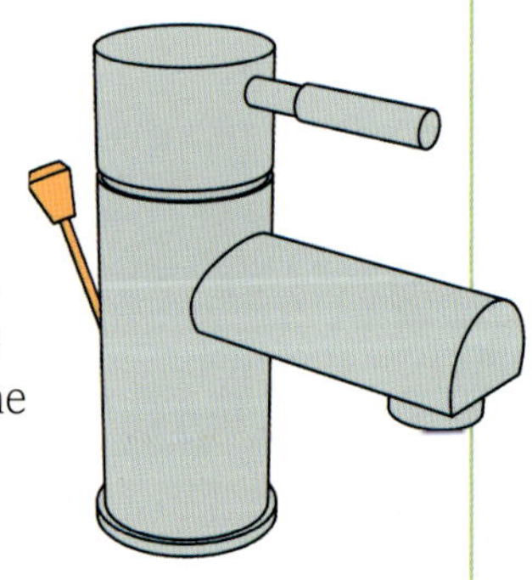

Munido dos orçamentos, você saberá quanto dinheiro sobrou para gastar em acessórios e materiais. Sempre de olho nisso, escolha e encomende suas peças de banheiro, chuveiro, azulejos e torneiras. Anote todas as datas de entrega e só chame o profissional quando tudo já tiver sido entregue.

6 REMOVA AS PEÇAS ANTIGAS

O trabalho agora pode começar pela remoção de peças antigas, azulejos, piso e iluminação. Prepare-se para o surgimento de alguns problemas, como manchas de umidade ou infiltrações, com os quais talvez você gaste a verba adicional de 10%. Acerte um novo cronograma com o encanador e o eletricista, se houver previsão de atrasos.

7 INICIE A PRIMEIRA ETAPA DA INSTALAÇÃO

O encanador agora começará a primeira instalação – da tubulação para banheira, pia e privada. Lembre-se de que o vaso sanitário existente terá de ser removido para que se possa instalar os novos azulejos. Talvez seja necessário fechar o registro e drenar o sistema nesse estágio, por isso prepare-se para ficar algumas horas sem água corrente.

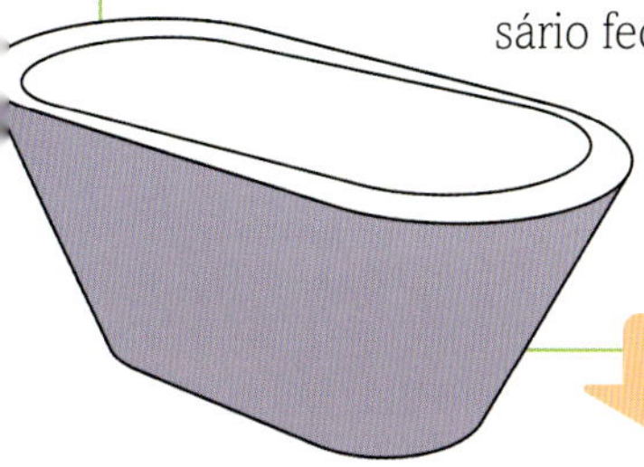

8 INSTALE A FIAÇÃO ELÉTRICA

O primeiro trabalho do eletricista será instalar a nova fiação elétrica para todos os aparelhos do banheiro, como a bomba do chuveiro, os soquetes para barbeador, as luzes e o exaustor.

9 REBOQUE AS PAREDES

Agora as paredes podem ser rebocadas. Essa é uma tarefa difícil, e, se você não tiver experiência, é melhor deixar a cargo de um profissional. O reboco deve ficar duas semanas secando antes de começar a pôr os azulejos.

10 APLIQUE O PISO

A seguir, pode-se aplicar o piso. Se decidir utilizar lajotas porosas, não se esqueça de considerar também um tempo para aplicar o selante no piso já pronto.

11 PREPARE O CHUVEIRO

Se for instalar um cubículo para o chuveiro, antes de aplicar azulejos é preciso impermeabilizar as paredes com um revestimento especial. Como demora para secar, faça isso agora para depois poder azulejar.

12 ORGANIZE A SEGUNDA ETAPA DA INSTALAÇÃO

Nessa segunda etapa, o encanador irá instalar a banheira e o chuveiro. O eletricista também precisa voltar para colocar luminárias, interruptores e soquetes de barbeador e ligar tudo.

13 APLIQUE AZULEJO E REJUNTE E ORGANIZE A TERCEIRA ETAPA

Agora você pode aplicar azulejos e rejunte. Depois, precisará esperar que sequem. Por isso, reserve uns dois ou três dias, em que não poderá fazer mais nada. Mais tarde, o encanador voltará para instalar a privada e a pia.

14 TERMINE A DECORAÇÃO

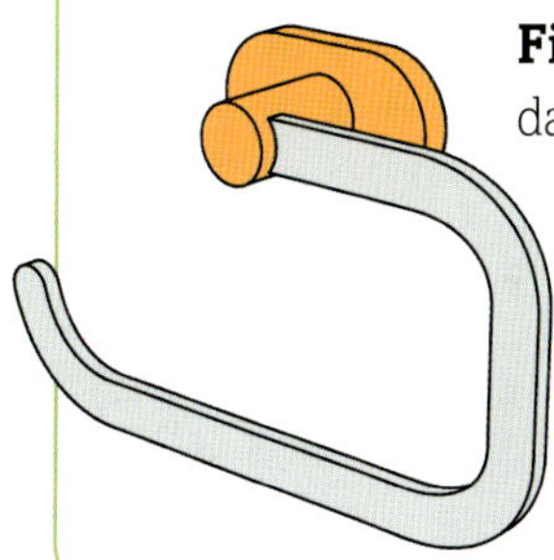

Finalmente, providencie o resto da decoração. Depois de pintar tudo (protegendo as áreas de respingos), instale os últimos acessórios, como persianas e suporte de papel higiênico, e dê os toques finais no seu esquema de decoração.

2 CRIE UM MOOD BOARD **PARA SEU BANHEIRO**

Preparar um mood board antes de começar a reforma do banheiro não só ajuda a finalizar o layout, mas também é um incentivo para você colocar um pouco mais de estilo no ambiente, acrescentando-lhe personalidade e cor, o que às vezes fica em segundo plano quando você se concentra só na escolha de louça sanitária e azulejos. A seguir, você tem um guia para criar um mood board útil para seu banheiro.

1 **ARRUME FOTOS DE BANHEIROS** em revistas, livros ou até mesmo em sites de hotéis. Recorte, tire xerox coloridas ou imprima os que achar mais bonitos e cole alguns deles no seu mural; talvez você queira tomar alguns elementos dessas imagens como inspiração para seu projeto. Anote o que acha feio no seu banheiro atual para não repetir os mesmos erros.

Como ponto de partida, pense se quer um banheiro contemporâneo e minimalista ou prefere, por exemplo, um estilo de época.

2 **HÁ ALGUM ITEM-CHAVE**, como uma banheira, um chuveiro de designer, azulejos maravilhosos ou uma pia decorada, que você já tenha ou que realmente faça questão de incluir? Use essa peça como inspiração para o resto do seu projeto.

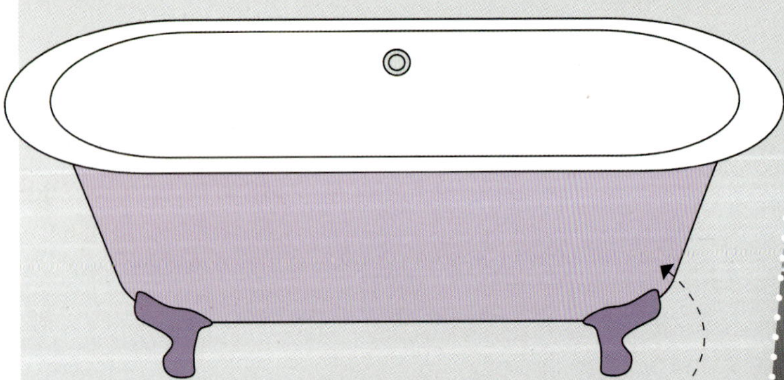

Seu item favorito pode definir também se o banheiro terá um look tradicional ou moderno.

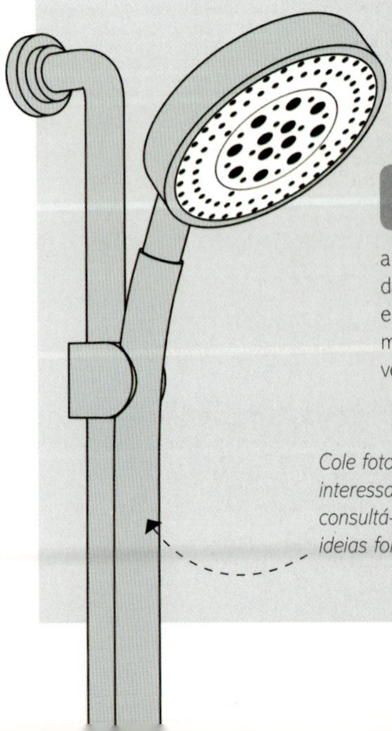

3 **ESCOLHA A LOUÇA SANITÁRIA**, a começar pela banheira, que irá determinar a forma e o tipo de acabamento tanto da privada como da pia, das torneiras e demais acessórios. Antes de avançar mais em seu projeto, é importante que você defina as escolhas desses itens.

Cole fotos de acessórios que você ache interessantes no seu mood board, para consultá-las mais tarde, conforme suas ideias forem evoluindo.

4 **ESCOLHA UMA COR DE FUNDO** para o banheiro: se grande parte for coberta de azulejos, eles devem ser escolhidos primeiro, pois irão influenciar muito as outras cores do ambiente. A principal preocupação é que o local fique claro o suficiente para permitir que você enxergue bem ao se maquiar ou fazer a barba. Se seu banheiro recebe muita luz natural ou se a iluminação for eficiente, você pode escolher cores mais escuras de azulejos ou de tinta.

Cole uma foto ou amostra de cor de azulejos no mood board como referência de cor.

Selecione as cores possíveis para as superfícies azulejadas, que podem ser neutras ou em tons complementares ou contrastantes.

Escolha duas ou três cores para poder contar com várias opções.

Compre toalhas numa cor diferente, que pode ser uma variação da cor geral ou contrastar com ela.

5 **INTRODUZIR DESTAQUES DE CORES** no banheiro não é complicado. O ideal é que sejam dois, e não mais do que três – o terceiro pode ser, por exemplo, uma toalha de rosto decorada ou um belo arranjo de frascos de banho. Teste as proporções das combinações de cores para ver se funcionam bem juntas. Use amostras de azulejos, de tinta ou de pisos cerâmicos.

6 **ESCOLHA OS ARMÁRIOS**, que podem ser tanto de piso como instalados na parede ou simples caixas. Lembre-se de que qualquer superfície espelhada ou refletora vai dar sensação de mais espaço. Formas e tamanhos são importantes também: veja se as peças que você acha bonitas vão se encaixar bem.

Cestos de vime são úteis para guardar toalhas limpas, suprimentos para o banheiro e roupa suja.

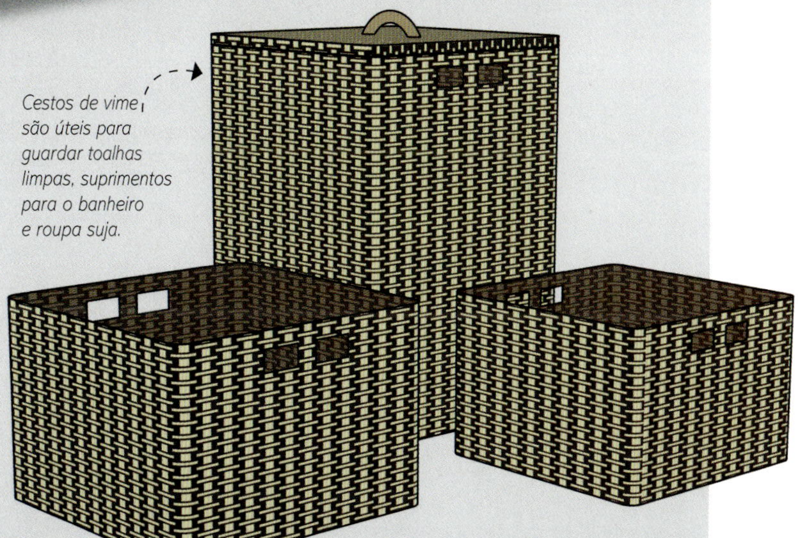

Consulte sua paleta de cores para decidir a coloração de seus acessórios.

7 **ACRESCENTE OS TOQUES FINAIS**, como toalhas de banho, fotos e tapetes. Esses itens não precisam combinar muito com seu tema principal, mas devem realçar a aparência geral do ambiente e destacar certos itens, como uma pia de estilo ou um chuveiro. São toques finais decisivos, e o mood board ajuda muito nisso.

3 COMO MONTAR O **LAYOUT DO BANHEIRO**

O banheiro requer planejamento cuidadoso; então, antes de pensar na aparência e no estilo, atente a questões práticas: como será usado? De que modo é possível organizá-lo para que sirva bem a todos? Que componentes individuais funcionarão melhor? Mais de uma pessoa o usará regularmente ao mesmo tempo? É preciso deixar espaço para duas pias ou uma pia dupla? Será o caso de instalar um chuveiro à parte?

BANHEIRA

Planeje o layout e a funcionalidade do ambiente em torno da banheira, que é sua maior peça. Talvez você não tenha muitas opções de onde colocá-la. Se houver pouco espaço, escolha uma banheira junto à parede, ou, o ideal, num canto. Com mais espaço, você pode optar por uma banheira isolada, mas cheque com um encanador se ela não vai dar problemas de vazamento. Veja também onde ficarão as torneiras: banheiras isoladas, por exemplo, em geral não têm torneiras anexadas; elas têm que ficar na parede ou numa coluna no piso. Se houver chuveiro sobre a banheira, esta deve ficar junto à parede e com algum anteparo para evitar respingos.

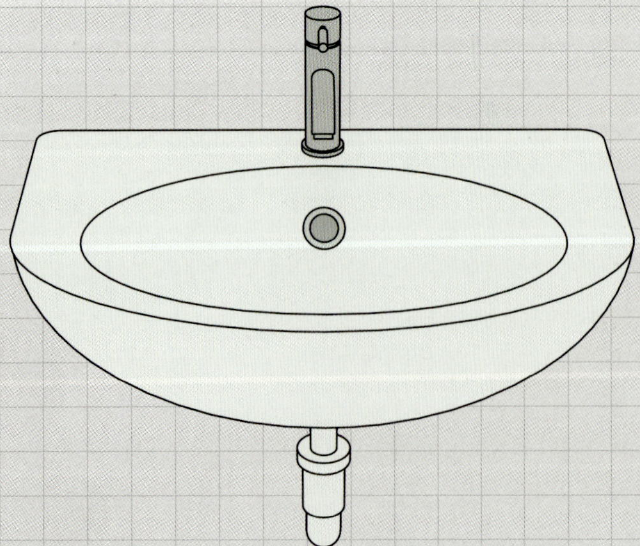

PIA

O ideal é que não fique muito longe da privada e que se localize diante de uma parede maciça (e não de uma janela, por exemplo), para que você possa colocar um espelho. Antes de escolher um modelo e definir sua melhor posição, pense em como vai guardar as coisas. Se tiver pouco espaço para isso, escolha um gabinete com pia embutida, ou uma pia que fique dentro de uma unidade com prateleiras ou armário, em vez de uma de piso. Isso pode afetar seu layout, por isso cheque bem todas as dimensões para ter certeza de que vai caber no esquema.

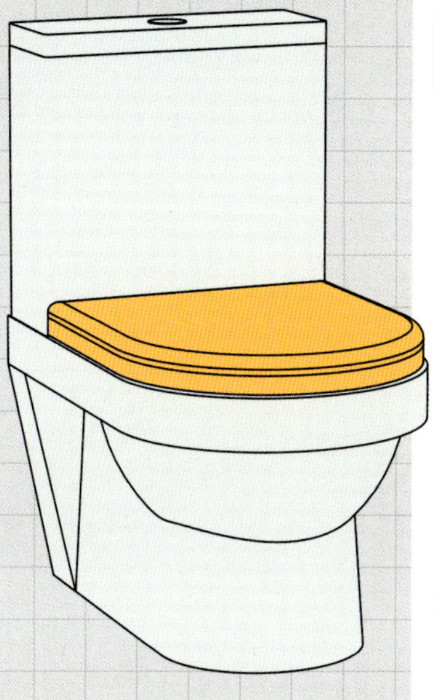

PRIVADA

O melhor lugar para colocar a privada costuma ser junto a alguma parede externa. Isso simplifica a tubulação do esgoto e, em geral, significa ainda que ela ficará embaixo de alguma janela. Por praticidade, também pode ficar em frente ou ao lado da pia. Se ficar junto a uma parede externa, leve em conta que o tamanho do cano de descarga exigirá que seja embutido para não ficar aparente, se bem que esse embutimento pode ser aproveitado para criar um espaço adicional como prateleira. Há várias configurações e tamanhos de vasos sanitários disponíveis, por isso faça uma boa pesquisa.

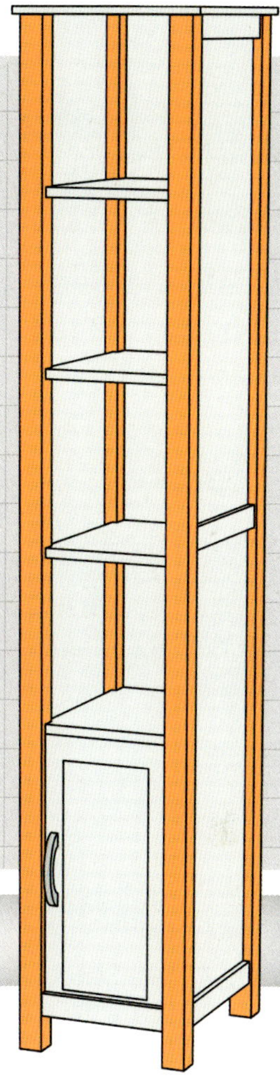

ARMÁRIOS

O banheiro deve ter bom espaço de armazenagem. Pense também nas prateleiras para produtos de higiene, no porta-toalhas e nos ganchos para roupas e roupões – sempre ao alcance de quem está na banheira ou no chuveiro. Um armário de remédios de parede também é útil, assim como prateleiras para guardar toalhas limpas. Você pode ainda ter espaço para guardar coisas atrás de um painel, acessado por uma pequena porta. Uma boa ideia são os toucadores ou armários sob a pia, que oferecem bastante espaço.

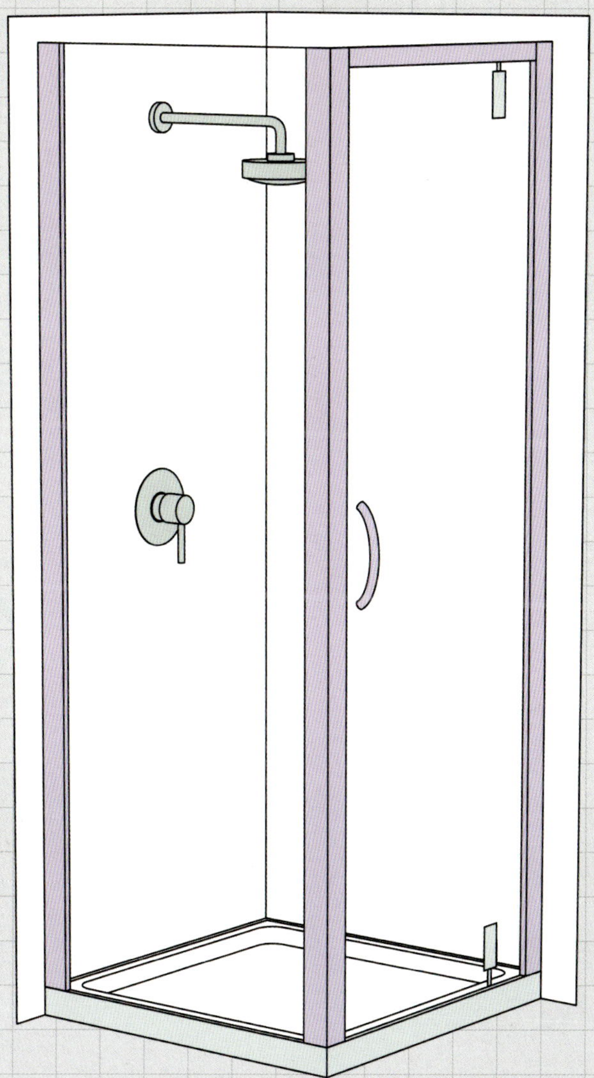

CHUVEIRO

Se tiver espaço, instale o chuveiro num box à parte, ainda mais se esse for seu único banheiro. Ponha-o na mesma parede da banheira e escolha uma base de mesma profundidade, para dar unidade e facilitar o encanamento e a saída de água. Se possível, deixe a área do chuveiro no nível do piso e ponha o chuveiro na parte mais alta (leve em conta a altura da base) caso o teto seja inclinado.

4 ESCOLHA A **BANHEIRA**

Ao escolher a banheira, considere quanto espaço você tem e como pretende utilizá-lo – se costuma passar horas na banheira ou prefere uma chuveirada. Pense também nas questões práticas: uma banheira muito grande é um luxo, mas demora mais para encher e pesa bem mais que uma convencional.

1 ESCOLHA O FORMATO

Na escolha do formato, considere as dimensões e proporções do banheiro. Por exemplo, se ele tem um formato singular, talvez acomode bem uma banheira de canto, ou quem sabe você só tenha espaço para uma retangular.

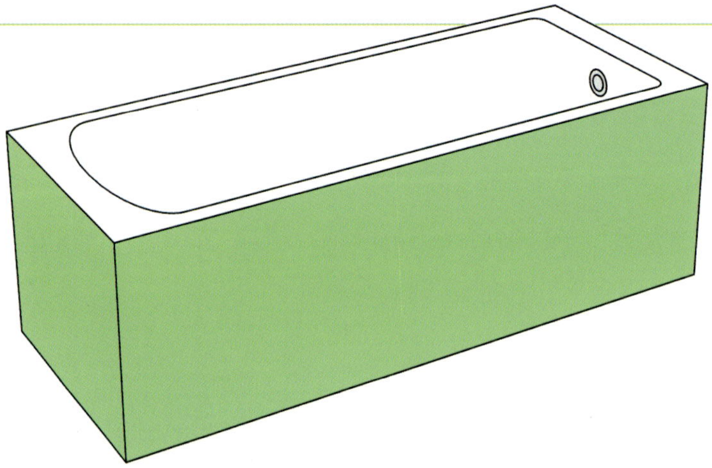

DE ENCAIXE RETANGULAR

Tem diversos comprimentos. Algumas possuem uma ponta livre, e as torneiras ficam no lado oposto. Outras têm as duas extremidades livres, e as torneiras ficam no meio da banheira ou na parede, permitindo que você sente em qualquer das duas pontas.

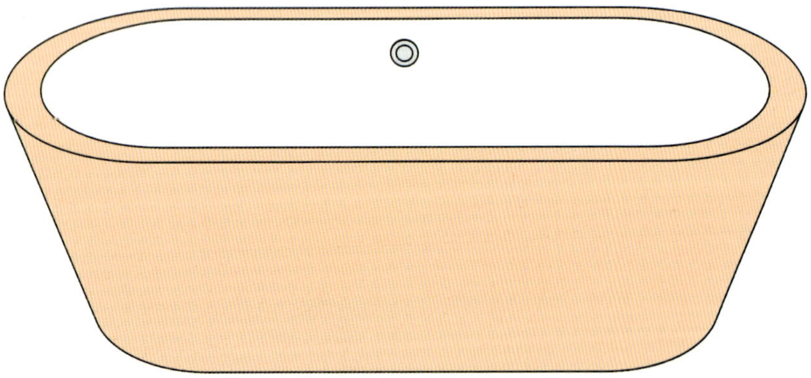

ISOLADA

Se tiver mais espaço e quiser algo com mais estilo, essa é a escolha certa. Alguns modelos podem ser muito pesados, especialmente quando cheios de água, por isso veja bem se o piso aguenta o peso. Um empreiteiro ou engenheiro poderá dizer se as vigas do assoalho são fortes o suficiente.

VITORIANA

Apesar do estilo tradicional, essas banheiras ficam bem em banheiros de época e contemporâneos. O modelo mais comum tem recipiente de ferro fundido montado sobre quatro pés, mas há outros desenhos disponíveis, com vários acabamentos, como metal, dourado e cromo. Cheque com um engenheiro se o piso do banheiro aguenta o peso.

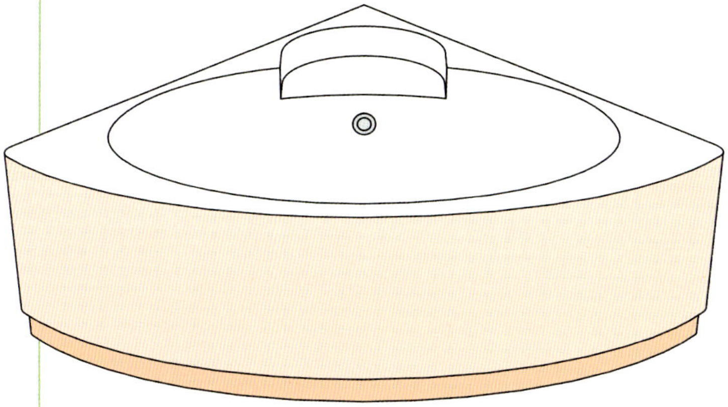

DE CANTO
É uma boa opção para ambientes quadrados e pequenos, pois não requer uma parede muito comprida como outros tipos de banheira. Mesmo assim, a forma triangular implica que ela tome mais espaço do piso e use mais água do que uma banheira padrão. E talvez não seja tão confortável para se deitar nela.

COM CHUVEIRO
Se você colocar chuveiro acima da banheira, escolha um formato que ofereça um espaço adicional para tomar sua ducha. Essas banheiras podem ter formato em L ou em arco, a fim de abrir mais espaço numa das pontas.

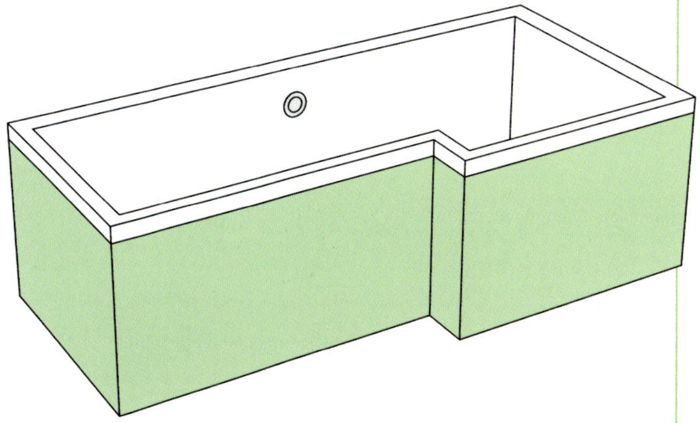

2 ESCOLHA O MATERIAL

Se quiser algo de maior impacto, procure uma banheira de material "diferente" – e prepare-se para pagar bem mais por ela. Se a prioridade for o lado prático e um custo menor, a opção será escolher um formato especial num material mais barato.

ACRÍLICO
Oferecido em diversos formatos e tamanhos, o acrílico é uma escolha popular, quente ao tato, leve, durável e relativamente barata.

AÇO
Pesado, resistente e de custo médio, em geral só é disponível no formato retangular. Sua superfície esmaltada resiste bem a impactos, arranhões e ácidos.

FERRO FUNDIDO
É pesado, de preço médio e muito forte, mas resfria rapidamente a água quente. Sua superfície resiste bem a impactos e arranhões.

COBRE
Uma alternativa cara, mas com muito estilo. Aquece-se instantaneamente em contato com a água quente e retém o calor por mais tempo.

MADEIRA
Cara, essa opção é disponível em madeiras muito bonitas, como freixo, nogueira, teca e iroco. Tem superfície de acabamento resistente, que reforça a estrutura.

MATERIAL COMPOSTO
Em geral de uma mistura de pedra moída e resina, essa banheira de alto custo é bem resistente e moldável em qualquer formato. A gama de cores é grande.

BANHEIRAS DE SPA E HIDRO

Se for trocar sua banheira, procure as de hidromassagem ou do tipo spa (ou as que combinam com ambos os tipos).

Banheiras tipo spa
- Têm em sua base esguichos discretos que jogam bolhas de ar na água do banho, criando um suave efeito massageador.

Banheiras de hidromassagem
- Dispõem de jatos em toda a sua volta. Uma bomba, localizada geralmente debaixo da banheira, lança uma mistura de ar e água por esses jatos, numa massagem revigorante, controlada por turbos ou por dispositivos eletrônicos.
- São mais fáceis de limpar, pois é possível passar uma solução de limpeza pela tubulação (muitas banheiras tipo spa só podem ser limpas deixando-as de molho por longo tempo).
- Sua instalação é tão simples quanto a das banheiras comuns: a tubulação já vem pronta. A parte elétrica, no entanto, deve ficar a cargo de um bom eletricista.

5 ESCOLHA O CHUVEIRO

Escolher o chuveiro certo pode fazer toda a diferença em seu dia a dia. Portanto, antes de tomar a decisão final avalie bem o espaço disponível no banheiro, considere todas as opções e não se esqueça de checar se sua escolha irá funcionar bem com o tipo de suprimento de água que você tem.

1 ESCOLHA O TIPO DE ÁREA PARA O CHUVEIRO

Existem várias opções para a área do chuveiro. Dependendo do espaço disponível, você tem a alternativa de instalá-lo acima da banheira, dentro do box, num recinto no nível do piso, ou criar uma área especial para ele.

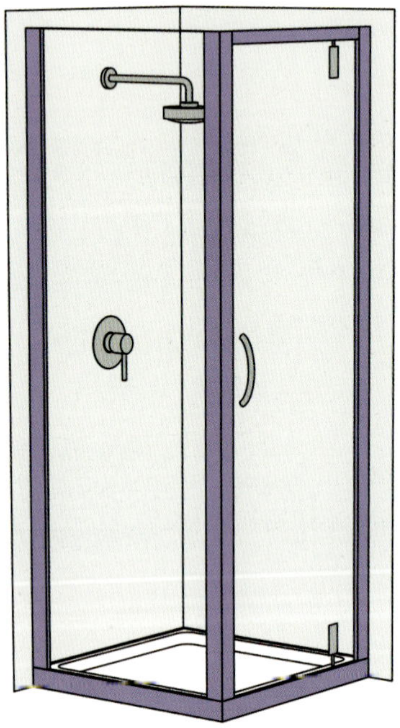

BOX

Se você optar por um recinto de chuveiro separado da banheira, uma base de chuveiro e box costuma ser a solução mais simples e barata, ótima para um banheiro de suíte ou um segundo banheiro. Mas não se aconselha remover a única banheira da casa para colocar apenas um box.

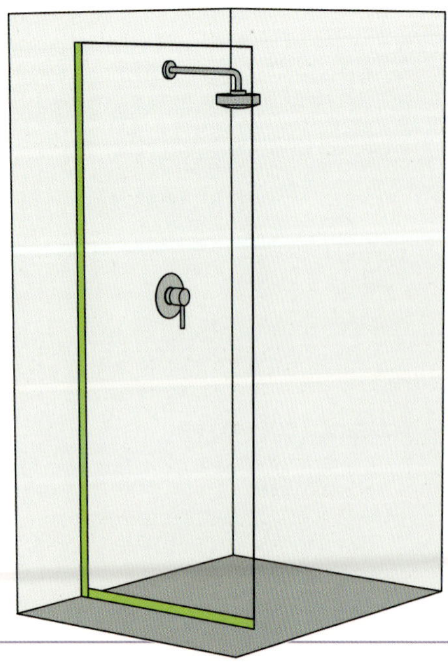

WET-ROOM

Ideal para áreas maiores, os chuveiros no nível do piso e os wet-rooms têm se tornado uma solução moderna e espaçosa nos últimos anos. O wet-room precisa ser isolado, com a saída da água num piso inclinado.

BANHEIRA COM CHUVEIRO

Se seu banheiro é muito pequeno, sem espaço para um box separado, talvez você precise instalá-lo sobre a banheira e acrescentar uma cortina ou painel. Uma ideia é trocar a banheira antiga por uma que tenha numa das extremidades um espaço adicional para o chuveiro, em L ou em arco.

2 DEFINA O TAMANHO E O FORMATO

O wet-room é feito sob encomenda para seu espaço, mas há várias opções de box, com formatos e tamanhos à sua escolha. Veja abaixo os principais modelos (se for combinar chuveiro e banheira, veja formatos de banheira nas pp. 86-7).

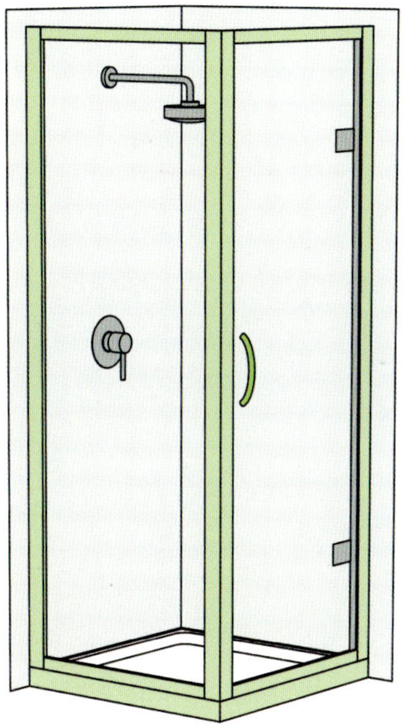

QUADRADO

É muito versátil, pois pode ser posicionado num canto, junto a uma parede ou no meio de um ambiente grande. Há grande disponibilidade de tamanhos, mas o melhor é escolher o maior que seu banheiro pode acomodar, para não limitar seus movimentos durante o banho.

RETANGULAR

Se tiver um pouco mais de espaço, o formato retangular é a escolha perfeita, já que oferece mais espaço para você se movimentar durante o banho. Como ocorre com os boxes quadrados, ele vem com a base a ser instalada no piso e também é disponível em diversos tamanhos.

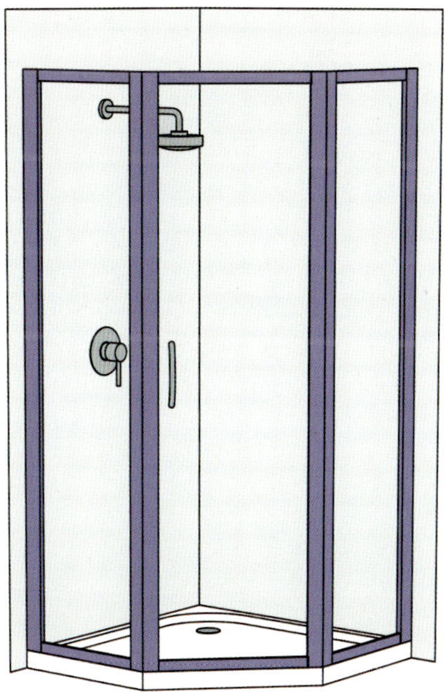

PENTAGONAL

O pentagonal é essencialmente quadrado no formato, mas com uma seção triangular num dos cantos da bandeja do piso. É uma solução para aproveitar melhor o espaço de banheiros menores. O conjunto destina-se a ficar num canto do banheiro, ocupando o menor espaço possível.

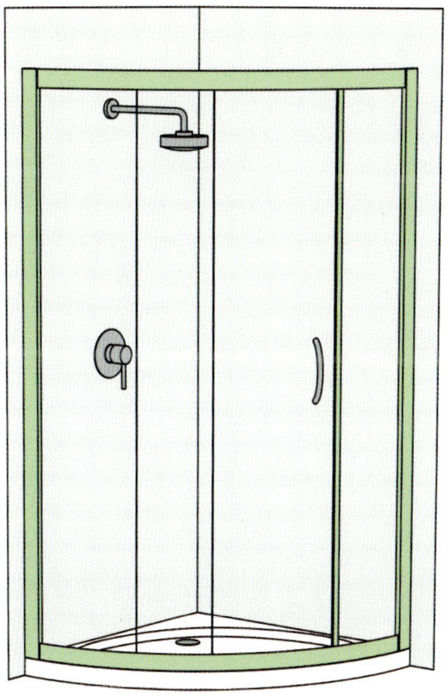

QUADRANTE

Também mais adequado a áreas compactas, esse tipo de box com bandeja de piso tem a frente em semicírculo, e não em ângulo, como o modelo anterior. O formato arredondado dá um toque mais suave. Quando instalado em paredes com recuo, permite ganhar um pouco mais de espaço.

3 ESCOLHA O TIPO DE ANTEPARO

O tipo de anteparo do box pode dar um toque de classe a seu banheiro, além de proteger a área dos respingos de água. A escolha vai depender de como é a área do chuveiro, mas há outros aspectos a serem considerados.

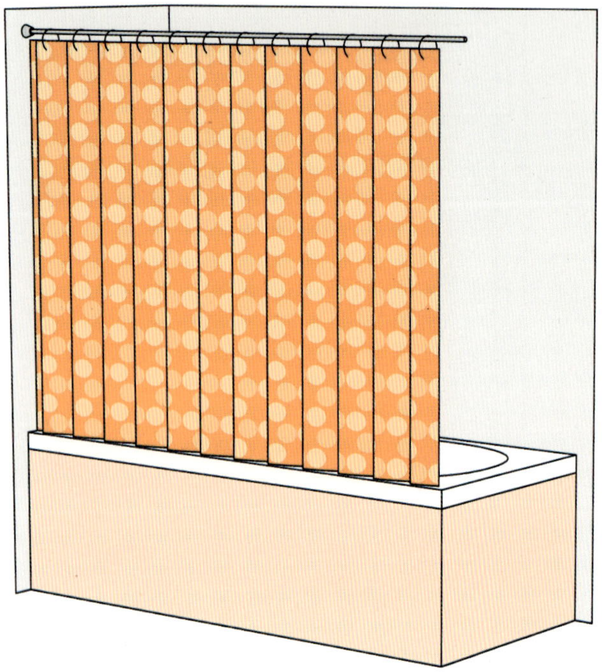

CORTINA

As cortinas para chuveiros são projetadas para correr por um trilho acima da banheira, que pode ser reto, em forma de L ou circular. Feitas de poliéster ou PVC, são baratas e disponíveis em grande variedade de cores e estampas. Algumas têm uma segunda camada, em tecido, pelo lado de fora.

PAINEL DE VIDRO

Esses painéis transparentes de vidro são fixados à parede na extremidade da banheira em que está o chuveiro e se estendem por todo o comprimento da banheira. São de vidro temperado e podem ter portas com dobradiças ou corrediças.

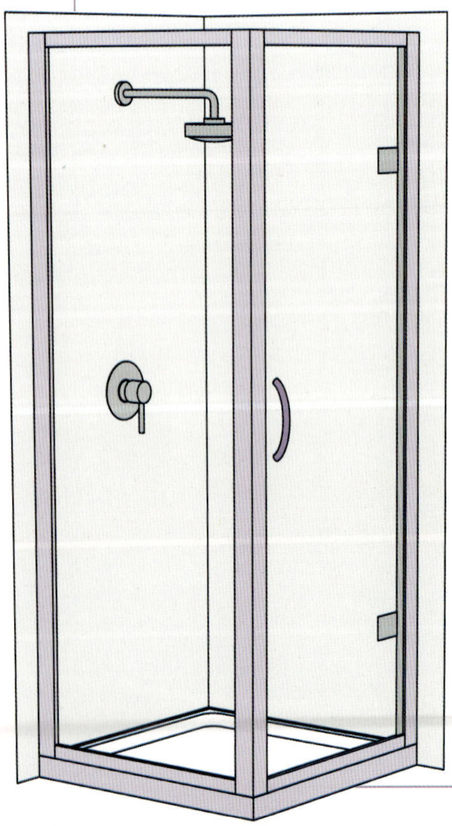

COM PORTAS

Você pode escolher portas de vários tipos de material e com diversos sistemas de abertura. As com dobradiças requerem espaço em frente para serem abertas, enquanto as corrediças e as de dobrar são para banheiros mais apertados. Os boxes sem moldura conferem um ar mais contemporâneo.

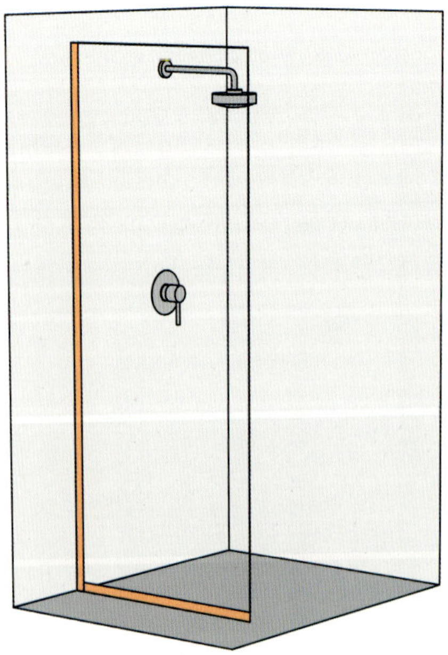

EM AQUÁRIO DE VIDRO

Áreas de chuveiro no nível do piso ou do tipo wet-room costumam ser encerradas em aquários de vidro do teto ao chão, o que proporciona um acabamento de estilo contemporâneo. Os modelos sem moldura, complementados por acabamentos em metal cromado, criam uma aparência minimalista.

4 ESCOLHA O TIPO DE CHUVEIRO

Essa decisão depende muito da preferência pessoal, mas, ao escolher, leve em conta quem irá usar o chuveiro, quais são as suas necessidades, o design do aparelho e também a quantidade de espaço disponível na área do chuveiro.

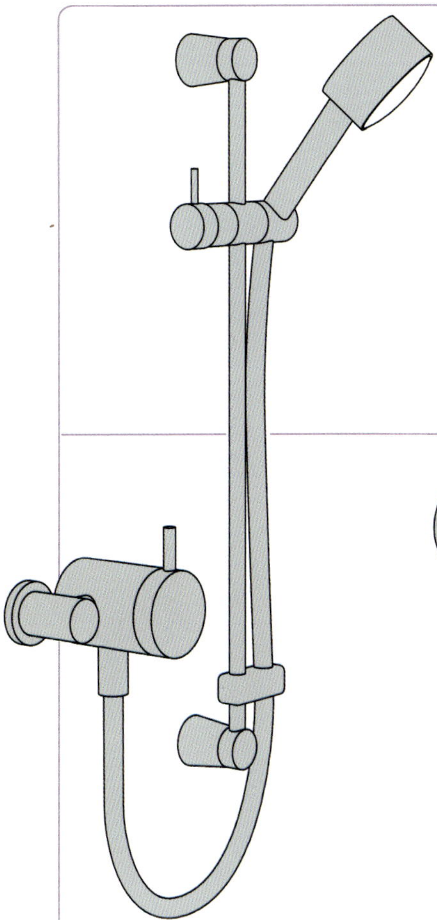

TIPO TELEFONE

A pessoa o segura na mão e o repousa num suporte preso à parede ou num trilho de altura ajustável. É bom para lavar o cabelo e para dar banho em crianças, por isso pode ser uma escolha prática para uma família.

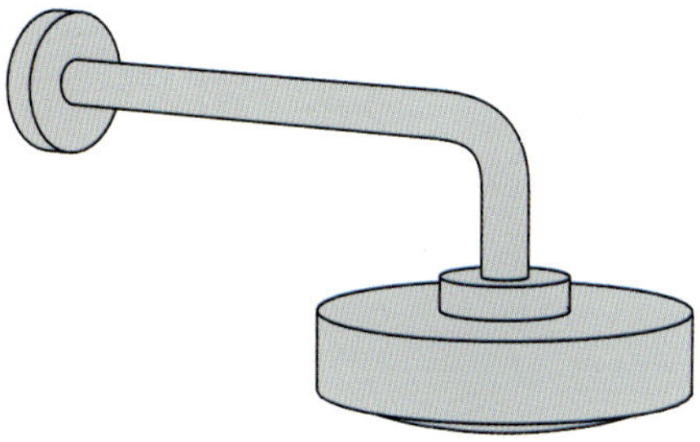

FIXO

Montado em um cano que sai da parede, dá uma aparência limpa ao ambiente e evita espalhar muita água pelo banheiro. Se você gosta de um chuveiro com muita água caindo, escolha um de circunferência bem grande.

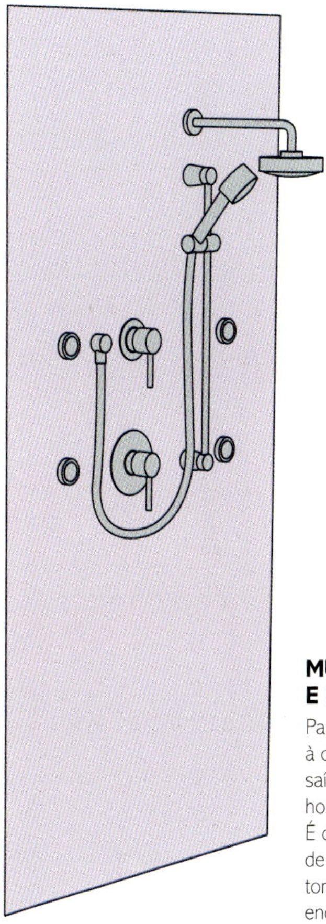

MÚLTIPLAS SAÍDAS E SPRAYS

Para uma chuveirada dos pés à cabeça, use mais de uma saída de água, com sprays horizontais saindo da parede. É o que se chama de painel de chuveiros ou chuveiro de torre e pode ser feito sob encomenda.

5 ESCOLHA OS CONTROLES DO CHUVEIRO

Quanto à funcionalidade dos controles, você pode preferir os modelos de girar ou de alavanca. No entanto, a questão fundamental é decidir se os comandos de temperatura e fluxo serão expostos ou embutidos e manuais ou termostáticos.

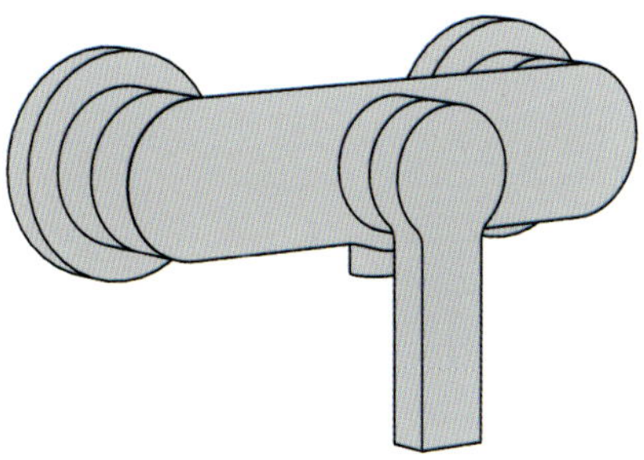

VÁLVULA EXPOSTA

Montados na parede, sobre a superfície, esses comandos são usados para chuveiros tipo telefone. Escolha um design tradicional ou moderno, que combine com os demais acessórios. As versões termostáticas, mais caras do que as manuais, são melhores para manter uma temperatura constante.

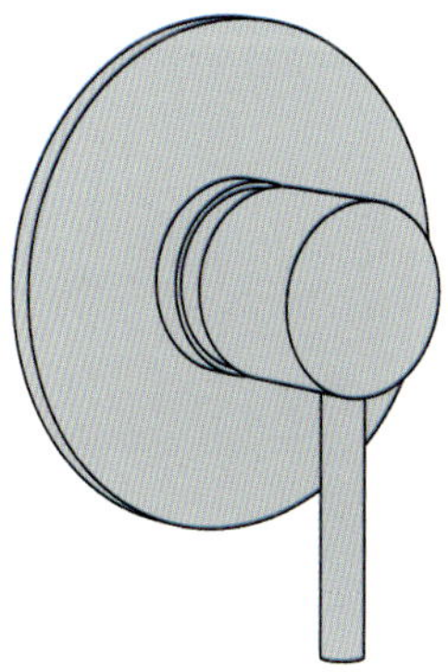

VÁLVULA EMBUTIDA

Na válvula embutida na parede, a tubulação fica escondida. Isso dá uma aparência mais limpa e elegante, que combina com um estilo mais contemporâneo de chuveiro fixo. Também há versões manuais e termostáticas disponíveis.

6 ESCOLHA **A PIA**

O tamanho de seu banheiro e o tipo de conjunto sanitário que você escolher predeterminarão o modelo de pia. Mas é bom considerar também questões práticas, como o espaço para guardar coisas e quantas pessoas usam o ambiente ao mesmo tempo, além do estilo que você quer adotar.

ESCOLHA O TIPO

Os tipos básicos de pia vêm numa variedade de estilos, desde formas quadradas contemporâneas até formas curvas, mais tradicionais. Os tamanhos também variam de grande, para famílias, a pequenas, para quem tem pouco espaço.

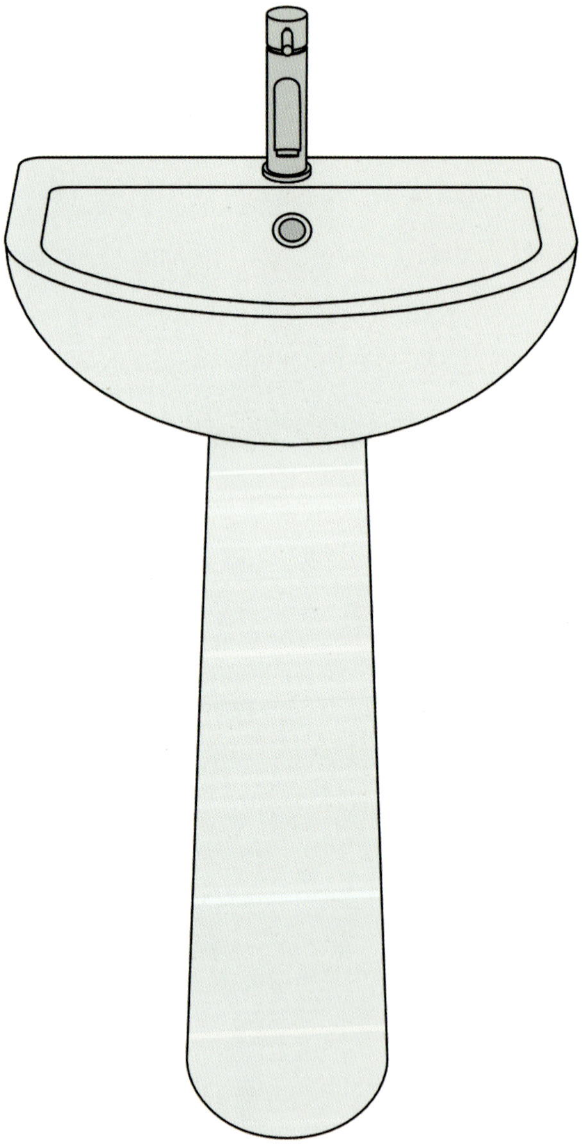

DE PEDESTAL

Disponível em design tradicional e moderno, esse modelo de pia costuma ocultar o encanamento. A base do pedestal é fixada ao piso e em cima dele vai a pia, que é fixada à parede com parafusos ou suportes ocultos.

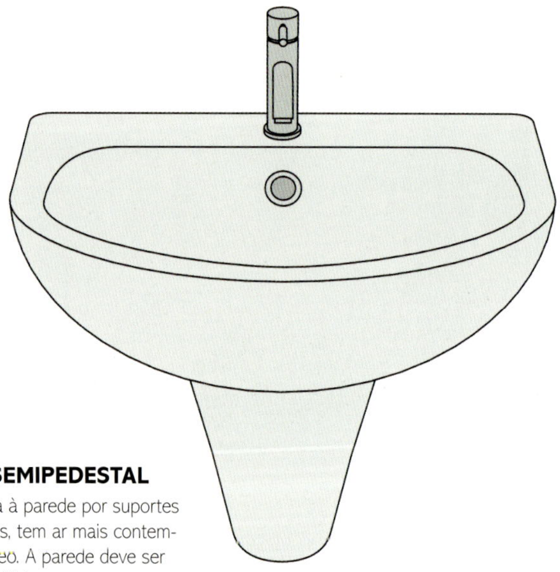

DE SEMIPEDESTAL

Fixada à parede por suportes ocultos, tem ar mais contemporâneo. A parede deve ser bem sólida para suportar o pedestal e a pia.

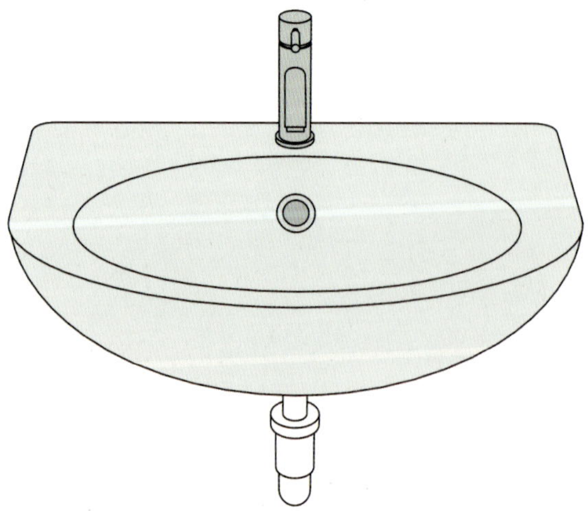

EMBUTIDA NA PAREDE

É geralmente montada diretamente por meio de suportes ocultos. No entanto, se a parede não for muito sólida para suportar seu peso, será necessário prendê-la a uma estrutura embutida.

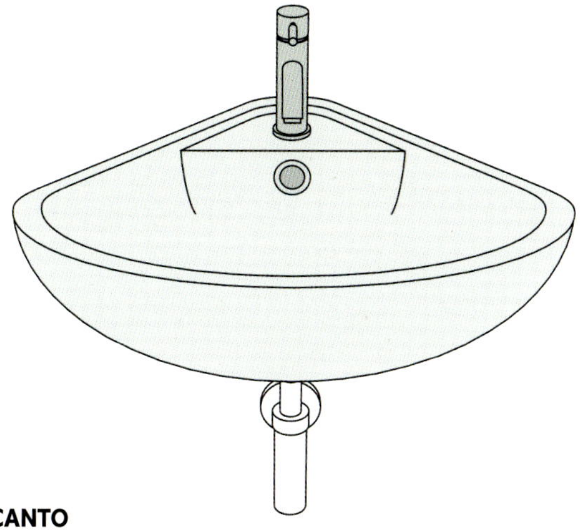

DE CANTO

Se você tem pouco espaço, essa pode ser uma boa escolha, pois seu formato permite acomodá-la de forma a ocupar menos espaço no piso. Em geral, a pia de canto é montada na parede, mas há algumas com pedestal.

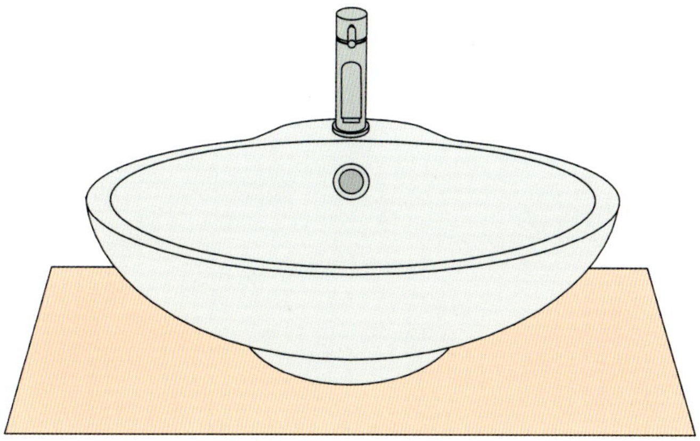

DE BANCADA

Esse modelo fica em cima de uma peça de mobília – gaveteiro, mesa ou gabinete. O formato pode ser redondo, oval ou quadrado, e entre os materiais à escolha estão cerâmica, vidro e pedra natural.

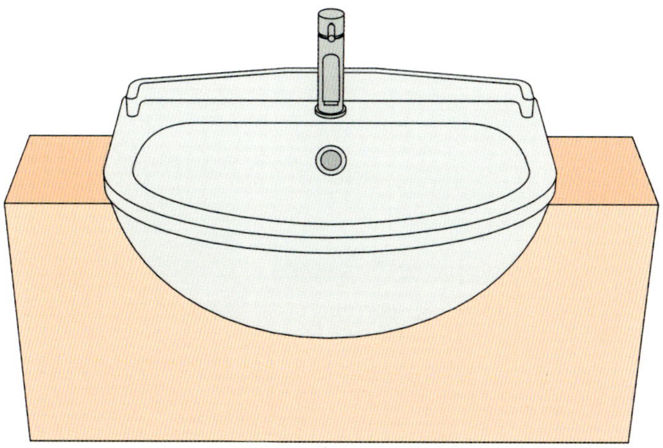

SEMIEMBUTIDA

Requer o mínimo de espaço de uma bancada, portanto é ideal para banheiros bem pequenos. É fixada numa cavidade dentro de uma bancada ou gabinete estreito, com a frente da pia sobressaindo do tampo.

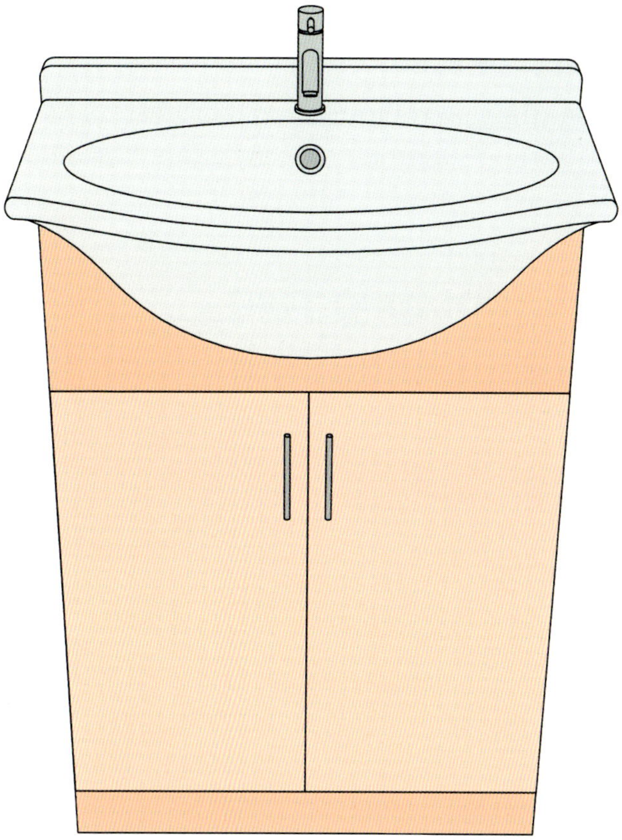

COM TOUCADOR

Nesse modelo, o toucador fica debaixo da pia (que vai embutida nele). Serve como pedestal e para guardar itens em armários e gavetas. É disponível em vários materiais e designs, com opções de montagem no piso ou na parede.

EMBUTIDA

Em geral, essa versão é feita sob medida para aproveitar ao máximo o espaço do banheiro. O design é parecido com o do modelo de toucador, e a pia pode ficar sobre a bancada ou embutida nela.

7 ESCOLHA AS **TORNEIRAS**

Ao escolher as torneiras do banheiro, não se preocupe apenas com o estilo. Verifique se funcionam bem com seu suprimento de água (a pressão padrão atende à maioria das torneiras modernas, mas algumas requerem alta pressão) e se são compatíveis com a pia e o banheiro.

1 ESCOLHA O TIPO

Ao escolher o tipo de torneira, defina se você quer que ela seja montada na banheira ou na pia, na superfície de uma bancada ou na parede (se sua pia ou banheira já tem os orifícios, a decisão já estará tomada).

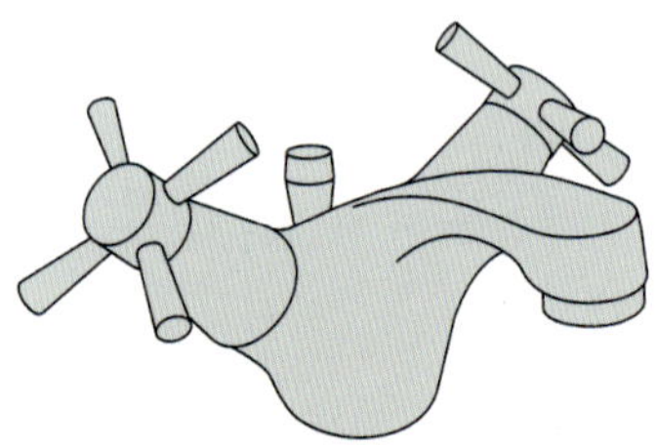

COM MISTURADORES
Mistura água quente e fria, e a temperatura pode ser regulada por comandos separados. Boa opção para um banheiro usado por toda a família.

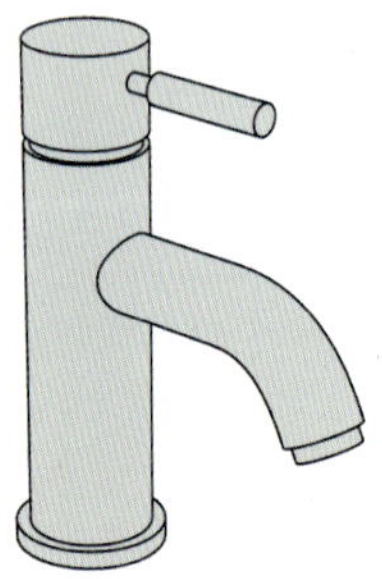

ALAVANCA SIMPLES
Com uma única torneira e uma única alavanca que controla a temperatura e o fluxo da água, é fácil de controlar, além de ter estilo muito elegante.

PILAR
Com comandos em cruz ou alavanca, fornecem água quente e fria separadamente (talvez não sejam o ideal para quem tem crianças pequenas).

DE PAREDE
Ideais para banheiras que têm uma das pontas livre (mas exigem tubulação embutida). Veja se o comprimento e a posição da torneira são adequados.

2 ESCOLHA O ACABAMENTO

As torneiras de banheiro podem ter diversos tipos de acabamento, e sua escolha dependerá das cores do lavabo, da banheira e de outros elementos, além da sua preferência por acabamentos mais lustrosos ou mais opacos.

CROMADO
O metal cromado combina com vários estilos e é fácil de limpar, embora as manchas de água fiquem visíveis. Tem várias faixas de preços à disposição.

DOURADO
Tem custo de médio a alto e, em geral, está disponível no estilo mais tradicional. Dá um toque de luxo e combina com azulejos quentes, de pedra natural.

METAL ESCOVADO
Melhor para banheiros de estilo contemporâneo, tem custo de médio a alto e esconde bem as manchas no metal – ponto a favor em regiões muito úmidas.

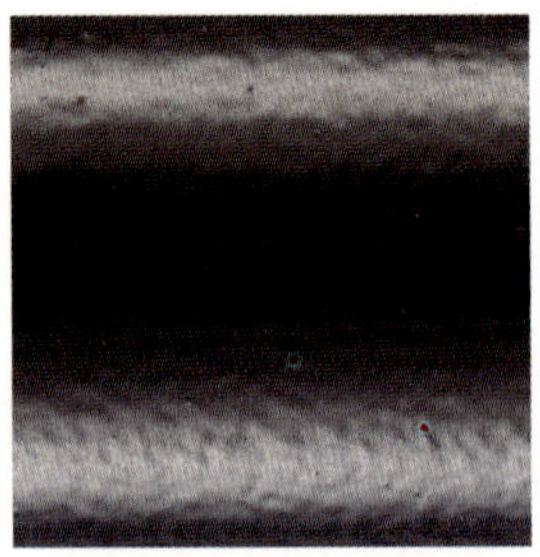

CAPA DE PÓ METÁLICO
Torneiras escuras combinam com uma banheira preta, por exemplo. Têm custo bem variável e podem dispor de alavancas ou outros detalhes em cromado.

BRONZE POLIDO A ÓLEO
Acabamento em metal escuro, com preços variáveis. Com o tempo, o metal dourado aparece por baixo, criando um efeito de metal envelhecido pelo tempo.

8 ESCOLHA **A PRIVADA**

Embora não costume ser o ponto focal de seu banheiro, é preciso igualmente dar atenção ao design da sua privada. Com isso, você garante que ela se encaixe bem no esquema do ambiente, contribua para poupar espaço, seja fácil de limpar e ajude a economizar no consumo de água.

ESCOLHA O TIPO

O tipo de privada escolhido irá depender muito do estilo do seu banheiro, seja ele contemporâneo seja tradicional. Considere também onde ela ficará e se você prefere a aparência de uma privada de uma peça só ou de duas.

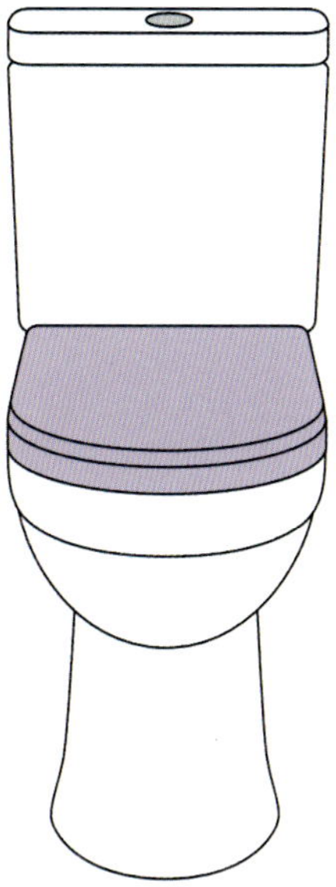

CONJUGADA COM CISTERNA

Costuma ser a opção mais barata. É fácil de instalar e esconde melhor a tubulação que os outros tipos. A cisterna é presa à parede e se assenta no vaso, que se apoia no piso. A descarga é acionada por um botão na tampa.

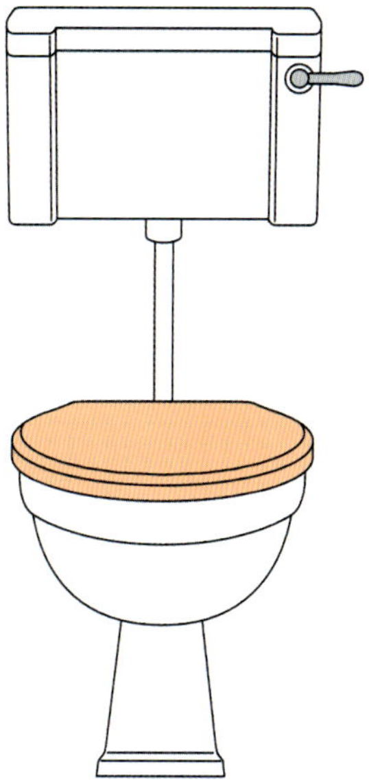

SEPARADA DA CISTERNA

O vaso desse tipo tradicional de privada fica preso ao piso, a cisterna é fixada na parede logo acima dele e há um cano curto ligando as duas peças. Em geral a descarga é acionada por uma alavanca, o que preserva o design clássico do conjunto.

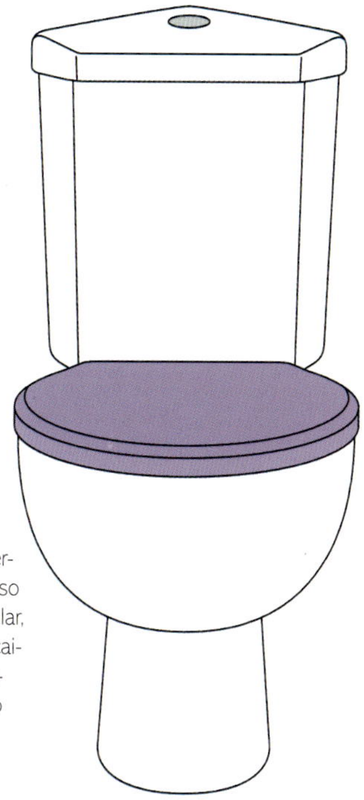

DE CANTO

Nesse modelo, a cisterna fica grudada ao vaso e tem formato triangular, a fim de poder se encaixar num canto do ambiente. É uma solução compacta, ideal para banheiros pequenos ou suítes.

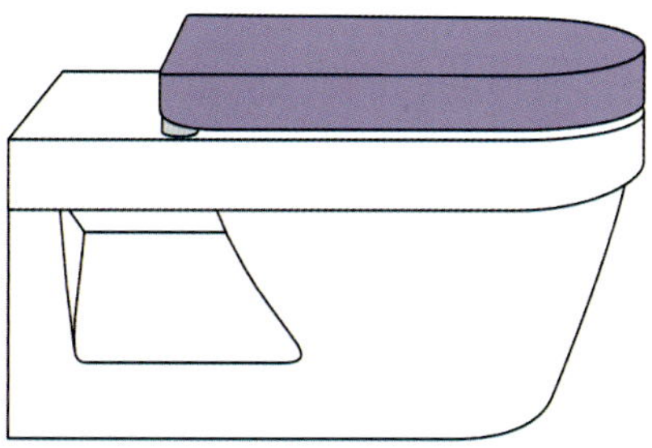

COM CISTERNA EMBUTIDA

Modelo numa só peça, fácil de limpar, com a cisterna embutida numa falsa parede atrás ou dentro de uma unidade especial para esse fim. Boa opção para banheiros pequenos. Escolha uma versão com a cisterna montada na parede (se esta aguentar o peso) ou uma com vaso e cisterna no piso.

BIDÊS

Existem diversos modelos de bidês, tanto em estilo tradicional quanto moderno. Alguns ficam totalmente apoiados no piso, outros são montados suspensos da parede e há ainda os que têm apenas a parte do fundo embutida na parede. São muito práticos e têm um papel fundamental nos hábitos de higiene. Sua posição obrigatória é imediatamente ao lado da privada.

9 ESCOLHA AS MÁQUINAS

A máquina de lavar e a secadora de roupa provavelmente são as aquisições mais importantes que você fará para sua lavanderia. Pense no lugar em que os aparelhos ficarão, assim como nas exigências da casa, pois isso também pode dar pistas de como escolher os modelos.

1 ESCOLHA UMA COMBINAÇÃO DE MÁQUINAS

Ao planejar as máquinas que você quer, pense no preço, no espaço disponível e em seu estilo de vida. Com máquinas separadas, você lavará mais roupa e mais depressa, mas se o espaço for mínimo, uma única máquina talvez seja mais prática.

MÁQUINA DE LAVAR

Opção econômica: a casa com uma ou duas pessoas pode se adaptar a apenas uma máquina de lavar. Para fazer isso confortavelmente, porém, você precisa de espaço interno e externo – para varais.

LAVADORA-SECADORA

Uma máquina de lavar combinada com secadora é uma boa opção se você só tiver espaço para apenas uma. No entanto, essas máquinas nem sempre secam as roupas tão bem como faria uma secadora normal.

LAVADORA SEPARADA DA SECADORA

Se você dispõe de espaço suficiente para aparelhos separados, essa é em geral a melhor opção, principalmente numa casa com muita gente. O grande benefício disso é que você pode ligar as duas máquinas ao mesmo tempo, conseguindo, assim, mais roupa lavada. Coloque-as lado a lado ou empilhadas na vertical (veja o quadro da p. ao lado), conforme o que der mais certo em seu espaço.

2 ESCOLHA O MODELO

Em relação às máquinas da lavanderia, cheque se ficará satisfeito com a capacidade, os ciclos que oferecem e com os padrões de consumo energético (classificados de A a E – o mais econômico é o A). Além disso, considere o que vem a seguir.

MÁQUINA DE LAVAR ROUPA

CARGA FRONTAL

As lavadoras com carga frontal podem ficar sob um balcão, o que quase sempre representa o melhor uso do espaço da área. Tais máquinas costumam usar menos água do que as que têm carga por cima. Se for empilhar as máquinas, é claro que as de carga pela frente são as indicadas.

CARGA CONVENCIONAL

As lavadoras convencionais tendem a ser mais pesadas com as roupas do que as frontais, embora facilitem o acesso por você não ter de se abaixar para alcançar o tambor. Essas lavadoras costumam ser mais baratas do que as frontais; por isso, são as mais indicadas quando se quer economizar.

SECADORA DE ROUPA

A GÁS OU ELÉTRICA

As secadoras a gás têm melhor eficiência energética do que as elétricas; portanto, seu funcionamento é mais barato, embora a máquina seja mais cara. Mas o gás utilizado deve ser certificado. As máquinas elétricas são mais fáceis de instalar, porém lembre-se de que uma máquina com ventilação precisa ficar numa parede externa (mais caros, os modelos por condensação podem ficar em qualquer ponto de um cômodo bem ventilado).

PARA EMPILHAR AS MÁQUINAS

O empilhamento da máquina de lavar e da secadora permite melhor utilização do espaço do que se você as colocasse no chão. Veja como fazer:

- Adquira um conjunto que já vem empilhado de fábrica ou uma estrutura sólida que suporte a secadora.
- Coloque sempre a secadora por cima da lavadora, verificando se a lavadora está apoiada sobre um nível sólido.
- Escolha uma lavadora que tenha baixo nível de vibração durante a centrifugação, para não danificar a secadora.
- Verifique as instruções do fabricante, se você quiser empilhar secadoras que funcionam por condensação, pois isso nem sempre é recomendado.
- As máquinas empilhadas podem ser escondidas dentro de um armário alto montado em volta delas. Veja se as portas abrem na mesma direção das portas da lavadora e da secadora. Faça furos de ventilação nas portas e no topo da peça para permitir a saída de qualquer calor residual.

10 ESCOLHA O PISO

Uma das coisas mais importantes para a decoração do banheiro é o tipo de piso utilizado. Além de decidir em função da aparência e do estilo, procure escolher um durável, fácil de limpar, confortável para andar descalço, que não derrape, e, principalmente, que seja resistente à umidade.

1 ESCOLHA O VISUAL

Madeira, ladrilho e piso liso podem dar um ar contemporâneo, mas os dois primeiros também são boas opções se você buscar um toque antigo. Ladrilho e piso liso resistem melhor à umidade; a madeira, nem tanto, mas sua beleza é imbatível.

LADRILHO

Os ladrilhos para piso estão disponíveis em vários materiais – porcelana, cerâmica e vinil –, cores e tamanhos. Embora pareçam ser uma escolha óbvia, são muito duros e frios para pés descalços.

PISO LISO

Lâminas de vinil e borracha são bastante usadas em banheiros, embora a resina também funcione bem. São uma boa opção para espaços pequenos, e a ausência de juntas dá um acabamento limpo. Em caso de danos, porém, o piso todo deve ser trocado.

MADEIRA

A cor e a textura da madeira criam um contraste agradável com a louça sanitária e dão continuidade quando há mais pisos de madeira na casa. Se seu banheiro é muito úmido, evite usar madeira maciça e prefira laminados, compostos de madeira ou imitações em vinil.

DICAS

- **Ao aplicar ladrilhos**, você pode fazê-lo sobre concreto ou ladrilhos já existentes (desde que estejam inteiros e nivelados), mas lembre-se de que isso aumenta a altura do piso. Talvez você tenha de remover a porta e lixar seu fundo.
- **Aplicar ladrilhos sobre piso de madeira** exige que você coloque primeiro um contrapiso. A maneira mais simples é aparafusar no piso antigo placas de compensado naval.
- **Certifique-se de que não há fendas** entre as placas ou que os ladrilhos estão bem selados, para impedir que a água vaze para ambientes no andar de baixo.

2 ESCOLHA O MATERIAL

Sua escolha dependerá, primeiro, de sua preferência por uma aparência mais clássica dos ladrilhos ou por algo mais suave, como vinil ou borracha.

LADRILHOS

PORCELANA
Material versátil, resistente e com grande variedade de preços e designs, incluindo mosaico. Deve ser selado antes e depois da aplicação.

CERÂMICA
Mais barata do que a pedra natural e a porcelana, é uma boa escolha para áreas grandes. São ladrilhos resistentes e não precisam receber selante.

COMPOSTO DE QUARTZO
É caro, mas dá um toque de luxo. Disponível em grande variedade de cores, incluindo preto, branco, cinza, vermelho e azul, raramente lasca ou racha.

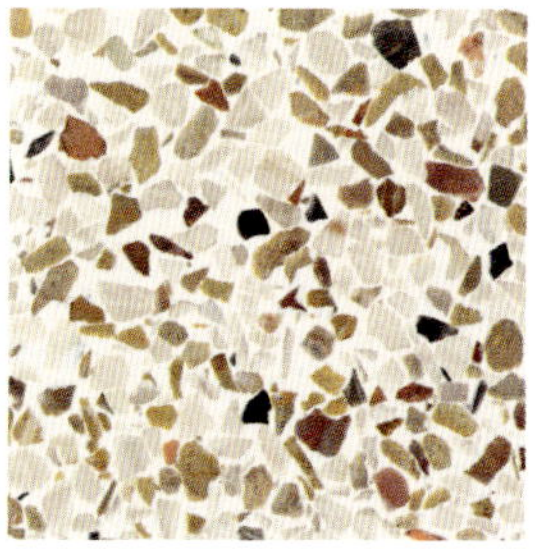

TERRAZZO
À base de fragmentos de mármore numa base de cimento colorido, esse material caro vem em várias cores e acabamentos. Molhado, pode ficar muito escorregadio.

VINIL
Com ampla gama de efeitos e preços, as placas de vinil são resistentes à água e ideais para banheiros. As mais caras devem ser aplicadas por profissional.

BORRACHA
Disponível em inúmeras cores e texturas, tem preço médio e é uma excelente alternativa para um banheiro usado pela família toda.

PISO LISO

RESINA
Vem numa boa variedade de cores e dá um ar bem contemporâneo. É aplicada direto no concreto ou sobre compensado naval, mas não sobre tábuas de madeira.

BORRACHA
Opção prática, de preço médio, é resistente e quente ao tato. Vem em várias cores e texturas, sendo que algumas delas proporcionam aderência adicional.

VINIL
O piso liso de vinil tem preço de baixo a médio e grande variedade de padrões, que recriam a aparência de madeira, pedra, metal e vidro.

LINÓLEO
Feito de ingredientes naturais e sustentáveis, esse piso de preço médio é fácil de limpar e resiste bem a bactérias e fungos, por isso é uma das opções ideais.

MADEIRA

DE LEI
Deve ter instalação perfeita, sem fendas por onde penetre umidade. Não é uma boa opção para locais molhados demais. O preço varia de médio a alto.

COMPENSADO
Por sua construção, com camadas de madeira mole e dura alternadas e cobertura de madeira nobre, dificilmente empena. Tem preço médio.

BAMBU
Com preço de médio a alto, resiste bem à umidade e não encolhe, expande ou entorta. É ecológico e deve receber selante antes de ser aplicado.

LAMINADO
Algumas placas de laminado são projetadas para banheiros e têm um núcleo resistente à umidade, embora não sejam impermeáveis. O preço varia de baixo a médio.

VINIL
O vinil imitando madeira dá uma aparência similar e é mais fácil de limpar do que a madeira real. Os preços variam; as placas mais baratas são autoadesivas.

11 ESCOLHA O REVESTIMENTO DAS PAREDES

As paredes dos banheiros, particularmente nas áreas muito úmidas, precisam ser resistentes à água e fáceis de lavar. Mas você não precisa se restringir a um material – por exemplo, é possível combinar papel de parede com azulejos. Em banheiros pequenos, alguns truques permitem ampliar a sensação de espaço.

1 ESCOLHA O MATERIAL

Se seu banheiro é muito pequeno e sem janela grande para ventilação, sua escolha deve ser prática e resistente à água; se tiver mais espaço e melhor ventilação, poderá escolher materiais menos óbvios para decorá-lo.

AZULEJOS

Os azulejos são a opção mais prática para revestir o banheiro, especialmente as paredes do box e em volta de banheiras e pias. Podem ser de porcelana ou cerâmica, vidro, pedra natural e também mosaicos.

PINTURA

Embora não se deva pintar áreas que ficam molhadas a toda hora – como a do chuveiro, por exemplo –, a tinta é um bom recurso para dar cor ao banheiro e pode ser alterada de modo rápido e fácil quando você quer renovar o look do ambiente.

PAPEL DE PAREDE

Use papel de parede apenas nas paredes que não têm contato direto com a água. Procure um modelo especial para uso em banheiro. Uma alternativa é cobri-lo com vidro transparente, oferecendo-lhe uma relativa proteção.

PAINEL DE MADEIRA

Placas de madeira ou de MDF (fibra de madeira de média densidade) não são resistentes à água, mas se pintadas com tinta especial podem suportar bem respingos e até mesmo a umidade. Essa solução é ideal para dar um toque antigo ao ambiente.

2 ESCOLHA O TIPO

Se quiser escolher vários materiais para seu banheiro, veja como cada um combina com os demais. Será que os azulejos que você elegeu combinam com o revestimento de madeira ou com as paredes pintadas?

AZULEJOS

CLÁSSICOS
Os quadrados, de cerâmica ou porcelana, podem ser usados em qualquer banheiro. Os brancos são os mais baratos, mas a gama de cores e padrões disponíveis é imensa.

TIJOLOS
Feitos em geral de cerâmica, com uma camada brilhante ou fosca, em várias cores, os azulejos em formato de tijolo têm preço de médio a alto e borda reta ou chanfrada.

PASTILHA
De custo médio a alto, pode ser de vários materiais, como pedra natural, cerâmica, travertino e vidro, e com acabamentos como prateado e espelhado.

FORMATO GRANDE
Para azulejos desse formato (80 x 80 cm), suas paredes precisam ser bem planas. É uma boa opção para ambientes grandes, pois faz com que pareçam menores.

PINTURA

TINTA ESPECIAL
A tinta especial para banheiro tem preço de médio a alto e suporta bem umidade e mofo. A escolha das cores fica um pouco reduzida para esse tipo de tinta.

FOSCA
Boa opção para banheiros bem ventilados e com paredes não muito sujeitas a respingos. É à base de água e seus preços variam enormemente.

BRILHANTE
Tem preço médio e pode ser acetinada ou brilhante. Boa para banheiros bem ventilados. Seu brilho pode ajudar a refletir a luz em ambientes pequenos ou escuros.

CASCA DE OVO
A tinta casca de ovo tem preço médio e pode ser usada em paredes e em peças de madeira e metal, como rodapés. É lavável e quase fosca.

PAPEL DE PAREDE

VINIL
Com preço de baixo a médio, tem vários padrões e é especialmente projetado para usar em banheiros, a não ser nas áreas que recebem muita água – como junto à banheira.

LISO OU COM PADRÕES
Se gostar de um padrão que não tenha sido feito para banheiros, verifique se sua ventilação é boa, pois ele pode se descolar em alguns pontos. Os preços variam.

REVESTIMENTO EM MADEIRA

PAINÉIS
Têm custo médio e podem ser usados também no banheiro, como no resto da casa, mas devem ser pintados, de preferência com tinta de brilho suave.

FAIXAS CANELADAS
Se for pintado com tinta resistente à água, poderá ser usado junto à banheira e ao lavabo, mas não no chuveiro. O preço varia de baixo a médio.

AZULEJE E REJUNTE **AS PAREDES**

A sequência a seguir mostra como azulejar duas paredes junto à banheira, mas os princípios são iguais aos da frente da pia azulejada e a outros serviços simples com esse material. Talvez seja preciso aplicar antes um primer na parede – veja que produto é recomendado pelo fabricante da cola de azulejos.

VOCÊ PRECISA DE:

- Azulejos
- Espaçadores de azulejos
- Cola de azulejos
- Espátula dentada
- Cortador de azulejos
- Espátula comum
- Rejunte
- Esponja redonda
- Pano
- Selante de silicone

1 PLANEJE A LOCALIZAÇÃO

PLANEJE PRIMEIRO O ARRANJO dos azulejos. Para isso, apoie a primeira fileira deles no chão, em volta das paredes. Use azulejos inteiros, colocando espaçadores entre eles, e veja se preenchem a medida. Se concluir que terá de acrescentar azulejos cortados, deixe espaço para eles nos cantos.

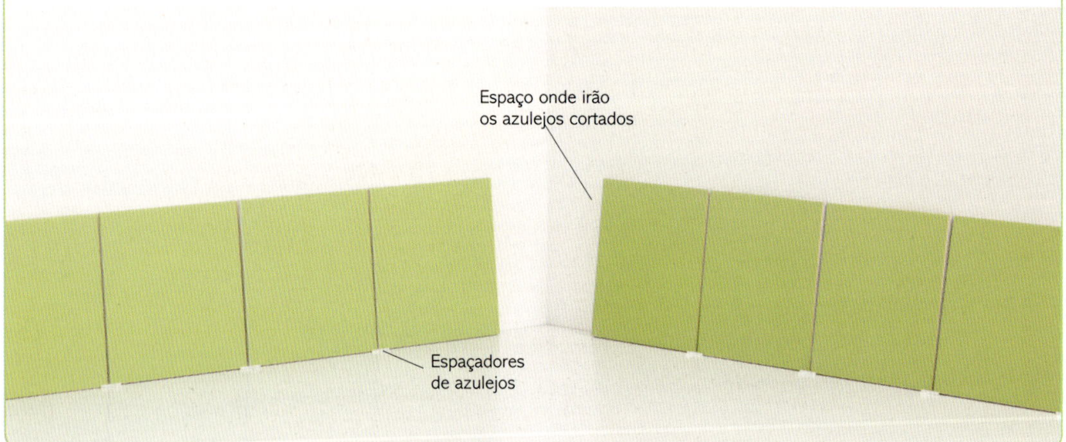

2 FIXE PRIMEIRO OS AZULEJOS DE BAIXO

1 APLIQUE A COLA com uma espátula dentada (se a camada ficar lisa, os azulejos não irão aderir direito). Trabalhe por seções de aproximadamente 1 m² ou, se a área for bem pequena, aplique a cola a cada azulejo.

2 COLE A PRIMEIRA FILEIRA de azulejos inteiros na parede. Coloque o espaçador entre cada um para igualar todos os espaços.

3 COLE A FILEIRA SEGUINTE de azulejos inteiros, trabalhando da mesma forma (em direção ao canto). Coloque dois espaçadores entre as fileiras horizontais, para garantir que fiquem niveladas.

4 COLE OS AZULEJOS RESTANTES até cobrir a parede toda, antes de passar para a outra.

3 MEÇA E CORTE OS AZULEJOS DOS CANTOS

1 MEÇA E MARQUE o comprimento de dois azulejos com uma linha reta a lápis, para preencher o espaço do canto. Use um cortador para seccioná-los.

2 CORTE O AZULEJO pela metade. Como opção, você pode usar um cortador manual.

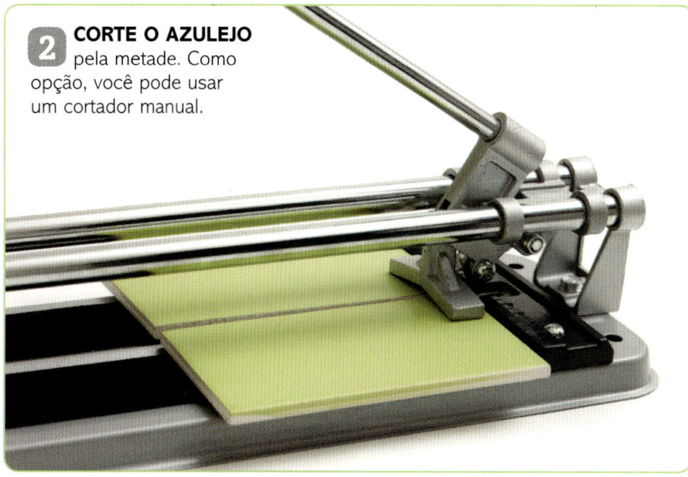

4 AZULEJE OS CANTOS

1 COLE O PRIMEIRO AZULEJO cortado no canto da parede.

2 APLIQUE A COLA na parede adjacente e ponha o meio azulejo sobreposto ao outro, mas não o coloque encostado, pois é preciso deixar uma pequena folga para o rejunte (como os cantos de parede podem ser desiguais, faça isso a olho em vez de utilizar um espaçador).

5 AZULEJE A PAREDE ADJACENTE

1 FIXE UMA FILEIRA de azulejos inteiros ao longo do rodapé da parede adjacente, inserindo espaçadores entre os azulejos.

2 ACRESCENTE MAIS COLA e aplique os demais azulejos inteiros na parede, em fileiras de baixo para cima.

3 MEÇA, CORTE E COLE os azulejos restantes na área do canto. Depois deixe secar (veja as instruções do fabricante).

6 PREENCHA OS VÃOS COM REJUNTE

1 QUANDO A COLA SECAR, retire os espaçadores. Encha a espátula ou o aplicador com rejunte e espalhe na diagonal por cima dos azulejos. Trabalhe por trechos pequenos (1 m^2), forçando o rejunte a entrar nos vãos e alisando-o com a espátula.

2 O REJUNTE SECA RÁPIDO, por isso, antes de passar para outro trecho, remova com uma esponja qualquer resíduo. Ao limpar os azulejos, trabalhe também no sentido diagonal.

3 **ESPALHE O REJUNTE** de modo uniforme pelos azulejos dos cantos com o aplicador ou a espátula.

4 **USE O DEDO**, se necessário, para alisar o rejunte nos cantos entre os azulejos cortados, a fim de obter um bom acabamento.

5 **QUANDO O REJUNTE SECAR**, dê polimento nos azulejos com um pano limpo para remover o excesso final de rejunte.

7 PASSE REJUNTE NA BASE DOS AZULEJOS

1 **APLIQUE O SELANTE DE SILICONE** de modo uniforme pela base dos azulejos, onde eles se juntam com o piso.

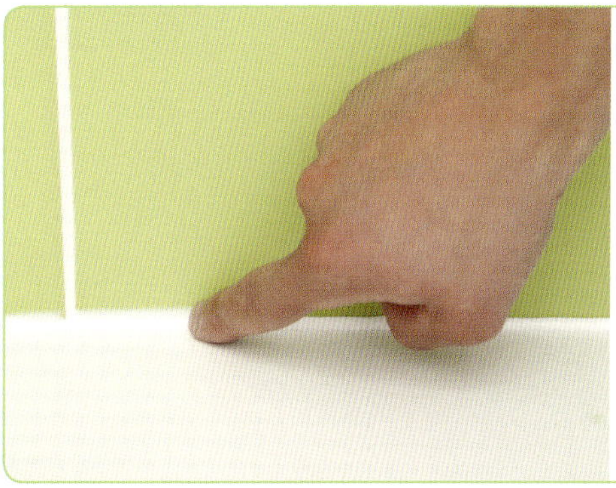

2 **USE O DEDO ÚMIDO** para alisar o silicone e tirar o excesso, dando o melhor acabamento possível.

CINCO OPÇÕES INTELIGENTES **PARA GUARDAR COISAS**

É comum desperdiçar espaço num banheiro, particularmente nos pequenos. Existem, porém, opções de armazenagem muito inteligentes, não só funcionais como esteticamente agradáveis, e que não deixam o banheiro ficar atravancado. Nenhuma dessas comprometerá o design geral e o estilo de seu banheiro.

DEBAIXO DA PIA

Se você optou por um lavabo sobre bancada, praticamente qualquer mesa servirá para isso. Você pode montar uma bancada com gavetas e prateleiras, com espaço para toalhas e itens menores.

NAS PONTAS DA BANHEIRA

Crie espaço para itens pequenos, como frascos e rolos de papel higiênico, montando prateleiras nas pontas da banheira.

SE VOCÊ CRIAR GAVETAS, ficará mais fácil acessar os itens guardados no fundo desses espaços de armazenamento.

EM PAINÉIS LATERAIS NA BANHEIRA

Podem ser abertos por cima e oferecer espaço para guardar produtos de limpeza e garrafas mais altas.

ATRÁS DA PORTA

Porta-toalhas não precisam ficar só nas paredes. Aqui, eles estão atrás da porta, para melhor aproveitamento do espaço.

CERTIFIQUE-SE DE QUE OS PORTA-TOALHAS não impedem que a porta se abra totalmente.

EM CUBÍCULOS DENTRO DA PAREDE

Ao construir um box ou wet-room, crie cubículos dentro da parede para colocar xampu, sabonete e outros frascos.

12 ESCOLHA A ILUMINAÇÃO

Banheiros precisam ser bem iluminados para ficarem claros e acolhedores e para que você possa ver o que está fazendo ao se barbear ou maquiar. As luzes também têm que resistir bem à umidade, particularmente a gerada pelo chuveiro; portanto, certifique-se de escolher acessórios adequados.

1 DEFINA O ESTILO DE ILUMINAÇÃO

Em geral, os banheiros são compactos, portanto você ficará limitado em sua escolha de iluminação. Nesse tipo de cômodo, o principal é conseguir fazer com que a luz crie um ambiente confortável e ilumine bem as tarefas que forem realizadas.

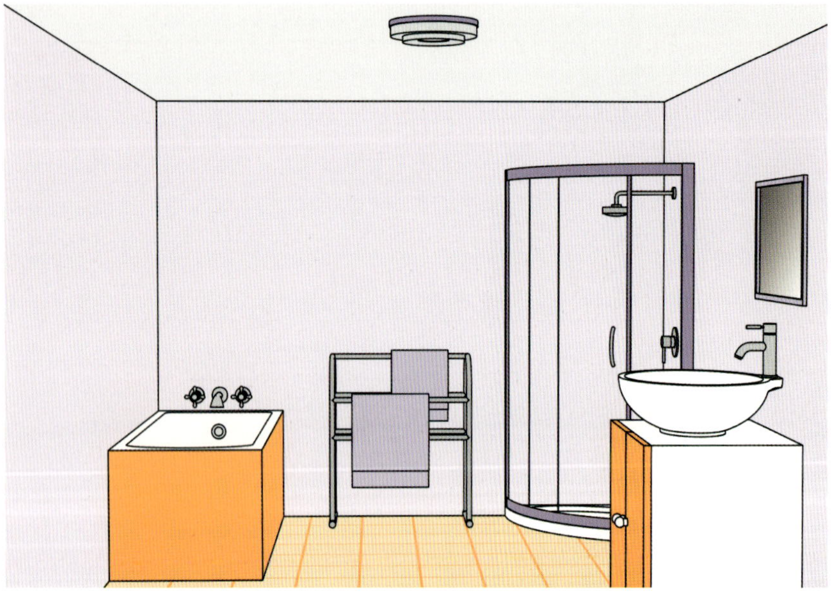

AMBIENTE

A iluminação geral deve criar um ambiente confortável e ser clara o suficiente para que você enxergue bem o que está fazendo, de dia ou de noite. Uma sugestão é colocar luzes ou velas nas paredes quando quiser relaxar dentro da banheira.

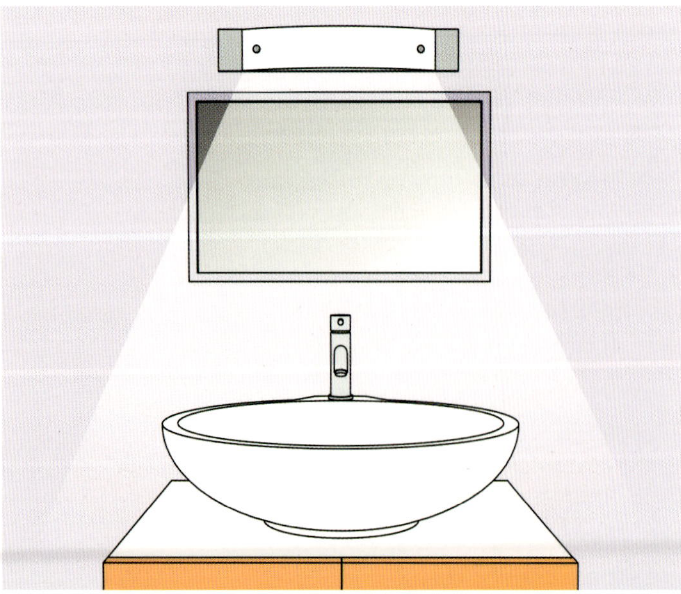

ILUMINAR TAREFAS

Para iluminar as tarefas realizadas no banheiro, você pode acrescentar focos de luz intensa no teto. O ideal é colocar um acima do lavabo, outro sobre a banheira e um terceiro no chuveiro. Também é bom colocar uma luz intensa acima do espelho do lavabo.

2 ESCOLHA OS ACESSÓRIOS DE ILUMINAÇÃO

É extremamente desagradável usar um banheiro mal iluminado – o ambiente fica frio, hostil e parece menor do que na verdade é. Por isso, procure combinar bem os tipos de iluminação, conforme o espaço e o orçamento permitirem.

LUZ DE TETO

LUZ GERAL

Uma luz no meio do teto dá bons níveis de iluminação ao ambiente, desde que seja usada em combinação com outros tipos de luzes. Por questões de segurança, a lâmpada deve estar embutida ou dentro de algum recipiente, e não num acessório saliente, ainda mais se seu banheiro tiver teto baixo.

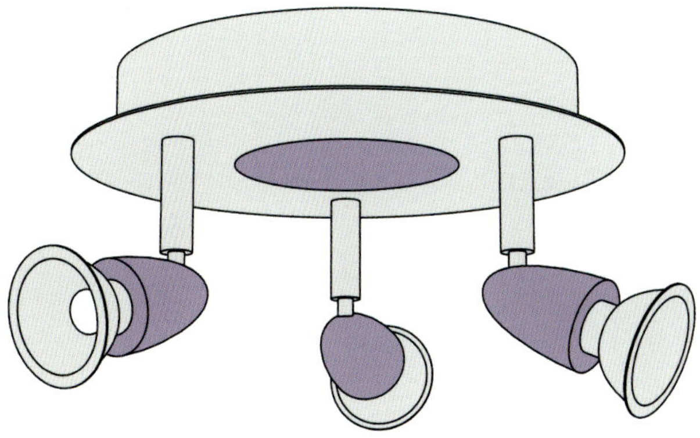

SPOTS

São bons tanto para criar focos de luz quanto para iluminar tarefas realizadas no banheiro; como são móveis, você pode dirigi-los exatamente para o local em que a luz é necessária. Escolha modelos individuais, barras ou painéis com duas a quatro lâmpadas, que podem ser ajustadas independentemente.

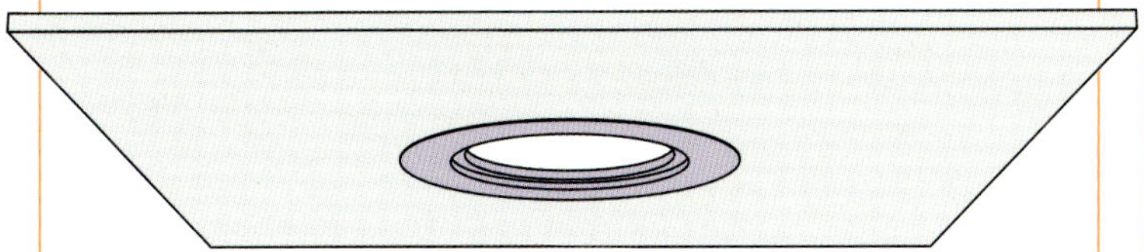

FOCOS EMBUTIDOS

São muito práticos em um banheiro. Seu design limpo os torna perfeitos para locais pequenos ou de teto muito baixo. Se usar luz desse tipo sobre o chuveiro ou a banheira, é bom comprar modelos que venham protegidos dentro de um recipiente.

LUZ DE PISO

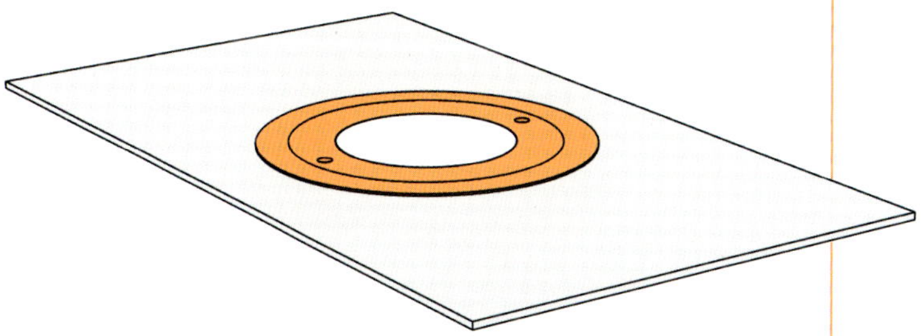

FOCOS EMBUTIDOS DIRECIONADOS PARA CIMA

Embutidos no piso, dão grande destaque às paredes do banheiro. Instale-os perto dos cantos, a fim de criar feixes de luz sutis sobre os revestimentos escolhidos para as paredes. Luz regulável ajuda a controlar a altura em que ela é projetada e criar climas diferentes.

LUZ MONTADA NAS PAREDES

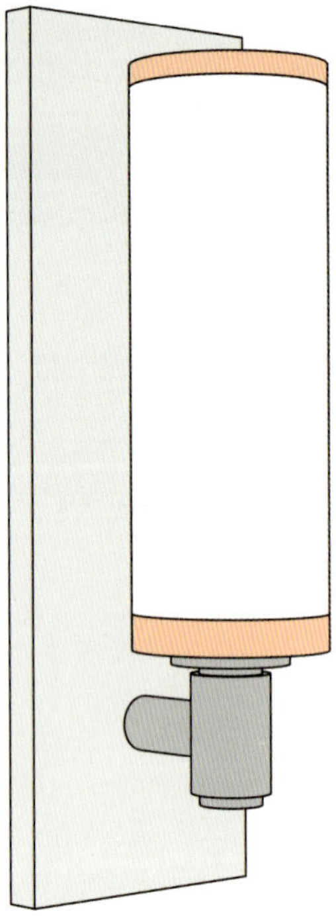

LUZ DE PAREDE

Complementam a luz central do teto e os spots e podem proporcionar uma luz ambiente suave, além de destacar a decoração do banheiro. Instale-as em reentrâncias, como do lado de um espelho ou mesmo acima da banheira.

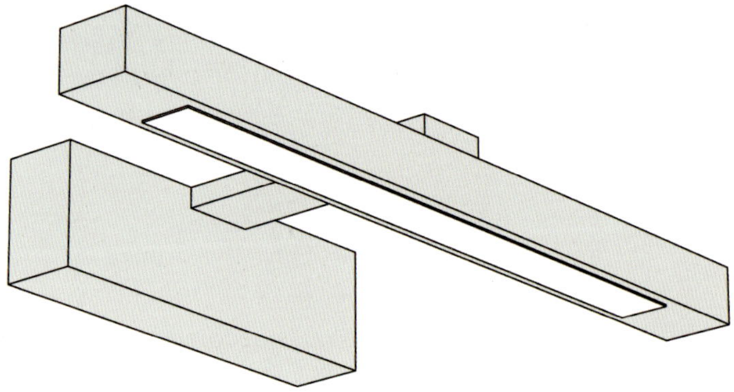

LUZ DO ESPELHO

É essencial para iluminar as tarefas realizadas diante do espelho. Em geral, tem desenho longo e fino e funciona independentemente do resto da iluminação do banheiro. Alguns espelhos de banheiro já têm luz embutida.

ZONAS DE SEGURANÇA

Quando se trata da iluminação do banheiro, a segurança vem em primeiro lugar. Certifique-se de que os acessórios são adequados, seguros de usar e estão na posição correta. Equipamentos elétricos devem ter proteção contra condensação, umidade e respingos de água.

Embora o trabalho deva ser feito por um eletricista qualificado, saber as regras ajuda a escolher melhor os acessórios de iluminação.

Um banheiro tem três "zonas de segurança", que determinam quais luzes podem ser usadas de modo seguro e onde. Elas vão de 0 a 2, sendo que a primeira é a mais úmida:

- **Zona 0**: a que fica dentro do box ou da banheira.

- **Zona 1**: a imediatamente acima da banheira ou do chuveiro, até uma altura de 2,5 m e um raio de 1,2 m da torneira ou do chuveiro.

- **Zona 2**: a área adjacente às zonas 0 e 1, à distância de 60 cm na horizontal e 2,25 m na vertical. Isso inclui a área em volta de qualquer pia ou os parapeitos situados junto à banheira.

- **Não zoneada**: a parte do banheiro fora da Zona 2. Abrange a área debaixo da banheira ou do box, se for fechada e não permitir acesso sem ser com uso de uma ferramenta.

Os acessórios de iluminação do banheiro têm um IP, ou Índice de Proteção, que indica o quanto são resistentes à água, numa classificação de 0 (sem proteção contra líquidos) a 8 (protegido contra imersão sob pressão por períodos prolongados). Compare as zonas com seus IPs para saber que luzes devem ficar em cada lugar. Obviamente, o uso de qualquer dispositivo elétrico na Zona 0 é muito controlado. Os acessórios aqui só poderão ter no máximo 12V e um IP mínimo de 7 (protegido contra imersão em água).

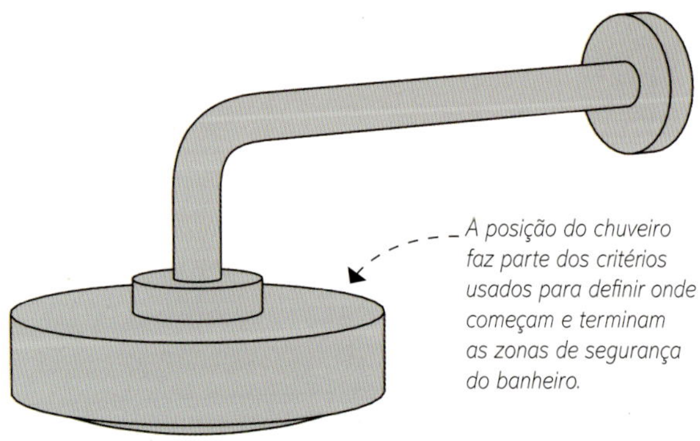

A posição do chuveiro faz parte dos critérios usados para definir onde começam e terminam as zonas de segurança do banheiro.

- **A Zona 1** também tem um controle similarmente rígido. Exige-se um IP mínimo de 4 (proteção contra água espalhada em todas as direções), mas permite-se o uso de dispositivos de iluminação de 240V, desde que cumpram as exigências de IP e tenham instalado um dispositivo de corrente residual (RCD) de 30 mA.

- **Na Zona 2** também se exige um IP de no mínimo 4.

- **Na área não zoneada** são permitidos quaisquer acessórios de iluminação, e não há exigência de IP mínimo, mas, com exceção de barbeadores, são proibidos itens elétricos como luminárias, extensões e secadores de cabelo. Além disso, as luzes principais só podem ser acesas e apagadas por um cordão ou por um interruptor colocado fora do banheiro.

13 ESCOLHA O QUE COLOCAR NAS JANELAS

A decoração das janelas do banheiro precisa oferecer privacidade e deixar entrar sol. Assim, opte por alguma solução que lhe permita abrir e fechar a janela com facilidade, a fim de poder liberar o vapor do ambiente, e que também seja resistente à umidade e produza um bom efeito estético.

1 ESCOLHA O TIPO

O tamanho do seu banheiro e da sua janela serão determinantes ao decidir o tipo de proteção e se você quer algo puramente prático ou uma opção mais decorativa. Escolha um material lavável ou, pelo menos, fácil de lavar.

PERSIANA

As persianas dão às janelas um aspecto elegante, limpo, e são uma boa opção para banheiros pequenos. Escolha um material – madeira, imitação de madeira ou tecido – resistente à umidade e fácil de lavar. Os dispositivos de fixação não devem bloquear muito a luz.

CORTINA

Realmente adequadas apenas a banheiros grandes e bem ventilados, as cortinas devem ser feitas de tecido lavável à máquina e lavadas com frequência, a fim de prevenir mofo. Use uma vara maior que a janela para poder abrir as cortinas totalmente.

VENEZIANA

As venezianas maciças são disponíveis em designs limitados, mas as de lâminas individuais basculantes podem ter vários modelos. São ideais para banheiros, pois pode-se regular a inclinação de abertura das lâminas conforme a necessidade de luz, privacidade e sol.

INSULFILME

O insulfilme oferece privacidade total, sem bloquear toda a luz natural. Pode ser comprado por metro ou encomendado sob medida e é fixado à parte interna da vidraça com uma solução de água e detergente. Pode ser preto ou colorido.

2 ESCOLHA O ESTILO

Ao definir o que colocar na janela do banheiro, leve em conta em certa medida o tamanho do ambiente: quanto menor, mais simples deverá ser a solução – e o padrão que contenha. Procure combinar também com o estilo da louça sanitária.

PERSIANA

ROMANA

A não ser que seu banheiro seja muito bem ventilado, a persiana romana deve ter tecido não suscetível a mofar em ambientes quentes e úmidos. A vantagem é que ela permite acrescentar algum padrão a um ambiente que de outro modo ficaria muito sem graça. Mas, se os azulejos já tiverem um padrão, use tecido liso.

ROLÔ

Persianas de enrolar são uma alternativa barata e, para quem é relativamente habilidoso, são fáceis de instalar. É possível encomendá-las sob medida, se bem que a maioria das que vêm prontas pode ser cortada. Escolha as que forem feitas com tecido resistente à umidade.

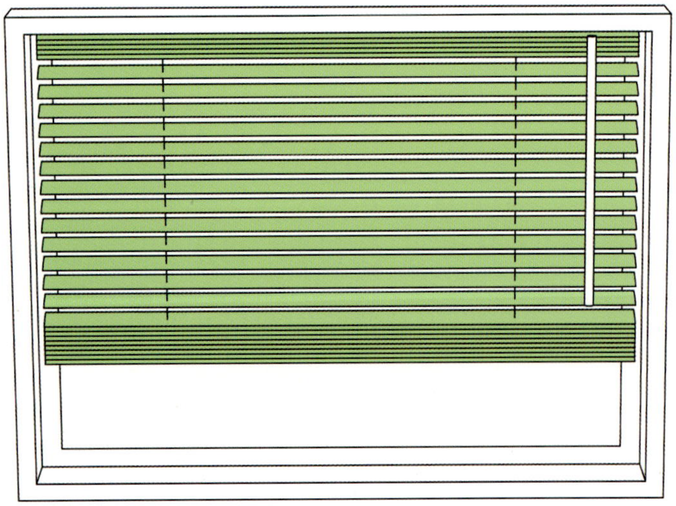

COM LÂMINAS HORIZONTAIS

Podem ser de lâminas de metal ou madeira, com inclinação ajustável, que permite controlar a quantidade de luz que entra pela janela, além de oferecer privacidade. São disponíveis em vários materiais, cores e larguras das lâminas.

COM LÂMINAS VERTICAIS

Mais adequadas a banheiros modernos, que tenham janelas maiores, são feitas com longas lâminas de tecido que você pode inclinar ou puxar. Vêm em várias cores e tecidos; procure os resistentes a umidade e mofo.

VENEZIANA

MACIÇA

Projetadas para serem fechadas à noite e ficarem dobradas contra a parede de dia, ocupam a altura inteira da janela. Há modelos de meia altura ou três quartos, que mesmo ficando fechadas o tempo todo por privacidade ainda deixam entrar luz.

DE RIPAS REGULÁVEIS

A persiana de ripas basculantes reguláveis é uma boa opção para banheiros. As melhores são as do tipo metade sobre metade, ou seja, com duas seções horizontais que podem ser controladas independentemente. São disponíveis em grande gama de madeiras e acabamentos.

CORTINA

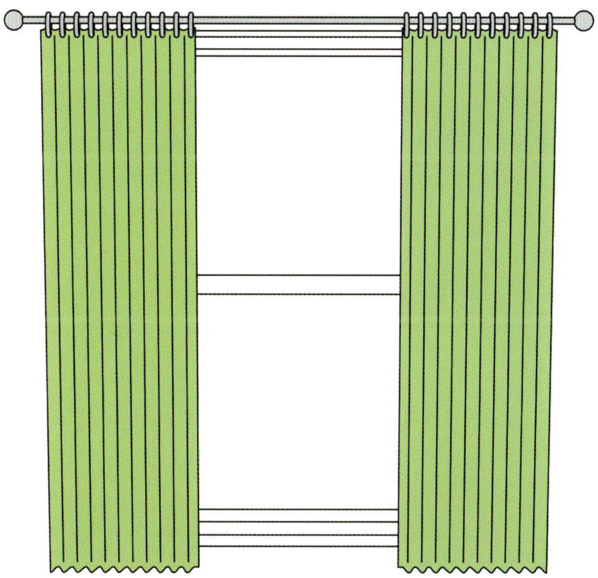

NA ALTURA DO PARAPEITO

As cortinas de algodão até a altura do parapeito – ou um pouco abaixo dele – podem ser usadas para acrescentar um tema decorativo ao seu banheiro. Por exemplo, uma estampa de flores dará ao ambiente um toque rural, enquanto listras azuis e brancas podem transmitir uma atmosfera náutica. Você pode combiná-las com uma persiana ou com insulfilme, para garantir maior privacidade.

INSULFILME

LISO OU ESTAMPADO

Se a janela do seu banheiro dá direto para o vizinho, use um insulfilme normal ou colorido para obscurecer a vidraça. Em banheiros situados mais no alto, mais protegidos de olhares, escolha um modelo com algum desenho recortado, como pontos, estrelas ou motivos náuticos, para dar um toque mais decorativo.

FAÇA
UMA PERSIANA DE ENROLAR

Uma opção simples, mas com estilo, é colocar na janela uma persiana de enrolar, tipo rolô, feita à mão. Antes de fazê-la, decida se quer que ela role a partir do fundo e se encaixe no vão da janela, ou pela frente, para pender diante dela. Defina também de que lado irá o mecanismo da polia.

VOCÊ PRECISA DE:

- Kit de persiana rolô
- Chave de fenda
- Régua ou fita métrica
- Serra manual
- Tecido
- Tesoura
- Endurecedor de tecido
- Ferro de passar roupa
- Esquadro
- Máquina de costura, ou agulha e linha
- Lápis
- Fita dupla face

1 FIXE OS SUPORTES

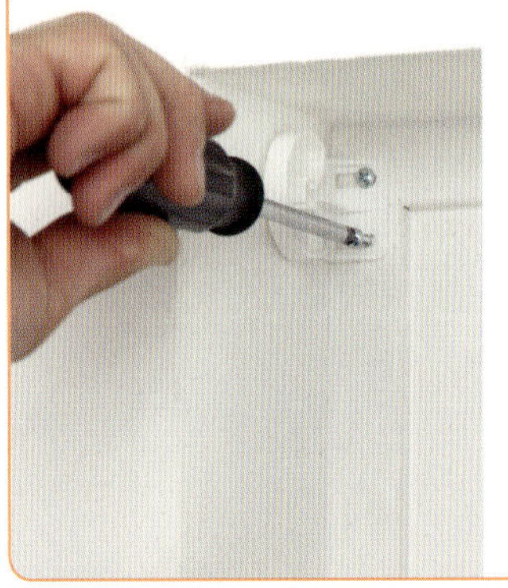

1 PARAFUSE OS SUPORTES na parte interna da janela, no alto, um de cada lado. Com régua ou fita métrica, se for necessário, cheque se os dois estão na mesma altura.

2 CORTE O ROLO com uma serra e veja se encaixa bem nos suportes.

2 PREPARE O TECIDO

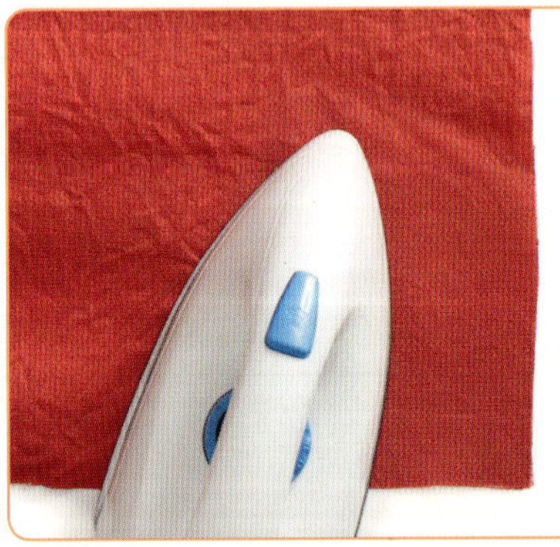

1 CORTE O TECIDO para que se encaixe no vão da janela, acrescentando 30cm ao comprimento (para a bainha e para garantir que cubra o rolo), e mais 5cm tanto à largura quanto ao comprimento (para o caso de encolher quando for endurecido). Endureça o tecido, seguindo as instruções do fabricante, e deixe secar. Passe a ferro ou siga as instruções do fabricante.

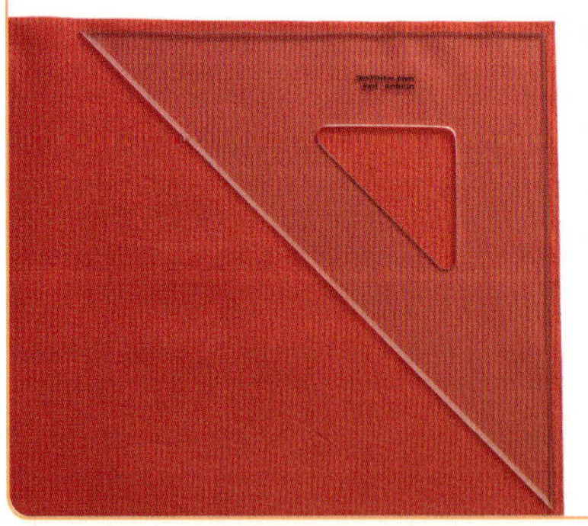

2 CORTE O TECIDO endurecido no tamanho exato, usando um esquadro para garantir que os cantos fiquem absolutamente em ângulo reto. A largura deve ser idêntica à do rolo (sem contar os suportes).

3 COSTURE A BAINHA

1 ESTENDA O TECIDO numa superfície plana, com o lado direito virado para baixo. Para fazer a bainha que abriga a barra de peso, meça a largura da barra e dobre a parte de baixo do tecido sobre ela mesma, criando um vão um pouco maior que a largura da barra. Costure essa borda para prender o tecido.

2 COM UMA SERRA, corte a barra de peso 2cm mais curta que a largura da persiana. Encaixe-a na dobra costurada do tecido.

4 PRENDA O TECIDO

1 **ESTENDA O TECIDO** sobre uma superfície plana, com o lado avesso para baixo se a persiana for desenrolar a partir da parte de trás do rolo, ou o direito, se for rolar à frente dele. Marque uma linha horizontal a 12mm da beirada de cima do tecido.

2 **COLE UM PEDAÇO** de fita dupla face na beirada de cima da persiana ao longo da linha marcada.

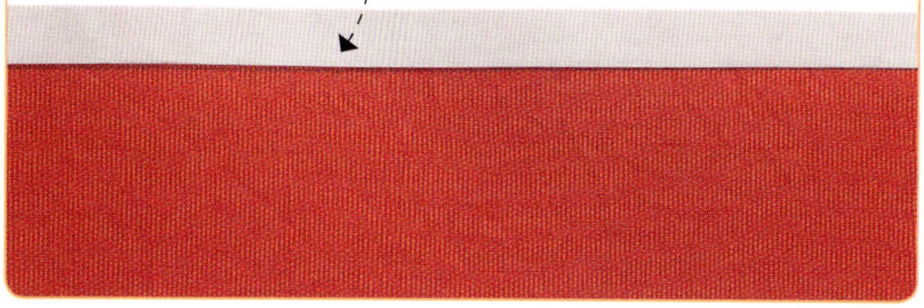

3 **COLOQUE O ROLO** sobre uma superfície plana com a polia do lado certo. Marque a lápis uma linha pela extensão do rolo – bem na horizontal, senão o tecido irá pender torto.

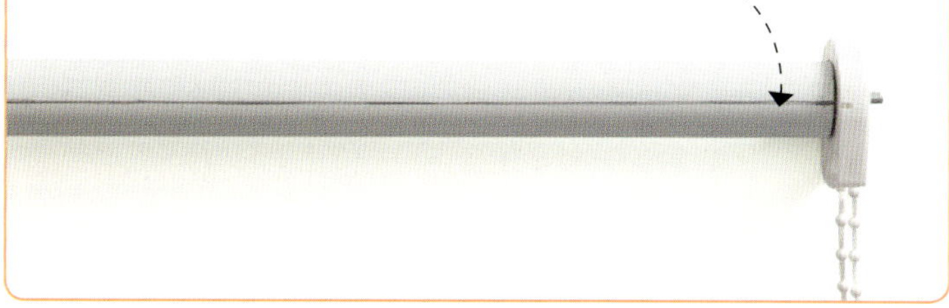

4 **REMOVA O FILME DE PROTEÇÃO** da fita adesiva. Para prender o tecido ao rolo, pressione sua beirada de cima, com a fita para baixo, em cima do rolo, acompanhando a linha marcada. Fixe o tecido por cima se a persiana for deslizar por trás do rolo, ou por baixo, se for rolar pela frente.

5 MONTE O ROLO

ENROLE O TECIDO à mão e encaixe o rolo nos suportes. Se necessário, puxe a persiana para cima e para baixo usando a polia até chegar à tensão correta.

SEIS MANEIRAS DE **RENOVAR O BANHEIRO**

Para dar ao banheiro um novo visual sem ter que revisar o layout ou trocar louça sanitária, piso e azulejos, basta fazer algumas mudanças simples, que em geral são concluídas facilmente em uma semana.

ESPELHOS

Pendure espelhos de diferentes tamanhos e formatos numa das paredes. Disponha-os em alturas diferentes e agrupe-os em números ímpares, para criar uma coleção com estilo.

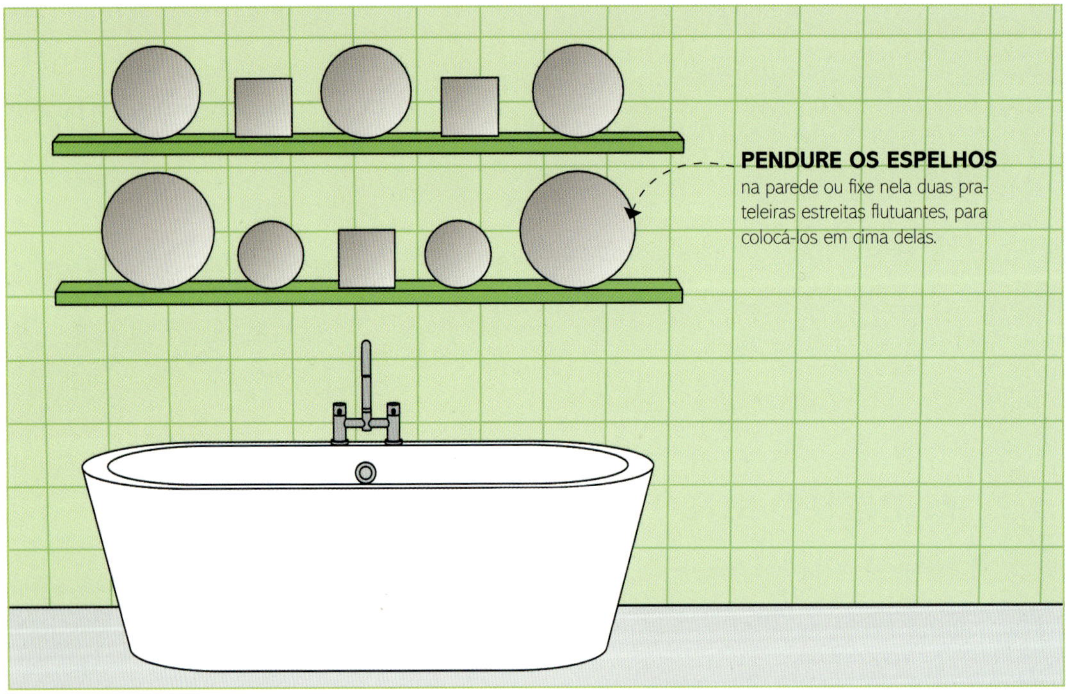

PENDURE OS ESPELHOS na parede ou fixe nela duas prateleiras estreitas flutuantes, para colocá-los em cima delas.

PAPEL DE PAREDE

Crie uma parede especial usando papel de parede de vinil, resistente à umidade, ou então use o modelo padrão com um vidro transparente por cima, como proteção.

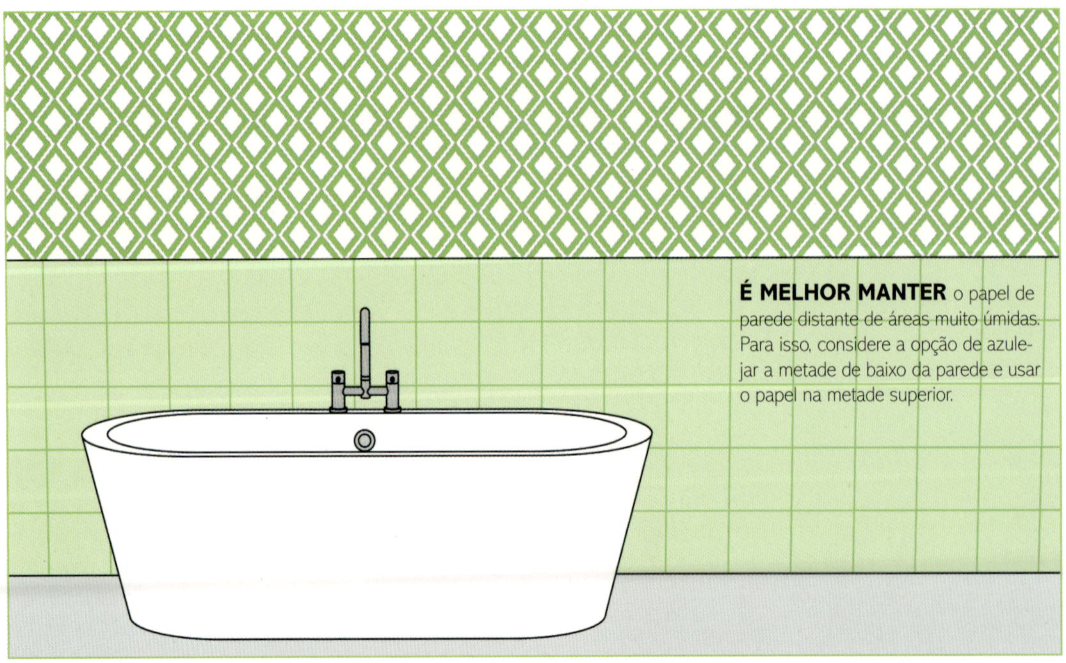

É MELHOR MANTER o papel de parede distante de áreas muito úmidas. Para isso, considere a opção de azulejar a metade de baixo da parede e usar o papel na metade superior.

CORTINA DO CHUVEIRO

Trocar a cortina do chuveiro é algo fácil e rápido e pode fazer uma grande diferença no visual do seu banheiro.

ESCOLHA UMA CORTINA de chuveiro lavável à máquina, para poder mantê-la sempre como nova.

LAMBRI

O painel de madeira é útil para cobrir paredes velhas ou azulejos feios, mas que ainda estão colados. Pinte com tinta resistente à umidade.

DÊ ACABAMENTO à parte de cima do lambri colocando uma prateleira estreita para pôr frascos e fotografias.

PAREDE EM DESTAQUE

Pinte uma das paredes de uma nova cor para realçar o visual. Se seu banheiro for pequeno, escolha uma cor clara.

ESCOLHA TINTA própria para banheiro, que irá repelir melhor a umidade.

DECORAÇÃO DA JANELA

Atualize sua janela com uma nova decoração. Escolha, por exemplo, uma persiana rolô colorida ou um insulfilme com motivo decorativo.

SE USAR TECIDO nas janelas, certifique-se de que é resistente a mofo – precaução obrigatória num banheiro.

PLANEJE
UM BANHEIRO DE SUÍTE

Se você acrescentar um banheiro ao seu dormitório, tente ligar visualmente os dois espaços, para que pareçam coordenados e funcionais. Há várias maneiras de fazer isso, umas mais sutis que as outras, na hora de escolher os adereços do banheiro. Siga essas dicas e saiba como.

COMPLETE ACESSÓRIOS

O quarto é um espaço muito pessoal, e não há razão para que o banheiro não seja também. Você pode deixá-lo mais acolhedor com quadros na parede, frascos bonitos à mostra ou toalhas que complementem o esquema de cores.

DECORE AS JANELAS

É bom que as janelas do banheiro combinem com o que há no quarto, mas não é prático pôr cortinas pesadas ou persianas vistosas num banheiro pequeno, pois aqui o essencial é ter muita luz. Escolha uma persiana do mesmo material da cortina do quarto, ou repita uma de suas cores. Se o quarto é contemporâneo, o banheiro não precisa combinar exatamente com ele. Usar insulfilme ou venezianas também pode criar um bom efeito.

OPTE POR VIDROS

O que você usar para fechar a área do chuveiro terá muito impacto na sensação de espaço. Evite colocar cortinas no box ou na banheira, pois ocupa muito espaço e tende a não ser eficiente. Do mesmo modo, painéis foscos ou estampados irão dividir visualmente o espaço, fazendo-o parecer menor. A melhor escolha é colocar vidros lisos e transparentes.

ESCOLHA BEM O PISO

Escolha um piso de banheiro que combine com o do quarto. Não precisa ser do mesmo material (carpete não faz muito sentido no banheiro, por exemplo), mas se achar ladrilhos, borracha ou mesmo vinil num tom similar ao usado no piso do quarto, os dois espaços irão se fundir de maneira fluente.

DEPENDURE UM ESPELHO

Para um visual equilibrado, o espelho deve ter mais ou menos a mesma largura da pia. Mas se quiser que o espaço pareça maior, pense em cobrir a parede toda de painéis espelhados ou de vidro antigo. Se tiver banheira, envidrace a parede acima dela ou coloque um espelho grande. Como dica geral, um espelho do lado da janela ou na parede oposta a ela aumenta a luz refletida no ambiente.

CRIE UMA BOA ILUMINAÇÃO

No quarto, a iluminação pode ser suave, mas o banheiro precisa replicar a luz do dia para que você possa enxergar bem o que estiver fazendo. A boa iluminação também cria ilusão de espaço. Use spots embutidos acima da pia e do chuveiro ou banheira. Lâmpadas adicionais em volta do espelho também podem ser úteis.

DEFINA UM ESQUEMA DE CORES

Se você quer que o banheiro pareça espaçoso, escolha um tom mais claro do que a cor utilizada nas paredes do quarto. Se o quarto é discreto, você pode quebrar todas as regras e adotar um esquema ousado para o banheiro, com cores vivas ou azulejos decorados. Qualquer coisa com brilho irá sutilmente refletir a luz e aumentar a sensação de espaço.

GUARDE BEM AS COISAS

Se o banheiro serve também como área para se vestir, é bom que tenha boas soluções para guardar suas coisas. Prateleiras abertas são práticas, mas podem criar impressão de bagunça e fazer o ambiente parecer pequeno. Se tiver espaço, opte por armários de parede, não muito fundos, com portas que escondam o que você não quer mostrar. Um toucador para a pia também pode oferecer precioso espaço de armazenagem.

ESCOLHA A MOBÍLIA

É fundamental escolher bem a mobília para o banheiro. Por exemplo, um dormitório com móveis tradicionais e banheiro de estilo contemporâneo irá produzir um impacto. Por isso, faça questão de que qualquer móvel, como uma penteadeira, combine com o estilo do quarto. Talvez precise fazer adaptações na mobília, como pintá-la ou aplicar uma camada de verniz para que fique mais resistente à umidade.

SALA DE ESTAR

1 O QUE FAZER PARA RENOVAR A SALA DE ESTAR

Se você está decorando sua sala de estar partindo do zero, é fundamental fazer as coisas numa determinada ordem. Se seguir a abordagem sistemática proposta aqui, evitará estragar os trabalhos que já tiverem sido feitos e poupará dinheiro. Siga o plano sugerido a seguir para fazer tudo bem feito desde o início.

1 CALCULE SEU ORÇAMENTO

Quanto você pode gastar para obter o efeito que deseja? Se seu orçamento é apertado, concentre-se no básico – portas, piso, iluminação – e renove os acessórios mais baratos depois. Reserve pelo menos 10% do orçamento para despesas adicionais.

2 PLANEJE O LAYOUT

Desenhe uma planta básica da sala, com as portas e paredes que serão movidas ou eliminadas, janelas, lareira e o lugar de tomadas, luzes, interruptores, TV, som e entrada de telefone.

3 PENSE NA REFRIGERAÇÃO

Se estiver refazendo o sistema de ar-condicionado, veja se a posição do equipamento atual é a melhor possível e se ele funciona de modo eficiente. A remoção de paredes ou portas significa que precisará diminuir a refrigeração? Ou será melhor trocar de vez o sistema atual por outro?

4 CONTATE OS PROFISSIONAIS

Peça os orçamentos para eletricista, carpinteiro, gesseiro, instalador do ar-condicionado e decorador. Se for derrubar paredes, contate também um empreiteiro. Pergunte a cada um se o trabalho dos demais irá interferir no do outro, para poder agendar cada um na hora certa.

5 PROVIDENCIE O ALVARÁ

Se for fazer mudanças estruturais, providencie o alvará na prefeitura. Um empreiteiro pode orientá-lo sobre como fazer isso.

6 FAÇA SEUS PEDIDOS

Aprovados os orçamentos, faça os pedidos de piso, portas e carpintaria. Tinta, papel de parede, tapetes e luminárias podem ficar para depois.

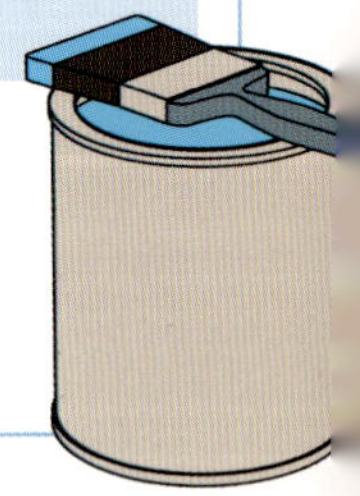

7 PREPARE O LOCAL

Remova o papel de parede (se houver) para ver se há a necessidade de algum remendo ou mesmo de refazer totalmente o reboco. Tire piso antigo, lambris, molduras danificadas, fiação elétrica antiga (se for o caso), tubulações e paredes que você decidiu demolir. Certifique-se de que a remoção não colocará em risco sua segurança.

8 INSTALE O AR-CONDICIONADO

Instale a tubulação do sistema de ar-condicionado.

9 INSTALE A PARTE ELÉTRICA

O eletricista irá passar os cabos sob o piso e pelo interior das paredes e do teto para todos os aparelhos elétricos. Se tiver alarme antirroubo, aproveite para instalar a fiação agora.

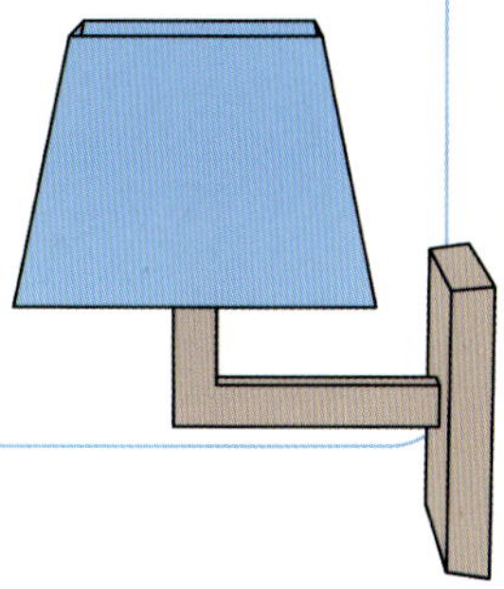

10 INSTALE A LAREIRA

Se decidir ter uma lareira em casa, a fiação, a tubulação e a chaminé devem ser feitas agora, e os complementos deixados para depois que o gesseiro terminar seu trabalho.

11 INSTALE AS NOVAS JANELAS

Instale as novas janelas ou prepare as atuais para que já fiquem prontas para serem pintadas.

12 FAÇA O REBOCO DAS PAREDES E DO TETO

O trabalho de reboco deve ser feito por um profissional. Deixe secar por duas semanas e depois chame o gesseiro para fazer as molduras e demais detalhes.

13 APLIQUE O PISO

Aplique os ladrilhos ou o piso de madeira – ou uma base do piso, se for carpetar.

14 CUIDE DA PARTE DE MARCENARIA

Depois que o reboco e o gesso secarem, instale rodapés, vigas, batentes de portas e corrimãos. Cheque se o profissional sabe por onde passam os tubos e a fiação.

15 DECORE

Corrija rachaduras, pinte tetos, paredes, batentes e portas – nessa ordem.

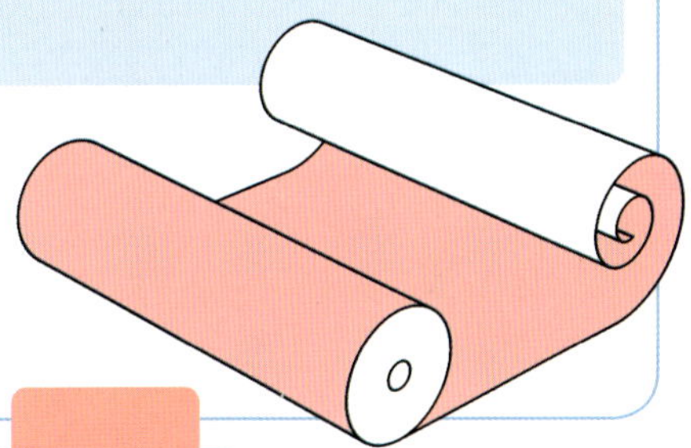

16 FINALIZE AS INSTALAÇÕES

O eletricista e o pessoal do ar-condicionado podem voltar agora para finalizar a instalação e colocar as luminárias, os interruptores e as tomadas.

17 DÊ OS TOQUES FINAIS

Instale as varas para cortinas ou persianas e os adereços das portas. Coloque os tapetes.

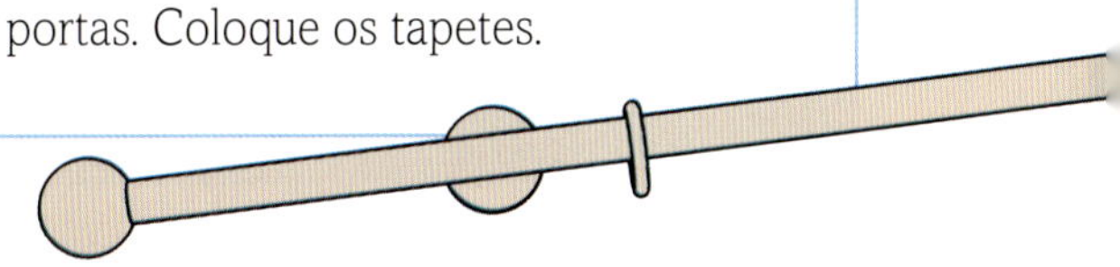

COMO TINGIR **UM PISO DE MADEIRA**

Se quiser dar às suas tábuas de pinho a aparência de um refinado mogno ou nogueira, ou recuperar a aparência de um piso desgastado, use um pigmento para madeira. Prepare o cômodo vedando as portas com fita para que a poeira não vaze para o resto da casa e abra as janelas para dar maior ventilação.

VOCÊ PRECISA DE:

- Martelo
- Massa de madeira (opcional)
- Máscara de rosto
- Lixadeira profissional
- Aspirador ou vassoura e pá
- Luvas de proteção
- Pano
- Removedor
- Fita crepe
- Pigmento para madeira
- Pincel grande
- Verniz para madeira clara

1 PREPARE O PISO

CHEQUE OS PREGOS DAS TÁBUAS, remova os que estiverem tortos ou com aspecto feio e martele os salientes. Preencha rachaduras e fendas com massa de madeira.

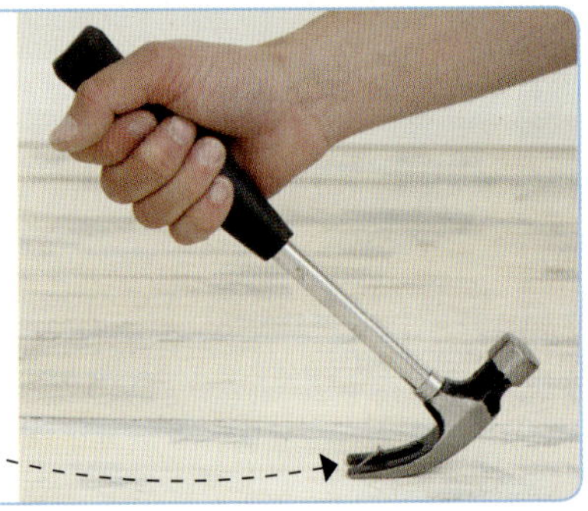

2 LIXE AS TÁBUAS

LIXE O PISO, usando uma máscara de rosto para proteger os pulmões da poeira. Siga o veio da madeira, movendo a máquina para a frente e para trás no sentido do comprimento das tábuas, a fim de obter um bom acabamento.

3 LIMPE COM REMOVEDOR

TIRE O PÓ com um aspirador ou uma vassoura. Coloque então luvas de proteção e esfregue as tábuas com um pano embebido em removedor.

4 PROTEJA COM FITA

PASSE FITA DE VEDAÇÃO nas bases dos rodapés para protegê-los do pigmento e do verniz que serão aplicados.

5 TINJA A MADEIRA

APLIQUE O PIGMENTO com um pano, trabalhando em trechos curtos do piso. Se as tábuas forem muito claras, ou relativamente novas, tinja também suas laterais usando um pincel e depois remova o excesso de pigmento com um pano. Em seguida, aplique o pigmento no resto do piso da maneira usual.

6 APLIQUE VERNIZ

DEPENDENDO DA PROFUNDIDADE DE COR que você deseja, ou se o piso ficar um pouco irregular, repita o processo de tingimento. Por fim, dê umas duas mãos de verniz claro (siga as instruções do fabricante). Use pincel nos cantos e nas áreas pequenas, e um rolinho nas áreas maiores.

5 ESCOLHA O REVESTIMENTO DAS PAREDES

Você não precisa se limitar a apenas um tipo de decoração de parede para a sala – uma combinação de dois ou três pode dar ao ambiente uma aparência bem mais interessante. Escolha material e design adequados ao estilo e época de sua casa e que não cansem a longo prazo.

1 ESCOLHA O MATERIAL

Sua sala sempre estará sujeita ao desgaste pelo uso, ainda mais se você tiver crianças; por isso, procure os acabamentos mais resistentes que encontrar: tinta ou papel de parede (fáceis de lavar) ou revestimento de madeira (fácil de retocar e reparar).

TINTA

Com a grande gama de cores de tinta disponível pode-se criar quase todo tipo de ambiente de modo rápido e barato. As paredes têm de estar em bom estado para que a pintura faça o efeito desejado, pois ela não disfarça rachaduras ou irregularidades. Dê duas ou três mãos.

REVESTIMENTO DE MADEIRA

Os revestimentos de madeira criam ambientes de estilos diversos, desde os lambris tradicionais de madeira maciça ou compensado até os de madeira canelada ou os painéis entalhados, de ar retrô. Quase todos podem ser tingidos, envernizados ou pintados.

PAPEL DE PAREDE

O papel de parede está disponível em muitos acabamentos e cores, lisos ou com padrões. Os lisos têm uma superfície mais resistente do que o reboco pintado; os estampados realçam paredes nuas; e os texturizados são bons para paredes irregulares.

DICAS

- **Prepare bem as paredes.** Tanto ao pintá-las como ao usar papel de parede, rachaduras e buracos têm de ser preenchidos e lixados, e as irregularidades, eliminadas.
- **Tem papel de parede suficiente?** Compre 10% a mais e certifique-se de que é do mesmo lote, para que a cor fique uniforme. Se usar um modelo estampado, veja se tem papel adicional suficiente para poder repetir o padrão.
- **Se for aplicar** lambris às suas paredes, use um detector de canos e cabos elétricos para checar onde eles estão situados por dentro do reboco.

2 ESCOLHA O TIPO

Há muitos tipos de tinta, cada um produzindo um efeito diferente. O papel de parede também está disponível em vários acabamentos e texturas. Se decidir usar outros revestimentos, escolha algo que, além de ter bom aspecto, seja prático.

TINTA

FOSCA

A tinta fosca à base de água funciona bem tanto em salas de estilo moderno como tradicional e é disponível em muitas cores. Os preços variam muito.

ACETINADA OU BRILHANTE

É uma boa opção de preço médio para a sala, pois as marcas em sua superfície são fáceis de remover. Seu brilho sutil pode ajudar a refletir a luz na sala.

METÁLICA

Tem preço médio e dá um toque de refinamento. Há grande disponibilidade de cores. Experimente usá-la numa parede diferenciada, como a da lareira.

AVELUDADA

Essa tinta de preço médio tem grãos minúsculos que produzem um efeito aveludado. Para conseguir a textura ideal, aplique em pinceladas curtas aleatórias.

PAPEL DE PAREDE

LISO OU ESTAMPADO

Em paredes com rachaduras superficiais finas, você pode usar papel liso em vez de tinta. O estampado vem em muitas cores e desenhos; os preços variam bastante.

COM RELEVOS

Com textura de veludo em relevo e preço de médio a alto, esse papel é oferecido em cores vivas, que criam forte impacto. É mais caro do que o tipo padrão.

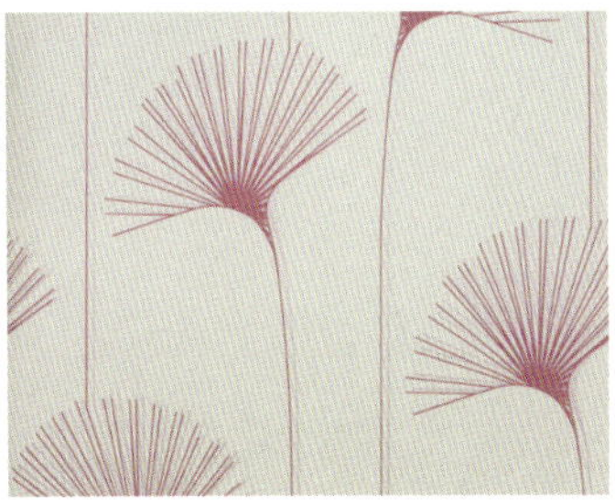

METÁLICO

Papéis estampados com um brilho metálico ajudam a refletir a luz pela sala e são ideais para ambientes pequenos e escuros. O preço varia de médio a alto.

TEXTURIZADO

Os texturizados ficam na faixa de preço média e têm vários tipos de textura em relevo. Alguns combinam o relevo com estampas padronizadas.

REVESTIMENTO DE MADEIRA

FAIXAS CANELADAS

Seu preço é de baixo a médio. Podem ser de pinho ou em placas de fibra. Em geral cobrem a metade de baixo da parede, mas também podem revesti-la do teto ao chão.

CHAPEADA

Dá um toque de época e fica na faixa de preço de média a alta. A melhor opção é a madeira chapeada quente sobre uma fina placa de fibra de densidade média (MDF).

PAINÉIS

Têm preço médio e funcionam bem em salas de estilo contemporâneo ou mais rural. Pinte-os com tinta sedosa, que combine com a cor dos rodapés.

PINTE AS
PAREDES

A tecnologia usada nas tintas atuais faz com que elas sejam bem superiores às antigas (que tinham de ser aplicadas num sentido, depois no outro); por isso, hoje é mais fácil obter um bom acabamento. Mas talvez você precise passar várias demãos, dependendo da qualidade e cor da tinta e da cor original da parede.

VOCÊ PRECISA DE:

- Folhas de jornal
- Fita crepe
- Massa de madeira e lixa (opcional)
- Sabão em pó
- Esponja
- Tinta
- Pincel pequeno ou de tamanho médio
- Rolo e bandeja

1 PREPARE A ÁREA

USE JORNAL para cobrir o chão e a mobília. Cubra a parte de cima do rodapé com fita crepe. Preencha e lixe buracos e imperfeições das paredes para que fiquem bem lisas e aceitem melhor a tinta.

2 LIMPE AS PAREDES

SE TIVER RETIRADO o papel de parede, esfregue uma esponja com sabão em pó para remover resíduos de cola. Caso contrário, ela pode se misturar à tinta e impedir o bom acabamento.

3 PINTE OS CANTOS DAS PAREDES

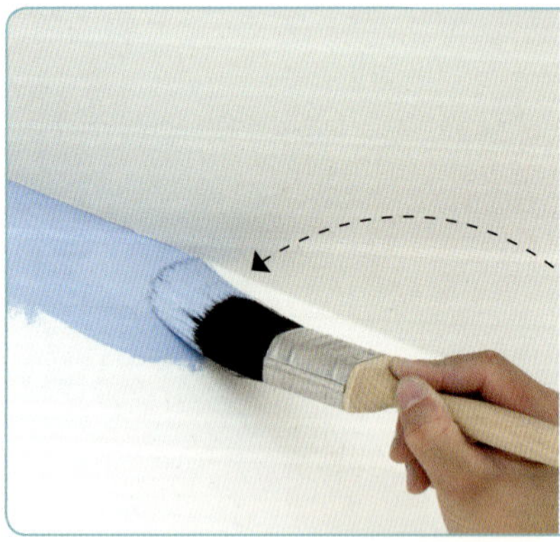

1 COM CUIDADO, PINTE o canto de cima da parede, na junção com o teto, usando um pincel. Mantenha uma velocidade constante (e não devagar demais), para que a tinta se espalhe de modo uniforme e sua mão não trema.

2 PINTE A PARTE DE BAIXO da parede, na junção com o rodapé. A fita irá protegê-lo de excessos de tinta que possam manchá-lo.

3 PINTE OS CANTOS DA PAREDE e os das paredes adjacentes. Com o mesmo pincel, pinte faixas laterais verticais nelas.

4 PINTE A ÁREA RESTANTE DAS PAREDES

1 USE UM ROLO LARGO para cobrir de tinta a área restante da parede. Ele garante que a tinta seja aplicada densa e uniformemente, além de dar uma textura sutil ao acabamento.

2 VIRE O ROLO DE LADO e pinte a área superior e inferior da parede. Siga as instruções do fabricante sobre o tempo de secagem da primeira demão de tinta e aplique uma segunda.

SEIS OPÇÕES DE **PAREDES ESPECIAIS**

Todo ambiente, e especialmente uma sala de estar, precisa de um ponto focal. Para isso, você pode criar uma parede especial, que ajude a dar coerência ao seu projeto decorativo. Se tiver um tema, época, estilo ou cor particular para sua sala, use-os como ponto de partida para criar essa parede.

PAPEL DE PAREDE

É útil para criar um painel ou uma parede inteira de uma cor que se harmonize com as cores das demais.

ESPELHOS

Uma parede estreita pode ficar mais atraente com vários espelhos dispostos na vertical. Números ímpares criam efeito mais agradável.

UM EFEITO SIMILAR pode ser criado também com fotografias.

ADESIVOS

Adesivos para paredes mudam o visual do ambiente de um jeito rápido e não exigem que você seja muito criativo.

PRATOS DECORATIVOS

Pendure pratos de vários estilos, formatos e desenhos. Para que fiquem coerentes, restrinja-se a uma paleta de no máximo quatro cores.

FOTOGRAFIAS

Crie uma pequena galeria com molduras de vários tamanhos, que combinem na cor e no estilo. Fotos em preto e branco dão unidade.

PAINEL DE MADEIRA

Quadrados ou retângulos de MDF podem ser pintados ou cobertos com lâminas de madeira para criar um painel decorativo.

6 ESCOLHA O SOFÁ

Você pode ficar tentado a escolher o sofá só por seu aspecto e tamanho, mas é bom checar também sua estrutura para ter ideia da durabilidade. Os melhores sofás são feitos com madeira de lei, molas helicoidais e estofamento de lã; os piores, com madeira mole, ripas (em vez de molas) e espuma.

1 DECIDA O TAMANHO

Há sofás de todos os tamanhos, desde compactos de dois lugares até de parede inteira para acomodar toda a família. Meça seu espaço e avalie que tamanho de sofá funcionará melhor para você. Faça, então, um molde em papel-jornal nessas dimensões. Após uns dois dias de convívio com esse molde, saberá se esse é mesmo o tamanho ideal.

2 ESCOLHA O ESTILO

O sofá é um dos destaques de uma sala de estar, e seu design define muito o estilo do ambiente. Se for montar uma sala de época, fique no modelo tradicional, mas se seu gosto é mais contemporâneo, vale a pena combinar o antigo e o novo.

CLÁSSICO

O sofá clássico é ideal para uma sala tradicional e costuma ser usado para sentar, e não para deitar. Examine detalhes como a maciez do estofado, o ângulo dos braços e pernas – normalmente de madeira e em curva. Cores escuras e revestimento listrado ou xadrez dão um toque mais formal.

CHESTERFIELD

Esse é um dos designs mais tradicionais, mas também vai bem com salas contemporâneas. A altura e a inclinação do encosto e dos braços mostram que é confortável para se sentar, embora nem tanto para ficar deitado.

CONTEMPORÂNEO

Sofás atuais combinam com salas de ar minimalista. Prefira formas quadradas, assentos firmes e pés básicos, de madeira ou metal. O encosto baixo dá um tom informal. Espalhe umas almofadas, se quiser reclinar-se à vontade.

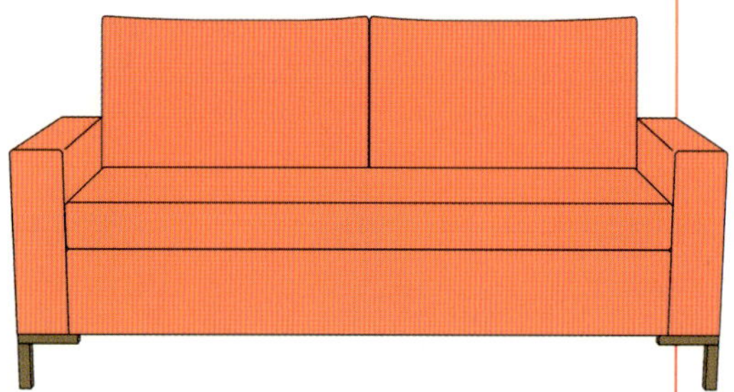

TRADICIONAL

Esse estilo de sofá é bem difundido entre famílias, com seu encosto alto e braços que podem ser retos ou com leve curva. Os assentos e encostos em geral têm enchimento de espuma, pois o conforto nesse caso é prioridade.

COM BOTÕES

Botões no encosto ou no assento dão um toque tradicional a esse sofá, adequado para casas de estilo antigo. Ou escolha um modelo de linhas angulosas para criar contraste num esquema mais contemporâneo.

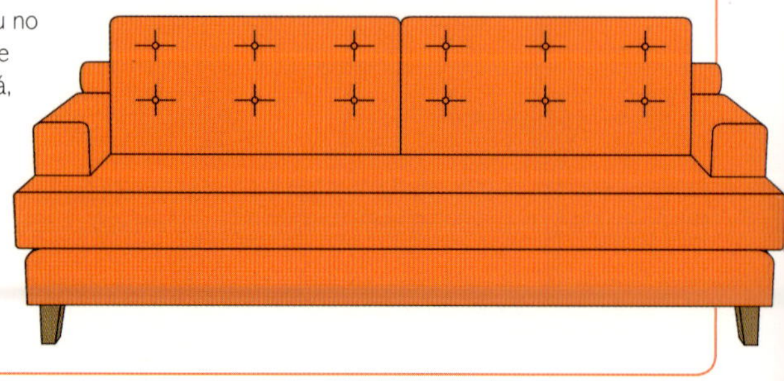

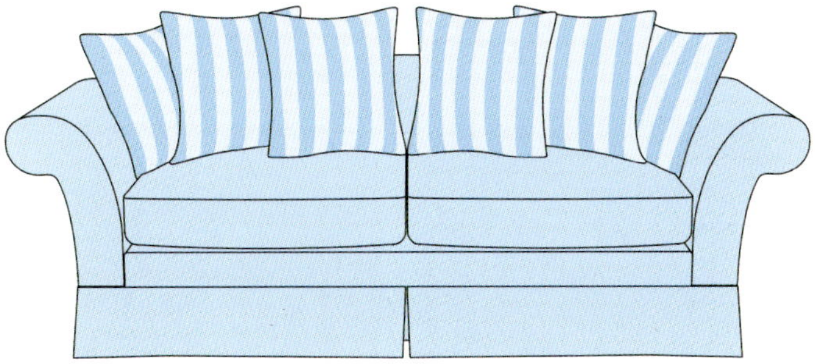

INFORMAL

O tipo informal de sofá tem pés escondidos sob uma saia e várias almofadas no lugar de encostos maiores, estofados. Esse modelo é para quem prioriza mais o conforto do que a aparência. As almofadas precisam de periódicos preenchimentos para manter a forma.

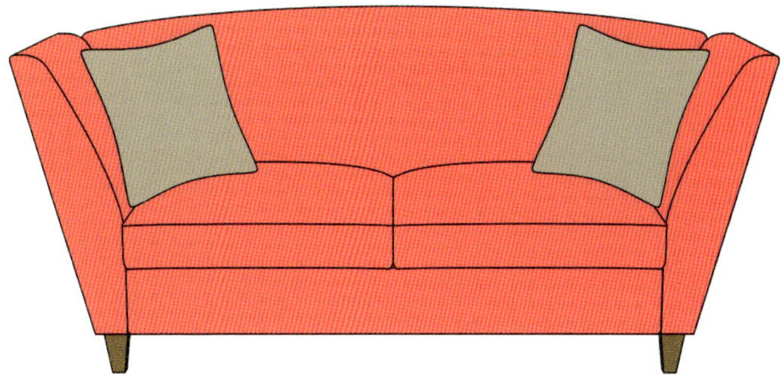

COM ENCOSTO CURVO

A meio caminho entre o sofá contemporâneo e o tradicional, esse modelo formal tem um encosto alto em curva que emenda com os braços, levemente angulados, o que é um formato ideal para quem gosta de ficar reclinado.

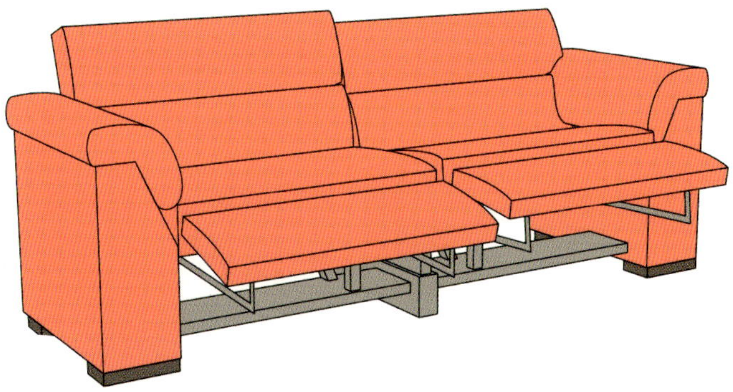

RECLINÁVEL

Esse tipo de sofá tem assentos reclináveis independentes e um descanso para os pés que se ergue para que você possa ficar deitado confortavelmente. Há modelos de dois e três assentos, com um ou dois deles reclináveis.

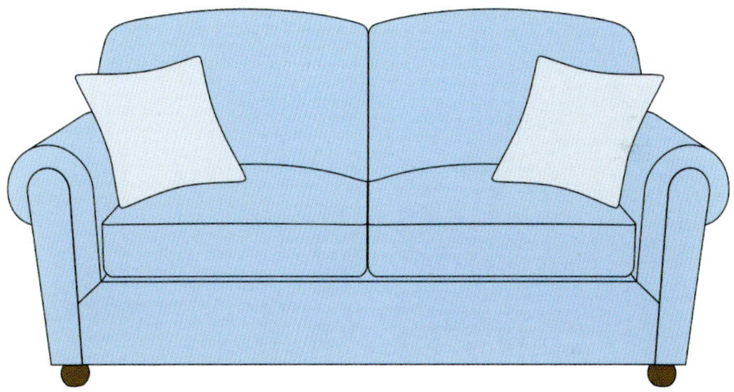

ESTILO CASA DE CAMPO

A ênfase desse tipo de sofá é no conforto. É curvilíneo, com almofadas fofas e braços em curva, e costuma ser estofado com tecidos estampados – em geral com motivos florais. Com frequência, é usado com capas de proteção.

DE CANTO

Os sofás em L são mais adequados para salas grandes, nas quais podem ocupar duas paredes, preenchendo um canto que de outro modo talvez ficasse ocioso, ou então posicionados no meio da sala para separar a área do living do restante do ambiente.

EM MÓDULOS

Esse tipo de sofá é composto de diversos módulos que podem ser dispostos em várias configurações. A vantagem é que você escolhe o arranjo que mais se adapta ao seu espaço e pode mudá-lo ou expandi-lo conforme as necessidades.

3 ESCOLHA O MATERIAL

O material do sofá define não só sua aparência como também influencia no preço, na durabilidade e na manutenção. Assim, antes de se apaixonar por um tecido em particular, veja se é uma escolha prática e de preço compatível.

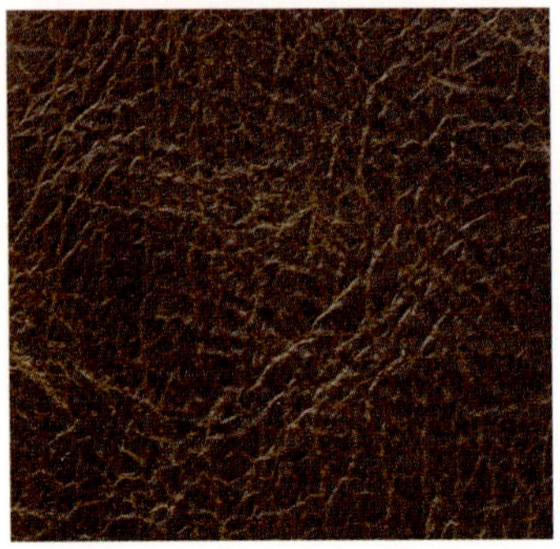

COURO

Tem preço médio e grande variedade de acabamentos, do macio e lustroso ao desgastado, que dá um ar antigo. Evite colocá-lo perto de aquecedor ou de janela.

100% ALGODÃO

É durável e resistente, mas desbota e mancha fácil, além de enrugar ou lacear. O de alta qualidade mantém bom aspecto por mais tempo. Tem preço médio.

VELUDO

Embora caro, o veludo é macio e refinado. Pode ser de fibras naturais, como seda ou algodão, de bom caimento e durabilidade, ou de fibras sintéticas, como o raiom.

CHENILE

Tecido texturizado extramacio, de preço médio, pode ser 100% de poliéster ou de algodão, raiom e poliéster. Evite os de pelo muito alto, que ficam amassados demais.

MICROFIBRA

Fibra de poliéster muito fina mas resistente, tem baixo custo e aparência e toque como os do veludo e da camurça. A vantagem é ser fácil de limpar com um pano úmido.

FALSA CAMURÇA

Opção barata, é 100% de poliéster, mas a sensação e o aspecto são bem realistas. É fácil de lavar e mais resistente a líquidos derramados do que o couro.

PADRÕES ENTRETECIDOS

Tem grande variedade de padrões e tecidos, por isso a durabilidade e o preço também variam muito. Pode ser de listras, xadrez, motivos florais e adamascado.

FALSO COURO

Esse material artificial, de preço médio, é tratado de modo a parecer couro, mas não envelhece tão bem. No entanto, é mais fácil de limpar e bastante durável.

NUBUCK

Esse tipo de couro similar à camurça é caro mas durável – uma boa alternativa ao estofamento clássico de couro. Pode ser tingido e pré-tratado para evitar manchas.

LÃ/FELTRO

Disponível em grande gama de cores, pode ser 100% de lã ou de uma mescla de lã e poliéster; os preços variam. Tem uma aparência elegante e sóbria.

LINHO

Ideal para sofás informais e capas de sofás, é similar ao algodão mas não desbota nem deforma tanto. Envelhece bem, mas tende a enrugar.

SOFÁS-CAMA

Um sofá-cama é uma boa opção e um investimento útil se você quer dar relativo conforto aos hóspedes, mas não tem quartos sobrando na casa. Certifique-se de que a cama tenha um bom tamanho sem ter que comprar um sofá-cama imenso. Veja se o mais importante para você é um bom sofá ou uma boa cama, e se vai precisar movimentar o sofá na hora de convertê-lo em cama, o que levanta a questão de seu peso. Há muitos tipos de sofás-camas, alguns com mecanismos muito engenhosos; nesta página, mostramos quatro dos tipos mais comuns.

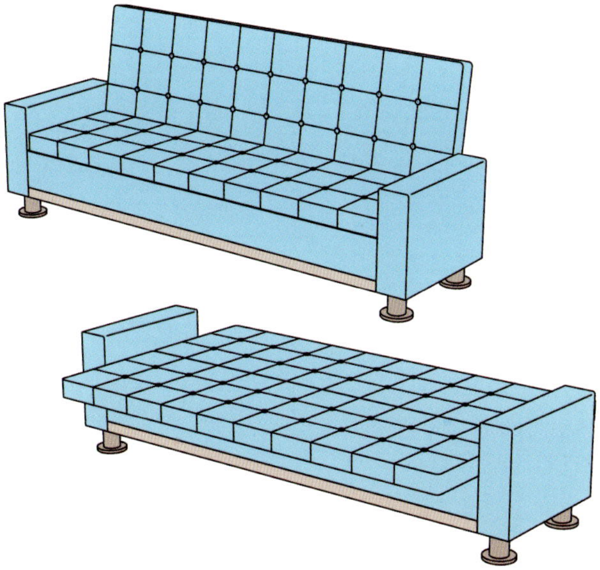

ESTILO BANCO

Esse é o modelo mais simples de sofá-cama. Tem o assento e o encosto similares a um colchão, que dobra para baixo e cria uma cama instantaneamente. De todos os modelos, é o que chega mais perto do conforto de uma cama normal. Se você não faz a reversão para sofá a toda hora, é a melhor alternativa.

DE PUXAR

Esse é o modelo mais comum de sofá-cama. Parece um sofá normal e é disponível em vários estilos. A estrutura da cama e o colchão, que ficam dobrados e ocultos dentro da base do sofá, são puxados para cima e para fora, formando a cama. Pode ter espaço para guardar cobertor e travesseiros e em geral é bem pesado.

DE CANTO

O típico sofá-cama de canto é um sofá de três lugares mais uma poltrona, que compõem um conjunto de canto. A cama sai do interior do sofá, puxada para fora (como acima, à direita), ou desliza da parte de baixo dele (tem rodinhas e um mecanismo que a faz se erguer). Alguns têm espaço para guardar roupa de cama.

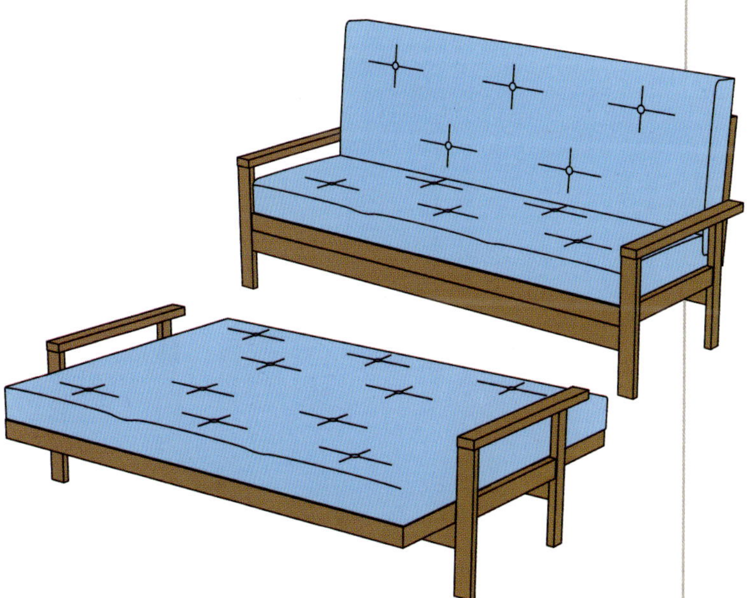

FUTON

O sofá-cama estilo futon tem estrutura de madeira ou metal e colchão com várias opções de altura e material. Os dois tipos básicos são o biarticulado (acima), que é dobrado como os sofás-camas estilo banco (acima), e o triarticulado, no qual o colchão dobra em três seções para poder compor um sofá mais compacto.

7 ESCOLHA **AS POLTRONAS**

As poltronas da sala devem complementar o sofá, mas não precisam ser do mesmo formato, tecido ou cor; por isso, pesquise as diversas opções antes de fazer a escolha final. Considere ainda se a prioridade é o aspecto decorativo ou se o que você quer são assentos adicionais na ausência de um segundo sofá.

1 ESCOLHA O ESTILO

A poltrona deve complementar tudo o que estiver em volta dela e também o estilo da sala. O tamanho é importante: se sua sala é pequena, opte por um design compacto, pois uma poltrona Chesterfield larga, por exemplo, ocupará espaço demais.

CHESTERFIELD

A clássica poltrona Chesterfield vai bem com salas tradicionais ou contemporâneas. Devido à altura e inclinação do encosto e dos braços, é confortável para sentar ereto e ler, e seu design robusto faz dela uma boa opção para famílias.

MODELO TINA

Com braços sólidos e encosto semicircular contínuo, a poltrona modelo tina tem formato compacto, e é possível colocar duas numa sala. O design simples combina com casas contemporâneas e tradicionais, e por ser leve é movida com facilidade.

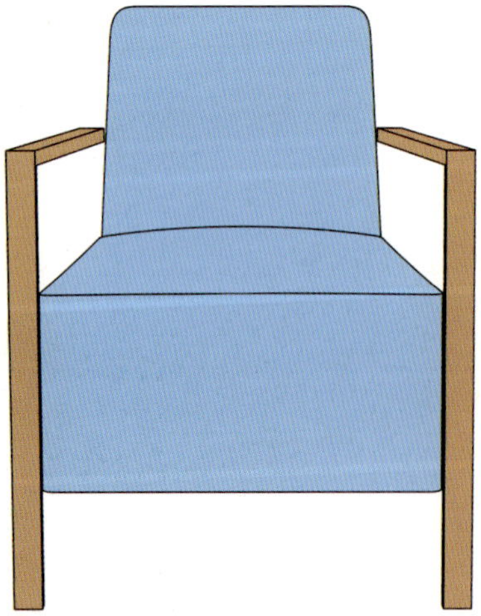

CONTEMPORÂNEA

Poltronas esguias, contemporâneas, são ideais para salas com pouca decoração. Procure formatos compactos, linhas quadradas, braços retos e pés de madeira ou metal. Tecidos básicos, de cores neutras, combinam com almofadas estampadas.

CANTILÉVER

Essa cadeira tem uma estrutura dobrada (em geral de madeira), sem pernas atrás, que oferece apoio e flexibilidade. Apesar da estrutura básica, é bem robusta. O encosto alto é confortável e faz dela uma boa opção como poltrona de leitura.

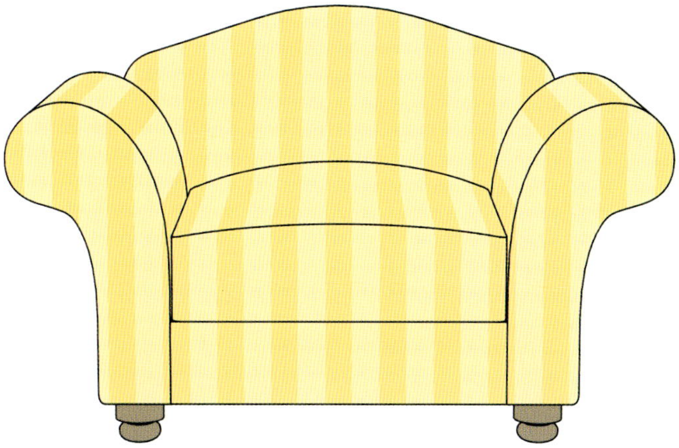

DE BRAÇO RECURVADO

Esse tipo de poltrona tem como principal característica seus elegantes braços recurvados e um encosto alto e curvo. É confortável para sentar, mas não para ficar refestelado, por isso combina mais com salas tradicionais, de estilo formal.

INFORMAL

O tipo informal tem um formato razoavelmente tradicional e seus pés ficam ocultos debaixo de uma saia de tecido. Em vez de encosto normal, costuma ter várias almofadas e uma capa removível. É perfeita para se reclinar à vontade e relaxar.

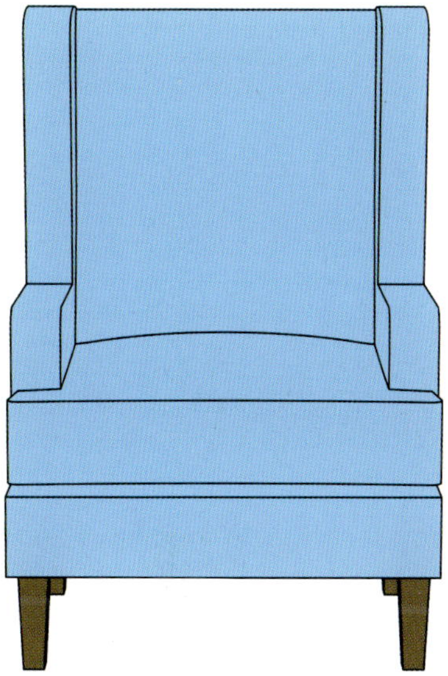

BERGÈRE

De estilo clássico, essa poltrona tem encosto alto, braços curvos e pés à mostra, muitas vezes com rodinhas. Apesar do desenho reto, é uma poltrona confortável, que combina tanto com salas contemporâneas como tradicionais.

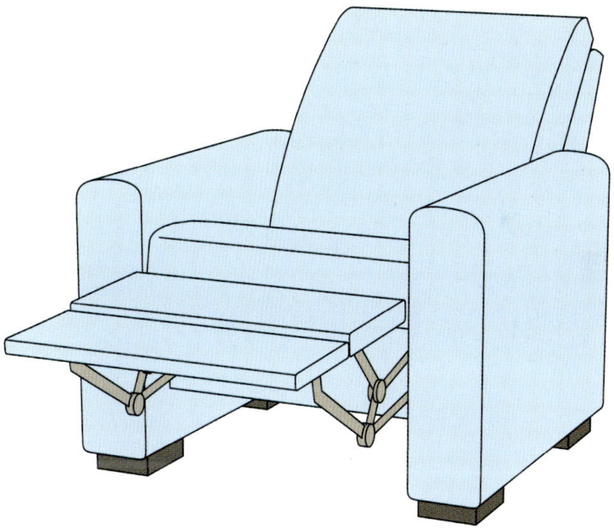

RECLINÁVEL

Essa poltrona tem encosto reclinável e um apoio para os pés que pode ser levantado, permitindo deitar com todo conforto. Há versões manuais e elétricas, e algumas têm encosto com ação massageadora. Os estilos estão se diversificando.

2 ESCOLHA O MATERIAL

A escolha do material das poltronas segue os mesmos critérios da escolha do material do sofá (p. 142), mas isso não significa que o tecido escolhido tenha que ser o mesmo. Na verdade, se você não quer que a mobília lembre um conjunto de três peças, essa é uma boa oportunidade para escolher um tecido ou padrão contrastante.

8 ESCOLHA OS MÓVEIS

A variedade de modelos e de preços da mobília da sala pode, de início, deixá-lo perdido. Comece definindo de que material você quer que seja a mobília e se prefere que as peças já venham montadas ou se aceita assumir a montagem. Depois, decida quais serão as peças que irá comprar.

1 ESCOLHA O MATERIAL

MADEIRA MACIÇA
Móveis de madeira têm preço médio e grande variedade em design, tradicional e moderno. Sendo material natural, varia bastante de textura e cor.

MADEIRA CHAPEADA
Esses móveis, de custo baixo a médio, são de chapas finas de madeira coladas a uma base – de aglomerado ou MDF. São mais leves que os de madeira maciça.

METAL
Esses móveis, de preço médio, têm estrutura e pernas de metal e tampo de madeira ou vidro. O look é contemporâneo; o metal escovado dá um toque industrial.

VIDRO
Com preço de médio a alto, os móveis de vidro dão ilusão de leveza e espaço, mesmo sendo pesados e muitas vezes moldados numa só peça.

ACRÍLICO
Têm preço médio e, como os de vidro, podem ser transparentes e moldados numa só peça. Seu design em acrílico combina com salas de estar modernas.

2 ESCOLHA AS PEÇAS

Com exceção do sofá, não há peças de mobília que sejam obrigatórias numa sala, portanto o que você escolher vai depender do tamanho do ambiente e da sua necessidade de superfícies livres e de espaço para guardar e expor coisas.

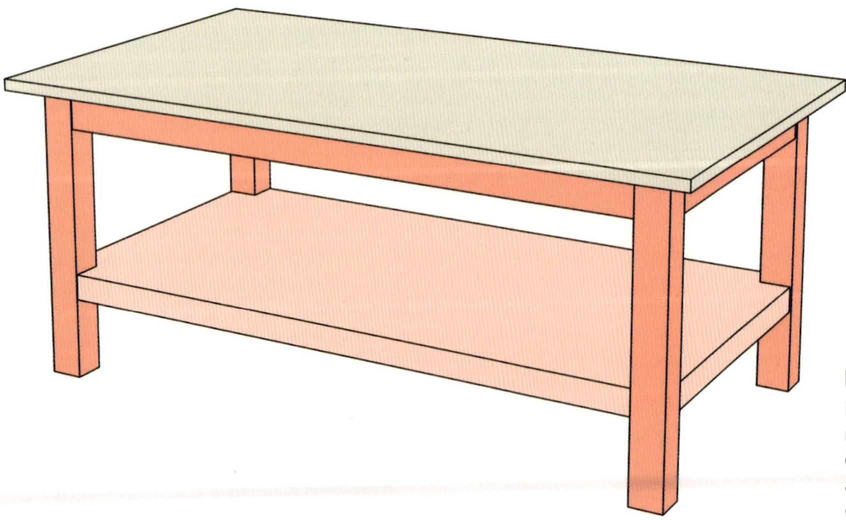

MESINHA DE CENTRO
Disponíveis em vários tamanhos e formatos – quadrado, oval, retangular e redondo –, essas mesas também oferecem várias opções de armazenagem. Você pode escolher um modelo com apenas uma prateleira para revistas, por exemplo, com gavetas ou com um tampo que levanta, para guardar objetos maiores.

CONSOLE

Os consoles são mais decorativos do que práticos, embora os que têm gavetas permitam guardar pequenos itens. Por sua altura, oferecem uma superfície útil para instalar, por exemplo, uma luminária. Podem ficar encostados na parede ou junto a um sofá.

MESA LATERAL

Feita para ficar do lado do sofá ou de uma poltrona, pode ser usada como superfície de apoio de uma luminária para realizar alguma tarefa ou colocar bebida, livros ou revistas. Existem versões de diversas larguras, por isso cheque o tamanho ideal antes de comprar.

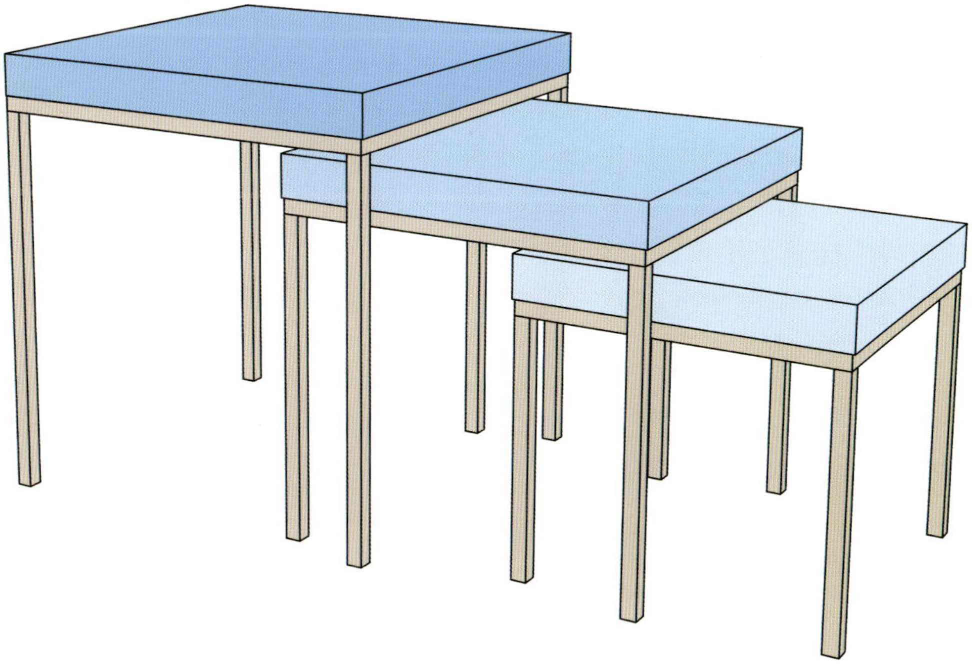

MESAS ENCAIXADAS

Uma solução prática e útil: duas ou três mesas de diferentes tamanhos, que podem ser encaixadas uma sob a outra e retiradas quando se precisa de espaço adicional.

2 ESCOLHA AS PEÇAS (CONTINUAÇÃO)

ESTANTE DE LIVROS

Essas estantes podem servir também para expor objetos, coleções e fotos, além de livros. Antes de comprar, certifique-se de que o espaço das prateleiras é largo e alto o suficiente para o que você quer colocar.

ESTANTE MODULAR

Similares às estantes de livros, as estantes modulares abertas têm uma infinidade de designs, tamanhos e acabamentos. São práticas para guardar objetos e podem ser usadas ainda para dividir ambientes dentro da sala.

GABINETE

A altura e a largura variam muito, mas quase todos têm uma porta frontal, maciça ou de vidro, ou uma combinação das duas coisas. Os que têm prateleiras e portas de vidro podem guardar enfeites ou fotos.

APARADOR

São úteis para guardar coisas na sala, seja para esconder brinquedos seja para guardar revistas e livros ou material de escritório. Alguns já vêm com orifícios na parte de trás e podem ser usados para acomodar equipamentos elétricos, como um aparelho de som ou uma impressora.

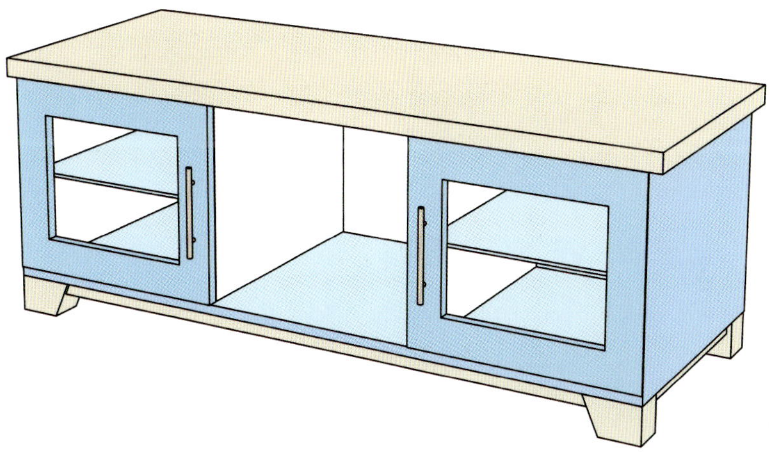

ESTANTE PARA TV

Os modelos baixos servem para colocar a televisão ou um home theater e equipamentos de videogames nas prateleiras ou no compartimento central. Também há modelos de canto, apropriados para resolver problemas de espaço.

SEIS OPÇÕES DE **PRATELEIRAS**

As prateleiras de uma sala não precisam ser apenas um recurso prático para guardar coisas; podem também expor acessórios decorativos e lembranças pessoais. Mas, se usar as prateleiras principalmente para guardar livros, procure organizá-los por tamanhos e cores, para criar um visual mais atraente.

ESTANTES FLUTUANTES

Apoiadas em suportes ocultos, as estantes flutuantes criam um visual limpo, moderno. Você pode usá-las isoladas ou agrupá-las.

CONSIDERE A OPÇÃO de colocar várias estantes flutuantes numa mesma parede, tanto na vertical como escalonadas.

ESTANTES PRÓXIMAS AO TETO

Se não quiser que as estantes sejam o centro de atenção ou o ponto focal da sala, fixe-as bem alto, próximas ao teto.

ESTA POSIÇÃO DAS PRATELEIRAS é ideal para guardar objetos e livros raramente usados.

TIPO CAIXA

Pendure prateleiras tipo caixa em grupos de números pares para dar à parede uma aparência simétrica e bem equilibrada.

NA PAREDE INTEIRA

Coloque prateleiras na parede inteira. Você precisa mantê-las bem organizadas, senão a sala inteira vai parecer uma bagunça.

EM VÃOS E RECUOS DE PAREDE

Vãos e recuos são ideais para pôr prateleiras. Se elas ficarem em dois vãos na mesma parede, procure fazer com que combinem.

PROCURE FAZER com que livros, fotos e objetos componham uma mostra equilibrada ao colocar prateleiras em dois vãos da mesma parede.

EM VOLTA DA MOLDURA DA PORTA

É raro se fazer bom uso do espaço em volta da moldura da porta ou da entrada da sala. As prateleiras são uma boa solução para isso.

PRATELEIRAS DO CHÃO AO TETO em volta da moldura da porta fazem com que a parede e o espaço além dela ganhem impacto visual.

FIXAÇÃO DE **PRATELEIRAS NA PAREDE**

Ao fixar as prateleiras na parede, é melhor prender os suportes em cada uma delas antes de verificar onde irá posicioná-las (em vez de ficar segurando apenas os suportes). Desse modo, você terá uma ideia de como vai ficar a peça inteira e poderá avaliar melhor os resultados.

VOCÊ PRECISA DE:

- Prateleiras de madeira (tipo de madeira e espessura da prateleira à sua escolha)
- Suportes
- Trena
- Lápis
- Furador
- Chave de fenda
- Nível de bolha
- Furadeira elétrica
- Buchas (para reboco ou tijolo, dependendo da parede; devem ser de tamanho adequado aos parafusos)
- Parafusos

1 PRENDA OS SUPORTES

1 **VIRE A PRATELEIRA** com a parte do fundo à mostra e coloque os suportes encostados. Avalie a olho a posição em que os suportes deverão ficar posicionados.

2 **MEÇA A DISTÂNCIA** de cada suporte até a borda da prateleira com uma trena para checar se os dois estão à mesma distância dela. Os suportes devem ficar bem paralelos.

3 **FAÇA UMA MARCA A LÁPIS** no lugar dos orifícios dos suportes, embaixo da prateleira. Prender os suportes com a prateleira "de lado" garante que eles se alinhem melhor ao fundo dela.

4 **COM UM FURADOR**, faça buracos na parte de baixo da prateleira, sobre as marcas a lápis. Se preciso, vire a prateleira para baixo sobre uma superfície plana.

5 **INSIRA OS PARAFUSOS** pelos orifícios e parafuse os suportes à parte de baixo da prateleira.

2 MARQUE A POSIÇÃO DA PRATELEIRA NA PAREDE

1 **SEGURE A PRATELEIRA** (com os suportes já presos) encostada na parede para decidir onde irá posicioná-la. Coloque um nível de bolha em cima dela para ver se está bem nivelada.

2 **MARQUE O LUGAR DOS ORIFÍCIOS** dos suportes sobre a parede com um lápis.

3 MONTE AS PRATELEIRAS

1 **FAÇA OS BURACOS NA PAREDE** em cima das marcas a lápis. Use a broca correspondente ao tamanho das buchas.

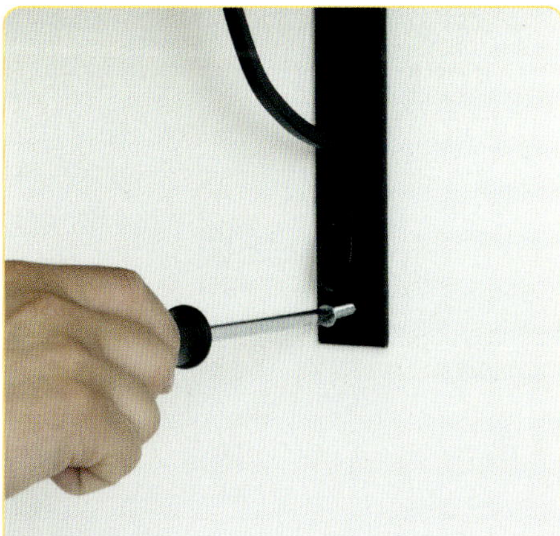

2 **INSIRA AS BUCHAS** e fixe a prateleira na parede com os parafusos, usando uma chave de fenda.

9 ESCOLHA A ILUMINAÇÃO

A dica para planejar uma boa iluminação para a sala é criar vários climas usando níveis de luz diferentes. Se as proporções da sala não são muito boas, uma iluminação cuidadosa pode disfarçar. Outra dica é escolher luminárias que tenham boa aparência tanto ligadas quanto desligadas.

1 DEFINA UM ESTILO DE ILUMINAÇÃO

Não há uma abordagem única para iluminar uma sala de estar; o objetivo deve ser combinar luz para tarefas, luz ambiente e destaques de luz para compor diferentes níveis de iluminação, conforme o uso da sala e a atmosfera que deseja criar.

LUZ AMBIENTE

A luz ambiente contribui para criar uma atmosfera. Você pode colocar um dimmer na luz de teto, para introduzir um clima relaxante de vez em quando, ou pode querer desligá-la e acionar diversos feixes de luz suave, proporcionados por várias luminárias de mesa posicionadas em diferentes pontos da sala.

LUZ PARA REALIZAR TAREFAS

Para iluminar as tarefas realizadas na sala, você pode ter uma luz de teto forte – em geral, uma luminária, um lustre pendente ou uma luz fixa no teto – ou usar luminárias de piso ou de mesa. Coloque um dimmer na luz de teto para poder criar uma luz mais intensa quando for realizar tarefas e diminuí-la quando quiser relaxar.

DESTAQUES DE LUZ

O destaque de luz serve para criar um efeito de iluminação particular; use-o para chamar a atenção para algum detalhe arquitetônico especial ou para iluminar seu quadro favorito, alguma escultura ou peça de mobília mais interessantes. Esse destaque também pode variar ou melhorar as proporções de sua sala.

2 ESCOLHA OS ACESSÓRIOS DE ILUMINAÇÃO

É recomendável combinar vários tipos de acessórios numa sala, mas esse arranjo vai depender dos efeitos de iluminação que você quer criar, da época de sua casa, do estilo da decoração e do quão coordenado você quer que o ambiente esteja.

LUZ DE TETO

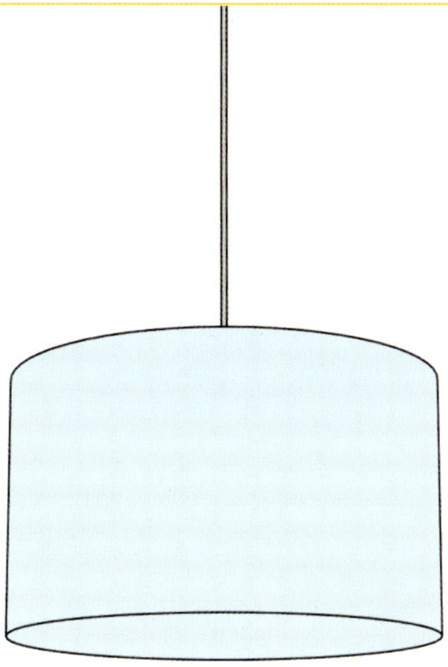

LUMINÁRIA PENDENTE

Uma luminária pendente com um quebra-luz pode ser um adereço tão atraente quanto um lustre – um quebra-luz grande em cor viva pode criar um grande efeito num tom contemporâneo. Se optar por algo mais tradicional, com uma luminária menor, mais discreta, não se limite a essa fonte de luz – talvez ela não ilumine o necessário ou não cause suficiente impacto decorativo.

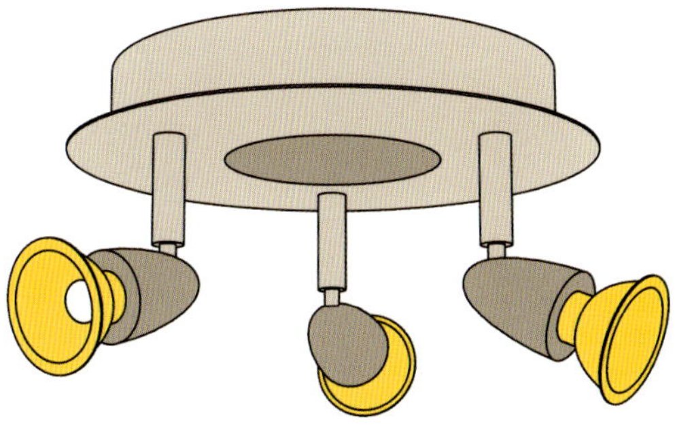

SPOTS

Numa sala contemporânea, os spots podem ser usados como luz de teto ou como luz de parede e de piso, para criar destaques de luz. Seja qual for o uso que você definir para eles, é essencial que disponham de um dimmer para que você possa alterar o clima do ambiente – é muito difícil relaxar numa sala intensamente iluminada.

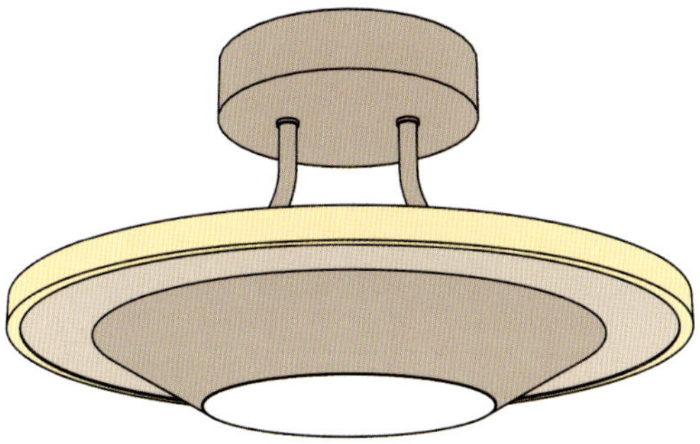

LUZ FIXA NO TETO

A luz fixa no teto de uma sala tem de ser algo atraente. Assim, se você tem uma sala grande com um teto alto, escolha uma peça compatível com as proporções do ambiente. Salas menores, com teto mais baixo, podem também ter luz de teto, mas nesse caso é bom que seja mais discreta, menos saliente.

LUZ EMBUTIDA

Num espaço contemporâneo de face norte ou de teto baixo, uma luz embutida dirigida para baixo criará um efeito similar ao da luz natural. No entanto, é bom que ela seja combinada com outras fontes de luz, como luminárias de mesa, e dotada de dimmer, para que você possa diminuir a intensidade da luz quando desejar.

ILUMINAÇÃO DE IMPACTO VISUAL

Se sua sala é grande, escolha uma peça por seu impacto decorativo, mais do que por sua eficiência em iluminar o ambiente. Pode ser um lustre – moderno ou tradicional –, uma fileira ou um grupo de luminárias pendentes. Seja lá o que você escolher, ainda precisará de outras luzes na sala para que haja um equilíbrio, mas elas devem ser sutis e assim não disputar atenção com a peça principal.

LUMINÁRIA FIXA

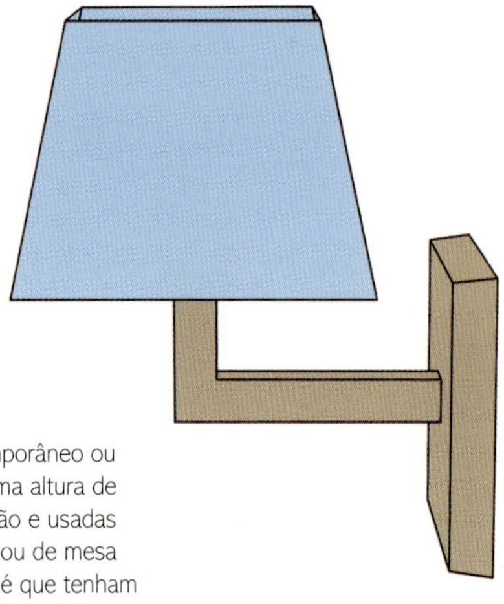

DE PAREDE

Essas luminárias, de estilo contemporâneo ou tradicional, devem ser fixadas a uma altura de mais ou menos 2m a partir do chão e usadas no lugar de luminárias pendentes ou de mesa para criar uma atmosfera. O ideal é que tenham um dimmer para regular a intensidade da luz.

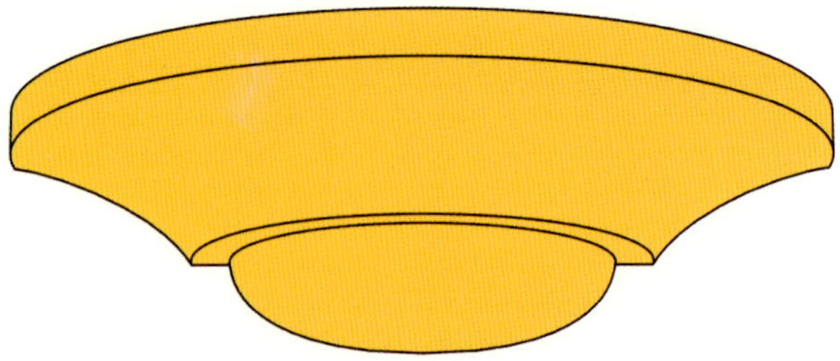

PLAFON

As luminárias de teto, como as de parede, criam uma luminosidade mais suave que as pendentes e podem ser combinadas com luminárias de mesa para criar um espaço relaxante. Também ajudam a melhorar as proporções da sala – a luz que vem delas é projetada para cima e faz o teto parecer mais alto do que realmente é.

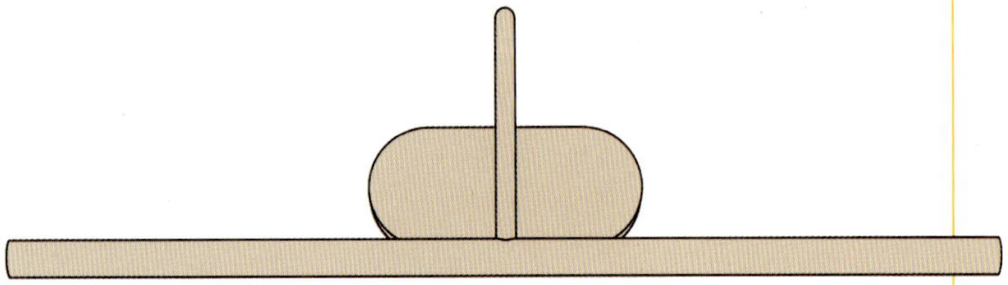

ILUMINAÇÃO DE QUADROS

A sala é o lugar onde geralmente fica exposta alguma obra de arte, e a melhor maneira de apresentá-la é com uma luminária montada bem perto, acima ou abaixo dela. Para um efeito harmonioso, procure um acessório que combine com os demais da sala em termos de material e acabamento.

SPOT INDIVIDUAL

Os spots individuais destacam determinadas áreas de uma sala ou elementos situados nelas – de detalhes de arquitetura a obras de arte. Limite-se a não mais do que um spot por ambiente (um por área em salas imensas), senão o efeito que se espera criar ficará atenuado.

LUMINÁRIA DE PEDESTAL

DE CHÃO

Essas luminárias em geral ficam atrás de uma poltrona, para iluminar a leitura ou a realização de alguma tarefa manual. Mas também podem ter uma função apenas decorativa ou de iluminar algum canto escuro da sala. Experimente os diferentes efeitos de luz antes de comprar, para ter certeza de que é adequada ao espaço em termos de cor e intensidade.

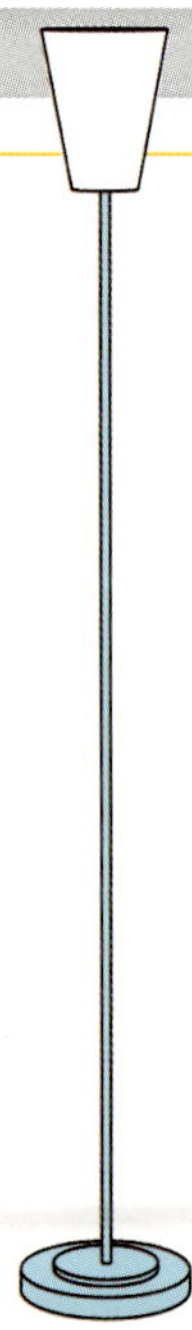

DIRIGIDA AO TETO Assim como as luminárias de parede projetam luz para o teto, as de chão podem ter essa função de aumentar a sensação de espaço de uma sala de teto baixo, ou destacar as proporções de uma sala de teto alto. Escolha uma com luz regulável para ter mais opções de iluminação.

DE MESA

As luminárias de mesa são muito úteis numa sala, mesmo as contemporâneas, porque permitem reduzir a luz geral ao mínimo e criar núcleos de luz suave. Pontue esses focos de luz pelo ambiente de modo que todo ele fique iluminado de maneira adequada e desligue todas as luzes pendentes.

10 ESCOLHA O QUE COLOCAR NAS JANELAS

De todos os cômodos da casa, a sala de estar é aquele em que você pode querer colocar tecidos luxuosos para dar um toque mais individual, de estilo, e aumentar a sensação de conforto e relaxamento. Mas, se quiser um visual com toque contemporâneo e discreto, escolha algo mais sutil.

1 ESCOLHA O TIPO

Você pode decidir colocar mais de um tipo de adereço nas janelas de sua sala de estar. Desse modo, introduzirá uma aparência em camadas no ambiente. Mas quais itens serão combinados e quais serão mantidos individualizados?

PERSIANA

Se preferir algo básico, ou se a sala for pequena, a persiana é uma boa opção. As romanas e as rolô estão disponíveis em várias cores e designs, e as de lâminas também vêm em vários materiais e cores. Combine com cortinas para uma aparência em camadas.

CORTINA

Escolha clássica em salas de estar, as cortinas permitem muitas variações em tecidos, padrões, estilos e design, por isso vão bem tanto em ambientes tradicionais como modernos. Podem ser combinadas com persianas e venezianas, quando bem escolhidas.

VENEZIANA

Boa opção para salas modernas, elas estão disponíveis em vários modelos. Algumas têm ripas basculantes, dois ou três painéis, sobrepostos ou não, e variações de altura – janela inteira ou só a metade inferior. Também podem funcionar bem com janelas em arco.

DICAS

- **Sua sala parece** descuidada? Nesse caso, talvez seja uma boa ideia usar um tecido translúcido como musselina, voal ou rendado, que ofereça privacidade mas deixe entrar luz.
- **Considere quanto espaço** existe em volta de sua janela, para assegurar que será possível puxar as cortinas totalmente ou abrir as venezianas – com isso você pode fazer o ambiente paracer maior do que é, além de deixar entrar mais luz.
- **Se você mora numa** rua muito movimentada, pode ser interessante colocar cortinas de tecido bem pesado, como veludo, que ajudarão a atenuar um pouco o ruído de fora.

2 ESCOLHA O ESTILO

Numa sala tradicional e com muito espaço, cabe algo mais extravagante, em camadas, que crie uma atmosfera mais luxuosa. Salas contemporâneas pedem mais discrição, mas também é possível usar camadas e criar um efeito relaxante.

PERSIANA

ROMANA

É encontrada em grande variedade de tecidos, adequados a salas de estilo moderno ou tradicional, e funciona de modo particularmente atraente quando combinada com cortinas. Pende rente à janela quando abaixada e fica bem dobrada quando aberta, criando um ar mais refinado do que outros tipos de persiana.

ROLÔ

As persianas rolô dão um aspecto moderno e, por serem uma opção relativamente barata, muitas vezes constituem a escolha ideal para janelas salientes. Têm grande variedade de cores e designs e podem ser erguidas e abaixadas sem esforço para vedar ou deixar entrar sol. Já vêm prontas, mas podem ser cortadas no tamanho de sua janela.

DE LÂMINAS HORIZONTAIS

Essas persianas têm lâminas horizontais de inclinação regulável, que permitem dosar a quantidade de luz que atravessa a janela, além de oferecer privacidade total quando fechadas. Vêm em vários materiais, cores e larguras de lâminas. As claras criam um clima de frescor, enquanto as de cores escuras produzem uma sensação mais quente e acolhedora.

DE LÂMINAS VERTICAIS

São mais adequadas a salas contemporâneas e uma boa escolha para janelas do teto ao chão ou para portas corrediças. São encontradas em grande variedade de cores e feitas de tiras verticais de vários tipos de tecido, que podem ser inclinadas à vontade ou puxadas de lado.

CORTINA

DO TETO AO CHÃO

Esse tipo de cortina pode ser bastante caro, mas, além de produzir um bom impacto decorativo no projeto da sala, também ajuda a mantê-la mais quente no inverno. Se combinado com persianas romanas, confere um ar luxuoso – o que é ideal para janelas grandes, como as salientes.

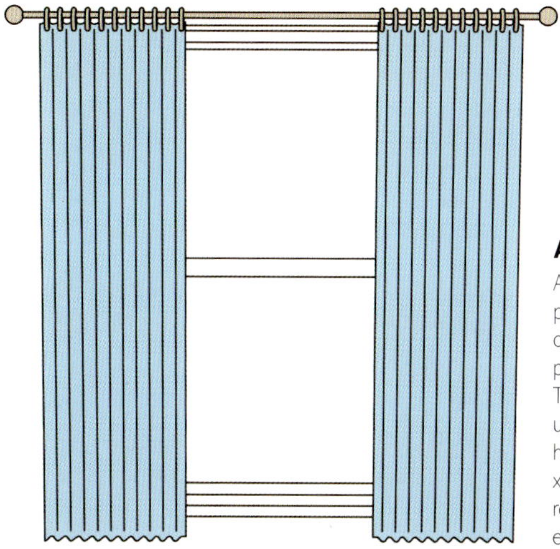

ATÉ O PARAPEITO

As cortinas até o parapeito ou até logo abaixo dele são uma opção para janelas menores. Também constituem uma boa solução quando há um aquecedor embaixo da janela. Podem parecer antiquadas, por isso escolha bem o tecido.

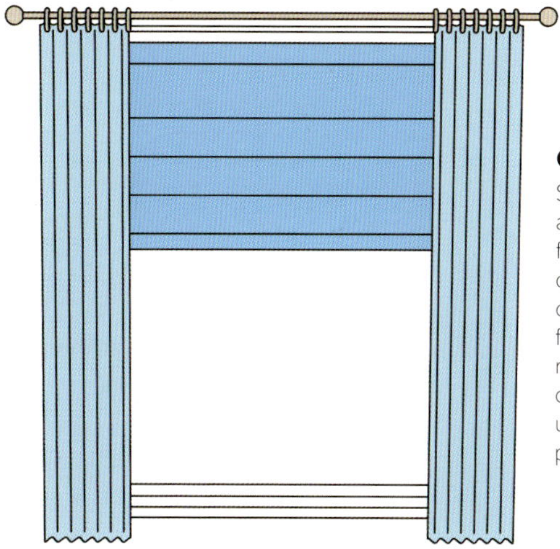

ORNAMENTAL

São mais estreitas que as normais e não foram feitas para ser puxadas de lado. Dão um toque decorativo a janelas que foram providas de persianas por razões práticas ou de privacidade. São uma opção econômica para janelas salientes.

VENEZIANA

MACIÇA

É uma escolha popular para casas em estilo de época, o que não quer dizer que não possa ser usada em salas contemporâneas também. Como é projetada para ficar dobrada contra a parede de dia e fechada à noite, talvez não seja a melhor opção se você precisa de privacidade durante o dia.

DE LÂMINAS BASCULANTES

Essas venezianas permitem controlar a quantidade de luz que entra no ambiente e também oferecem privacidade total. Podem cobrir a janela inteira, de cima a baixo, ou só a metade inferior, para oferecer privacidade ao nível do chão, mas ainda assim deixar entrar bastante luz no ambiente.

FAÇA CORTINAS COMPRIDAS

Fazer as próprias cortinas é uma boa maneira de garantir que terão o tamanho e o material certos para a sua sala. Essas cortinas com passantes vão direto no varão, sem ganchos, e conferem uma aparência moderna. Faça-as compridas, de modo que arrastem no chão, para dar um toque luxuoso.

VOCÊ PRECISA DE:

- Fita métrica
- Tecido – algodão com peso para cortina (quantidade na p. 278)
- Tesoura
- Máquina de costura ou agulha e linha
- Ferro de passar roupa
- Alfinetes

1 MEÇA E CORTE O TECIDO

1 TIRE AS MEDIDAS desde o varão até o chão (se quiser que a cortina termine um pouco antes do chão, use essa medida como ponto de partida; se quiser que ela dobre e arraste um pouco no chão, acrescente mais uns 20-30cm de tecido).

2 CORTE O TECIDO no comprimento. Acrescente 25cm para poder fazer as bainhas da parte de baixo e da parte de cima.

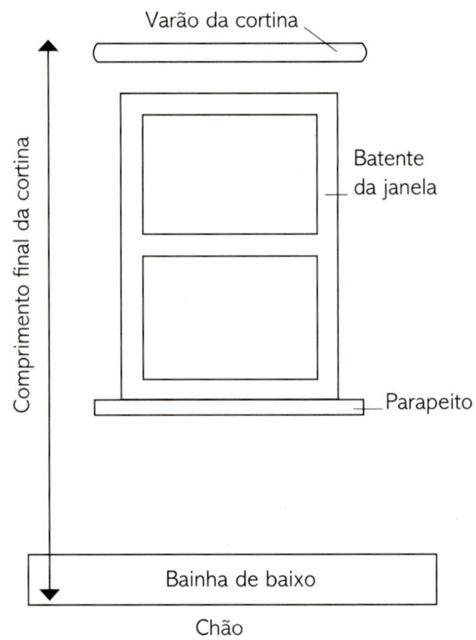

2 JUNTE O TECIDO

JUNTE OS CORTES DE TECIDO para obter a largura necessária (para que essa cortina tenha bom caimento, cada metade dela deve ter cerca de três quartos do comprimento total do varão). Para juntá-los, alinhe os cortes, direito com direito, e faça uma costura ao longo da borda. Depois abra, estenda o direito para baixo e passe a costura aberta a ferro.

3 FAÇA A BAINHA NOS LADOS

1 FAÇA BAINHA DUPLA nas bordas de dentro e de fora de cada cortina. Coloque o tecido com o lado direito para baixo, vire uma bainha de 2,5cm e passe a ferro.

2 DOBRE DE NOVO, de modo que o lado rústico fique oculto nela, e passe a ferro de novo.

3 COSTURE a bainha para que fique fixa no lugar.

4 FAÇA A BAINHA NA PARTE DE BAIXO

1 VIRE A PARTE DE BAIXO das cortinas de maneira similar, mas com 10 cm de bainha. Dobre e passe a ferro, depois dobre e passe de novo e costure no lugar.

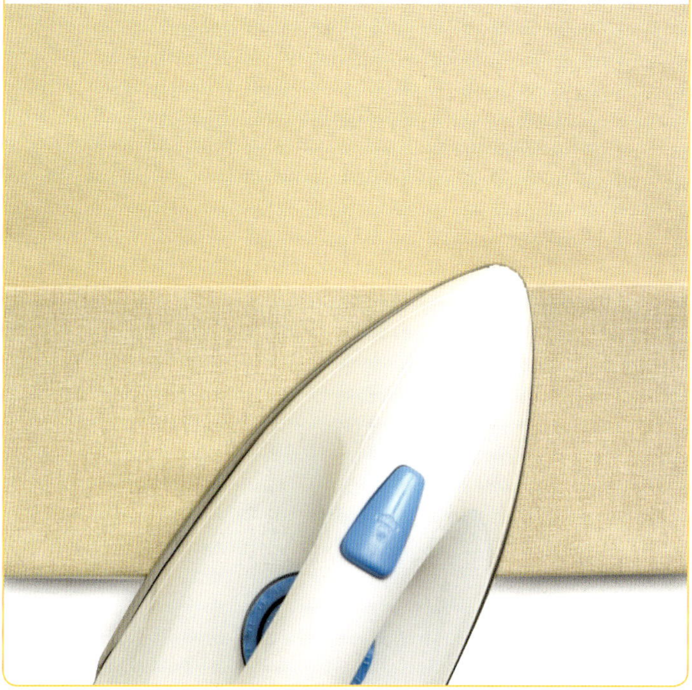

2 COSTURE TAMBÉM OS LADOS para deixar a bainha bem definida.

5 FAÇA OS PASSANTES

1 PARA FAZER OS PASSANTES que prenderão as cortinas ao varão, corte pedaços de tecido com 20 cm de largura e comprimento suficiente para, quando dobrados, envolver toda a circunferência do varão. Deixe uma folga para se mover, além de uma folga para costura de 1-2 cm. Na dúvida, faça um pouco maior – o excesso ficará oculto quando a cortina estiver pronta.

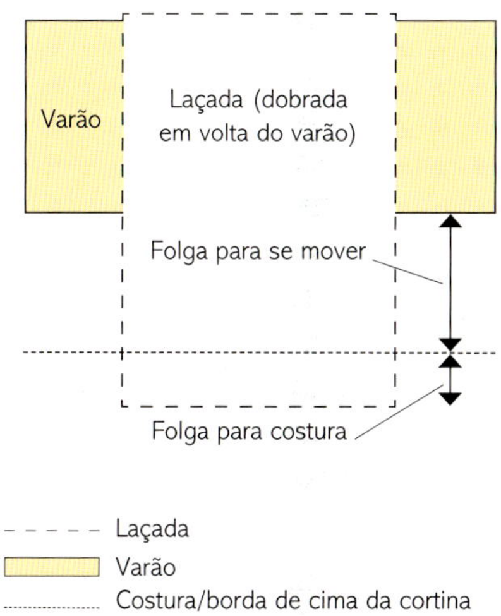

2 DOBRE OS PASSANTES na metade, direito com direito. Costure a borda, formando um tubo.

3 VIRE CADA TUBO para o lado direito. Com a costura centralizada, passe a ferro para assentar.

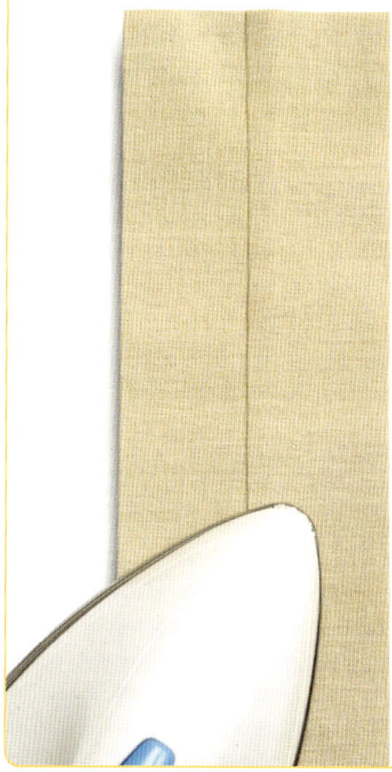

6 POSICIONE OS PASSANTES

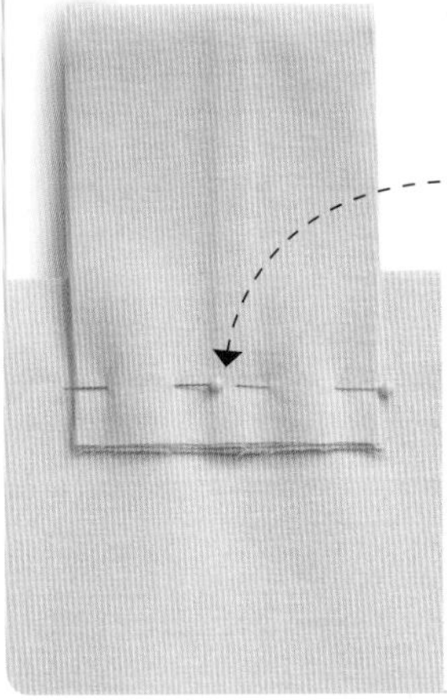

1 PRENDA OS PASSANTES com alfinetes na parte de cima da cortina. Coloque um em cada ponta, outro no meio, e os demais a 20-30cm um do outro.

2 MEÇA A DISTÂNCIA do alto dos passantes até a parte de baixo da cortina e veja se corresponde ao comprimento final desejado da cortina, conforme determinado no passo 1.

3 MARQUE COM UMA FILEIRA de alfinetes onde você quer que fique a borda da cortina e corte o excesso de tecido acima dela, deixando apenas a folga para a costura.

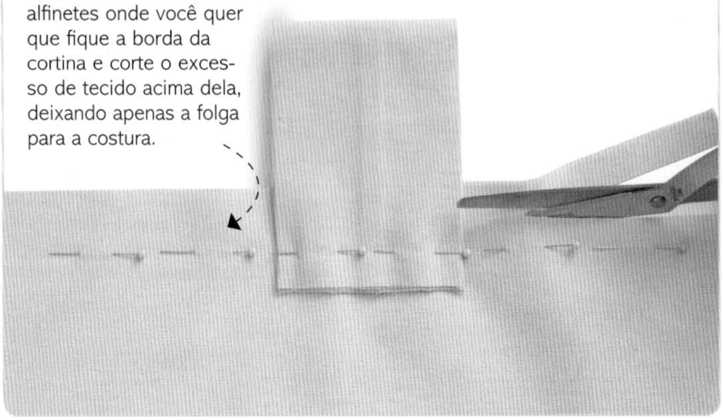

7 COSTURE OS PASSANTES

TIRE OS ALFINETES e inverta os passantes, para que fiquem com a ponta arredondada embaixo. A distância entre ela e a fileira de alfinetes deve ser sempre igual. Costure os passantes.

8 FAÇA O REFORÇO DE TRÁS

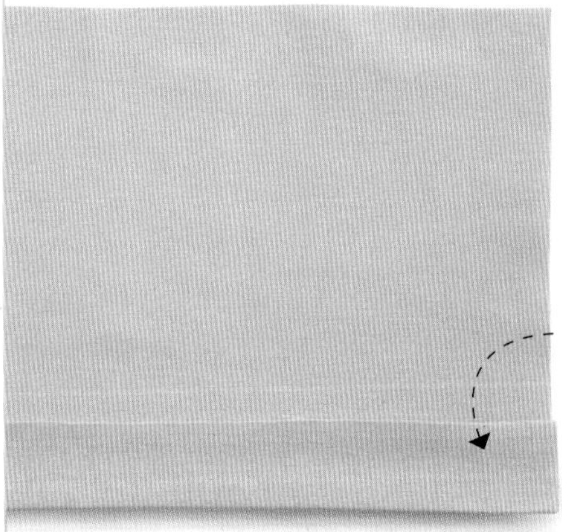

CORTE PEDAÇOS de tecido com 25cm para o reforço de trás da cortina. Corte os pedaços necessários para compor a largura e junte-os como no passo 2. Embaixo, deixe uma folga de 3,5cm (avesso com avesso) e passe a ferro.

9 JUNTE O REFORÇO DA FRENTE COM O DE TRÁS

1 POSICIONE O REFORÇO DE TRÁS sobre a parte superior da peça principal de tecido, direito com direito, e a borda dobrada embaixo. A peça mais curta deve pender mais que a mais longa nas bordas interna e externa. Prenda com alfinetes.

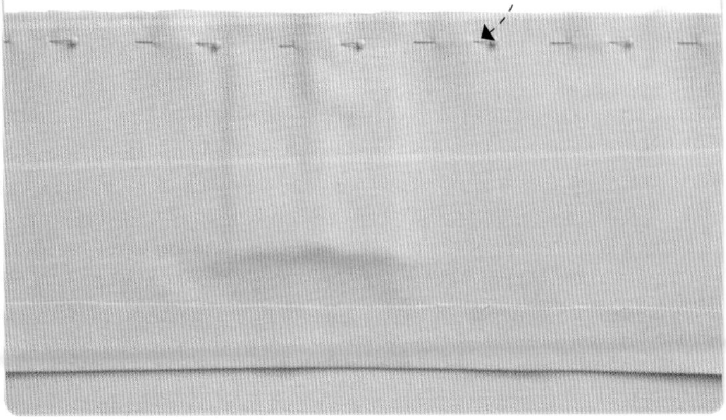

2 COSTURE AO LONGO DA FILEIRA de alfinetes para prender o reforço de trás.

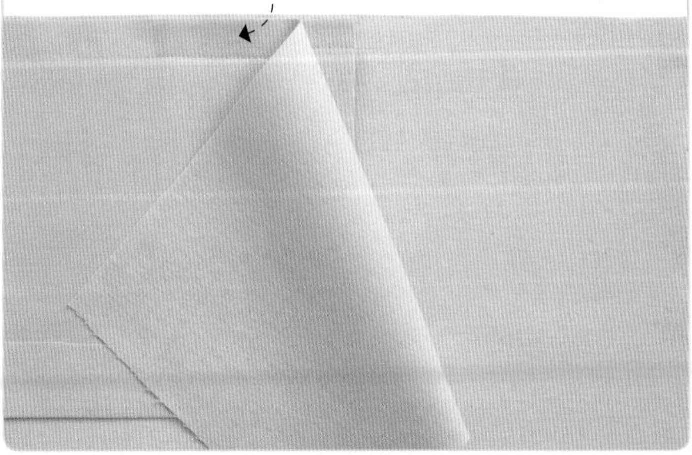

10 COSTURE O REFORÇO DE TRÁS

1 DOBRE O REFORÇO DE TRÁS para que o tecido fique avesso com avesso e os passantes fiquem expostos. Passe a ferro.

2 PRENDA O REFORÇO DE TRÁS com alfinetes e costure-o no lugar.

3 ACERTE OS LADOS. Dobre para dentro o tecido que sobra e costure as bordas.

11 PENDURE

PASSE O VARÃO por todos os passantes e coloque-o de volta nos suportes.

11 ESCOLHA A LAREIRA

Antes de comprar uma lareira para a sala, consulte um profissional para ver se você tem alguma saída ou chaminé funcionando, em que condição ela está, o tipo de combustível que deverá ser usado e qual sua necessidade de produção de calor. Com essas informações, você poderá escolher o tipo mais adequado.

ESCOLHA O TIPO

Para começar, decida se quer um equipamento de lareira tradicional, instalado numa chaminé existente ou falsa chaminé, ou se quer criar uma aparência mais contemporânea com uma lareira embutida ou montada na parede.

FORNALHA

Tradicionais em casas de campo e mais eficiente do que a lareira de frente aberta, a fornalha pode ser do tipo isolado, sobre o piso, instalada dentro de um vão já disponível para a lareira ou – se tiver um cano de saída – colocada no centro do ambiente para criar um ponto focal.

EMBUTIDA

É encaixada dentro do vão de alvenaria destinado à lareira. A maioria cabe num vão de tamanho padrão, mas algumas, maiores, exigem que o vão seja ampliado. A instalação típica é dentro de uma proteção de pedra ou madeira, ou direto sobre um piso de ladrilho, pedra, tijolo ou outra superfície não combustível.

MONTADA NA PAREDE

Dá um ar contemporâneo ao ambiente e não ocupa espaço no piso. Conforme o tipo de combustível utilizado, pode ser instalada totalmente embutida ou fixada na parede. É disponível nos formatos retrato, paisagem e quadrado.

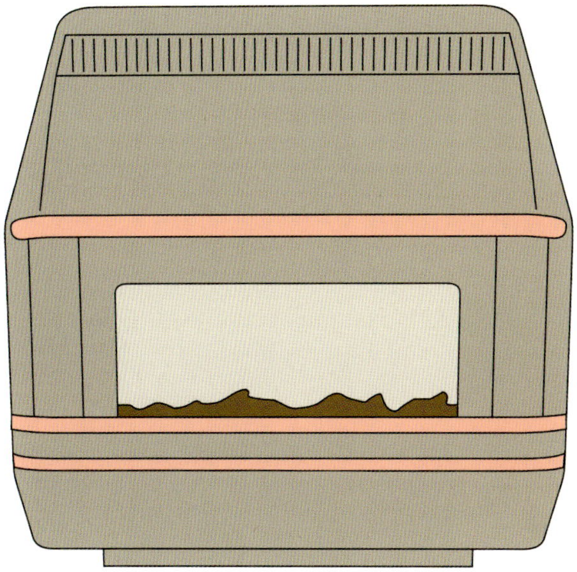

EXTERNA

Pode ser instalada no piso, diante do vão da lareira. Em geral, tem um desenho bastante convencional, com uma frente de vidro e um gabinete preto em volta, muitas vezes com detalhes em metal. Esse tipo de lareira usa exclusivamente gás como combustível.

DE ALVENARIA

Pode ser o tipo de lareira básico em casas com até 185 m^2 de área. É feita de alvenaria e armazena calor enquanto o fogo queima, liberando-o depois de forma lenta e uniforme pelas doze ou catorze horas seguintes. Algumas versões combinam a função principal de aquecimento com um pequeno forno de cozinha e até com bancos aquecidos. Exige uma chaminé.

COMBUSTÍVEIS

O combustível usado na lareira determina o seu tipo. Há alguns pontos a considerar antes de decidir comprar:

- **Os combustíveis sólidos** podem ser madeira, carvão, combustíveis que não produzam fumaça e pellets de madeira. Muitas lareiras aceitam vários tipos de combustível. Se escolher uma dessas, terá de reservar algum espaço para armazenar os combustíveis.
- **Muitas das lareiras a gás** requerem uma chaminé tradicional e precisam ser embutidas num vão de lareira. Se não tiver chaminé, será necessário construí-la ou optar por um duto de saída externo.
- **Lareiras elétricas** podem ser ligadas em qualquer tomada de um ambiente. As mais caras têm um efeito bem realista e podem até contar com um espelho óptico, holograma ou até uma máquina de fumaça, para criar uma aparência de autenticidade.

12 ESCOLHA **OS TAPETES**

Os tapetes podem ser encontrados em vários tamanhos, materiais e formatos e permitem acrescentar textura, cor e padrões visuais a uma sala. Um tapete também protege pisos de madeira, além de criar um ambiente mais acolhedor.

1 ESCOLHA O FORMATO

Escolha o tapete segundo o formato e o estilo do ambiente. Você pode criar contraste num cômodo reto com um tapete redondo ou de formato natural (como os de pele de animal). Na dúvida quanto ao tamanho, é melhor sobrar do que faltar.

REDONDO
Um tapete redondo suaviza contornos muito duros em salas que tenham mobília de linhas retas. Outra ideia é colocar dois tapetes pequenos de cores vivas, para alegrar ambientes como o quarto das crianças.

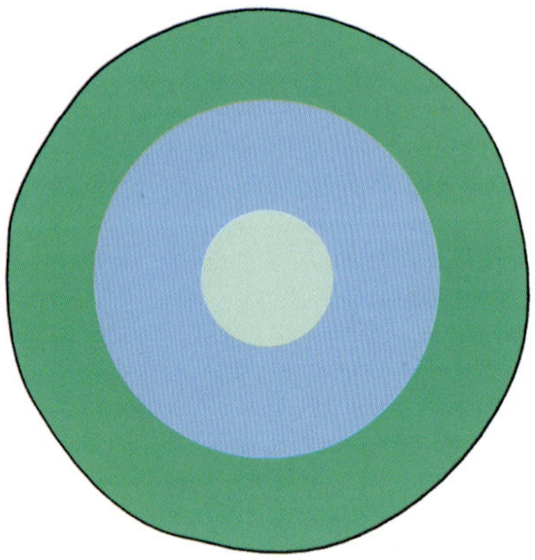

QUADRADO
Funcionam bem em cômodos pequenos e quadrados, onde atuam como ponto focal, por exemplo, sob uma mesa de centro ou de jantar. Tente usar dois ou três juntos para dividir o espaço, se tiver uma sala grande, retangular.

RETANGULAR
É a opção mais popular e pode ser posicionado no meio de uma sala diante de um sofá ou quase rente às paredes para dar a impressão de que a sala está carpetada.

NATURAL/ANIMAL
Tapetes feitos de pele de animais costumam ser deixados em sua forma natural para preservar uma aparência autêntica. São ideais em salas e dormitórios, para realçar pisos de madeira ou de pedra. Os tamanhos e formatos variam, portanto você terá de ser flexível.

PASSADEIRA

Mais usadas em corredores, são compridas, retangulares, finas e disponíveis em vários comprimentos e larguras, muitas vezes com listras. Dão cor e textura e protegem o piso. Fazem também o espaço parecer mais longo.

2 ESCOLHA O MATERIAL

O tipo de fibra e trama que você escolher para o tapete dependem do gosto pessoal e do local onde irá usá-lo. O pelo longo cria um ambiente acolhedor, enquanto o couro e a pele animal são perfeitos para interiores mais modernos.

PELO LONGO

De preço médio, esses tapetes dão textura, conforto e calor. Podem ser de vários materiais, da lã aos sintéticos, mas têm tendência a soltar pelos.

TEXTURA PLANA

Os tapetes de trama lisa são feitos de lã ou fibra sintética, como polipropileno ou poliéster, por isso variam muito de preço. Vão bem em qualquer tipo de ambiente.

FIBRA NATURAL

Têm preço médio e são feitos de fibras como algas, sisal e juta. Criam bons efeitos de textura, mas não são tão aconchegantes como os de outros materiais.

PELE DE CARNEIRO

Disponível em vários tons e tamanhos (que podem ser costurados juntos), tem preço médio. Os mais caros são mais grossos e pesados que a mais pesada das lãs.

COURO E PELE

De preço médio a alto, são únicos quanto a cor, tamanho e tipo de textura. Os feitos de pedaços emendados e de pele de animal costumam ser mais baratos.

SEIXO

Desenhados para parecerem de seixos, esses tapetes modernos e caros – feitos de pura lã costurada em várias configurações – são macios e confortáveis para os pés.

COMO CUIDAR DO SEU TAPETE

Com atenção e alguns cuidados, você pode manter seu tapete com aspecto de novo por vários anos.

- Se seu tapete fica num cômodo que recebe sol direto, evite que desbote girando-o de posição regularmente (a cada seis meses é uma boa média).
- Para que as fibras não sejam esmagadas, evite colocar móveis de pés estreitos ou rodinhas diretamente sobre o tapete, ou pelo menos mude a mobília de lugar de tempos em tempos.
- Tapetes novos com pelos longos e tapetes de lã soltam fibras no início. Isso diminui após as primeiras semanas de uso. Passe aspirador sempre. Mas há tapetes que soltam pelos por toda a vida útil.
- Lave qualquer líquido que for derramado acidentalmente, limpando as partes sólidas e removendo os líquidos sem esfregar, com um pano úmido e limpo.
- Se não conseguir remover alguma mancha, vale a pena consultar um especialista em limpeza de tapetes – em geral fazem maravilhas, como corrigir buracos e partes queimadas.

CINCO MANEIRAS DE RENOVAR A SALA DE ESTAR

Ocasionalmente, a sala precisa ser renovada, sem que tenha de ser toda redecorada ou reformada. O custo é bem menor nesse caso, e o resultado pode ser conseguido em algumas horas. Faça algumas dessas mudanças – ou todas – para renovar o visual de sua sala e torná-la atraente de novo.

COLOQUE ALMOFADAS NOVAS

Trocar as almofadas do sofá muda bastante a cara do ambiente. Troque todas as capas das almofadas ou então acrescente duas ou três novas, num padrão ou cor que combine com o tecido do sofá.

PODE SER INTERESSANTE trocar também os assentos, caso estejam deformados.

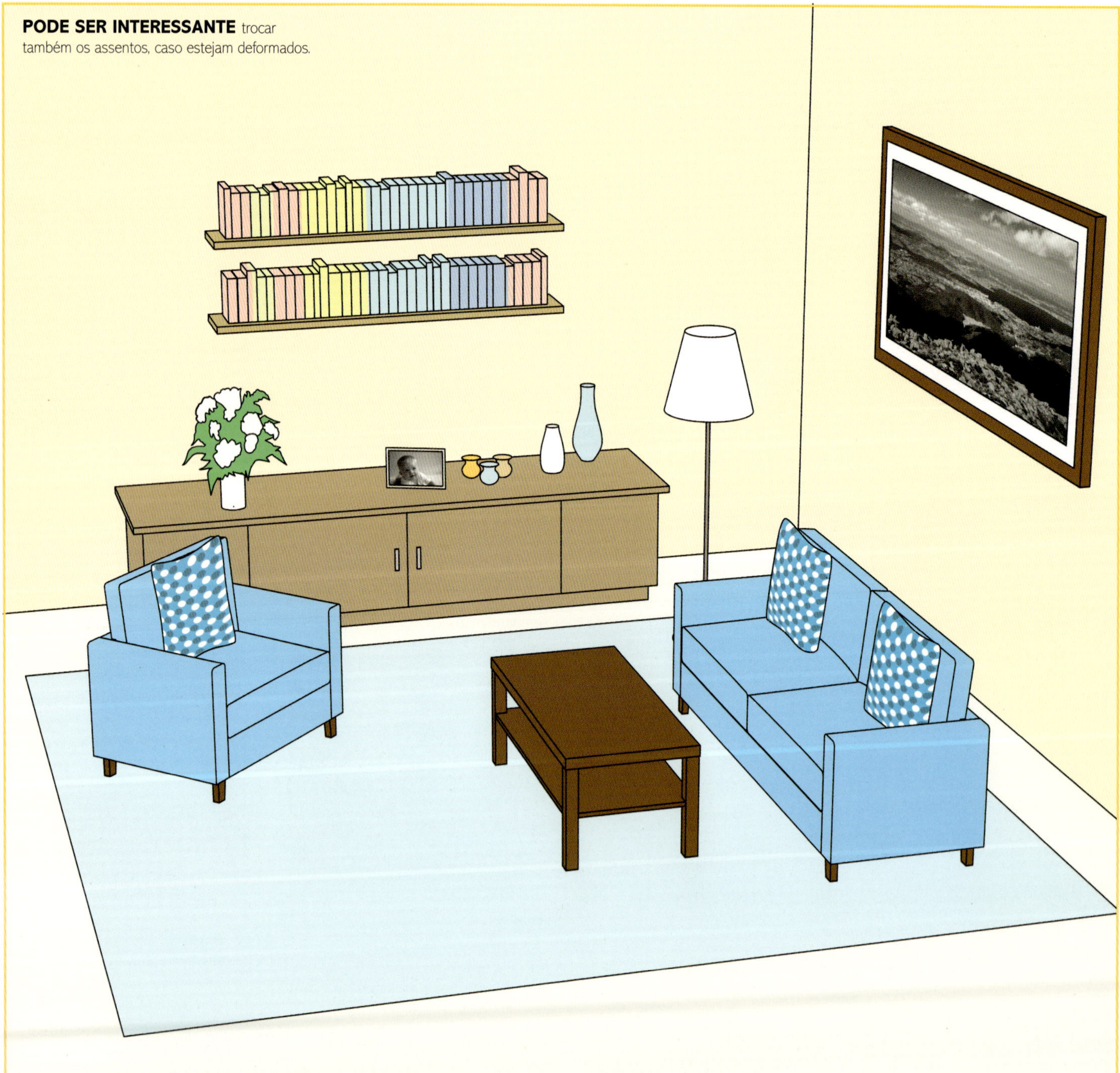

MUDE A CÚPULA DA LUMINÁRIA

É fácil atualizar as luminárias: mude o tamanho, o formato e a cor da cúpula e você dará à sala uma aparência totalmente nova.

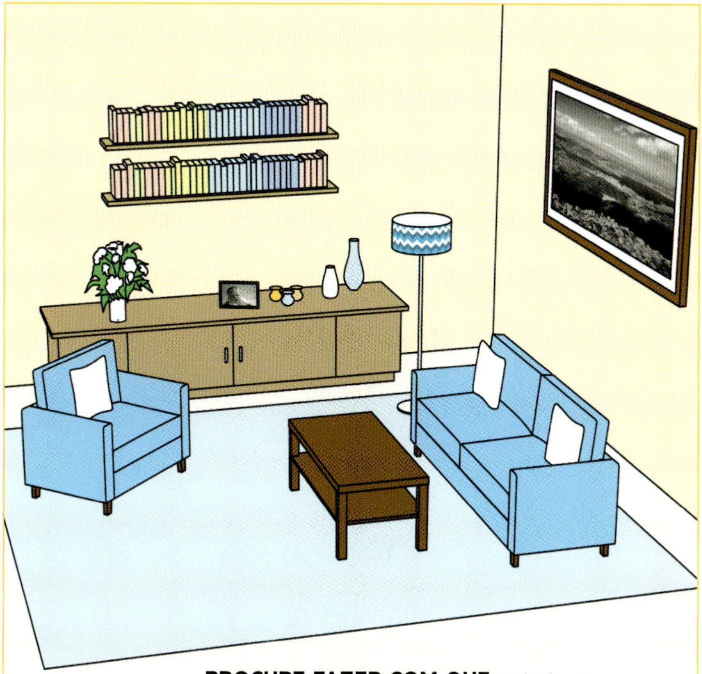

PROCURE FAZER COM QUE a cúpula seja proporcional ao tamanho da luminária: se for grande ou pequena demais, o efeito geral ficará desequilibrado.

REARRANJE A POSIÇÃO DOS MÓVEIS

A simples mudança de lugar do sofá e da mesa de centro já poderá dar nova vida à sua sala.

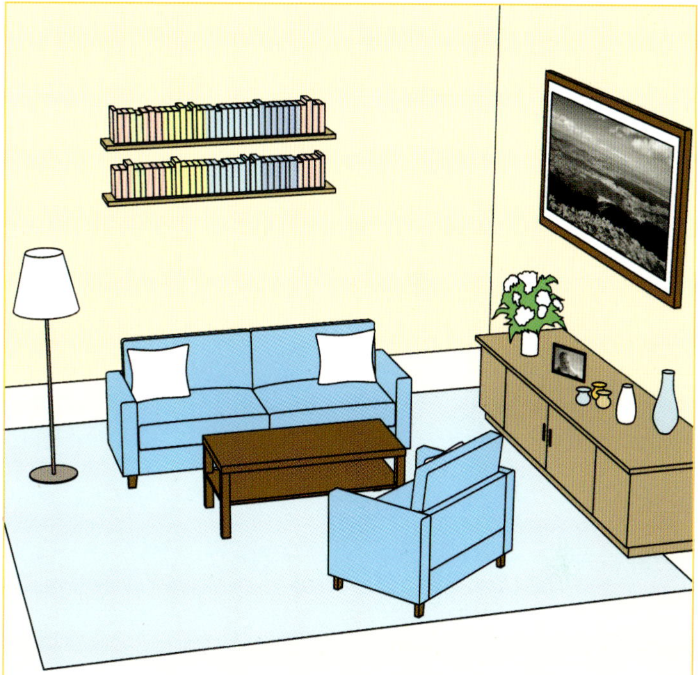

NOS MESES DE VERÃO, posicione o sofá de frente para a janela. No inverno, deixe-o mais perto da lareira.

TROQUE O REVESTIMENTO DO SOFÁ

Escolha um novo revestimento do sofá, pronto ou sob encomenda, ou cubra seu assento e encosto com uma nova capa de tecido.

MUDE OS ACESSÓRIOS

Troque os acessórios da sala: vasos, candelabros e molduras de quadros podem ganhar novas versões em outras cores e formatos.

PROCURE NOS DEMAIS CÔMODOS acessórios que você possa pegar emprestado para usar na sala.

QUARTOS

1 O QUE FAZER PARA RENOVAR O QUARTO

Ao reformar o quarto, é essencial fazer um cronograma do trabalho. Com ele, você programa a ordem das tarefas, poupa tempo e dinheiro e evita refazer alguns serviços que já tenham sido realizados. Siga esses passos para obter um bom fluxo de etapas na sua reforma.

1 DEFINA SEU ORÇAMENTO

Quanto você poderá gastar? Depois de definir um orçamento, atenha-se a ele. Por isso, se tiver de refazer o reboco das paredes, não vá gastar quase todo o dinheiro numa cama nova. Reserve sempre uns 10% do total do orçamento para gastos imprevistos, ainda mais em casas antigas, que podem ter problemas inusitados.

2 PLANEJE O LAYOUT

Desenhe uma planta do seu quarto, incluindo portas, janelas e ar-condicionado. Planeje o melhor lugar para os móveis e use isso como um guia para posicionar tomadas, luzes de teto e de parede, interruptores e pontos para TV a cabo, se for o caso.

3 AVALIE O AR-CONDICIONADO

Verifique o ar-condicionado de seu quarto e avalie se vale a pena introduzir mudanças – por exemplo, é possível ganhar espaço adicional mudando-o de lugar? Ou será que seu quarto precisa de um aparelho maior?

4 AGENDE OS PROFISSIONAIS

Contate e solicite um orçamento para eletricista, carpinteiro, especialista em ar-condicionado, gesseiro e decorador. Se não for mudar paredes de lugar, orce também os armários embutidos. Pergunte se o trabalho de cada um irá interferir no do outro, para agendar tudo no tempo certo.

5 FAÇA O PEDIDO DOS MATERIAIS

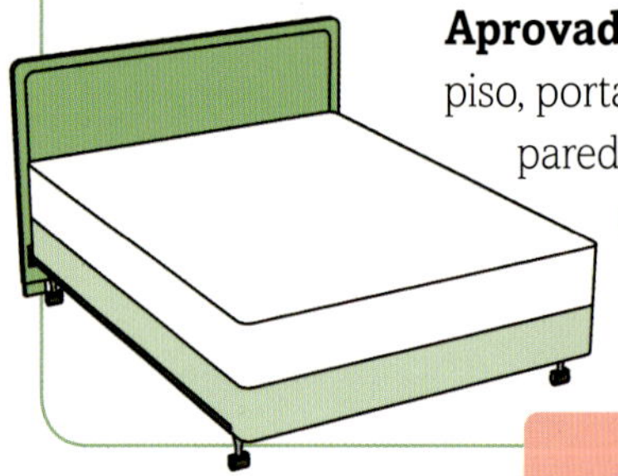

Aprovados os orçamentos, compre piso, portas e janelas. Mobília, papel de parede, pintura, carpetes e luminárias podem ser comprados depois que os trabalhos principais tiverem começado.

6 PREPARE O QUARTO

Se tiver papel de parede antigo, remova-o, para ver se as paredes e o teto precisam de retoques de reboco ou gesso antes da pintura ou do papel novo. Tire painéis e batentes de madeira danificados, revise o piso e remova a fiação e tubulações antigas.

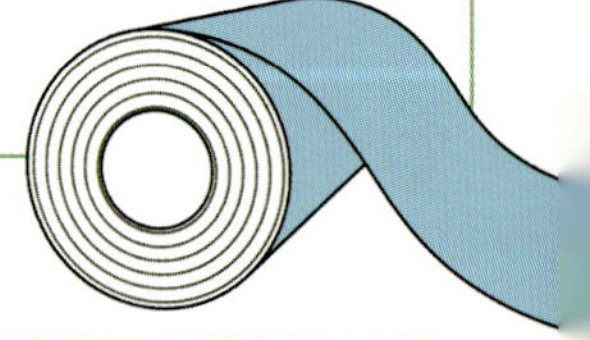

7 INSTALE AR-CONDICIONADO NOVO – INSTALAÇÃO BÁSICA

Se for colocar nova instalação para ar-condicionado, faça isso primeiro, para não atrapalhar outros serviços.

8 INSTALE A FIAÇÃO ELÉTRICA – INSTALAÇÃO BÁSICA

A instalação elétrica básica deve ser feita agora, colocando a fiação sob o piso e por dentro das paredes e do teto para poder ligar os interruptores. Se tiver spots embutidos, o eletricista pode iniciar o trabalho preliminar agora. Cuide também dos cabos de telefone e TV.

9 INSTALE AS NOVAS JANELAS

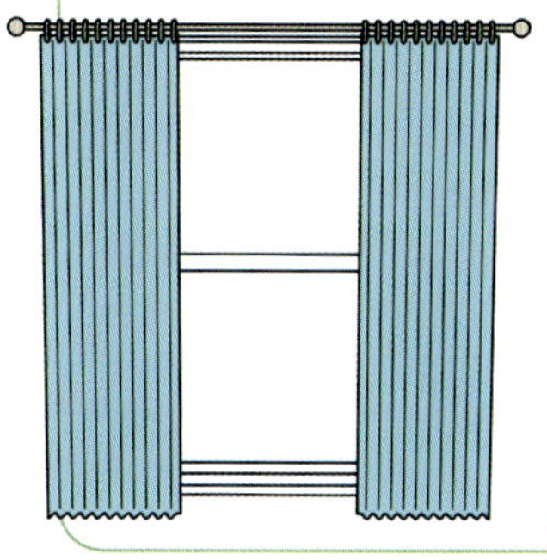

Essa tarefa pode ser realizada assim que as etapas anteriores forem concluídas, mas antes do gesso. Se for reformar as janelas, deixe-as prontas para receberem pintura. Enquanto faz isso, agende o gesseiro.

10 PROVIDENCIE O REBOCO E O GESSO DAS PAREDES E DO TETO

Deixe esses trabalhos a cargo de um profissional. Demora duas semanas para secar, antes que a decoração possa ser iniciada. Aproveite o momento para reparar quaisquer molduras de gesso ou comprar novas.

11 CUIDE DO PISO

Enquanto as paredes e o teto estiverem com reboco e gesso secando, instale o novo piso, seja ele de madeira ou ou apenas uma base para aplicação posterior de carpete.

12 INSTALE OS NOVOS ARMÁRIOS

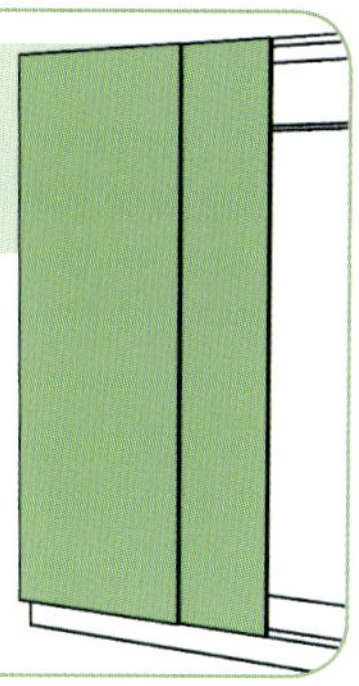

Podem ser embutidos ou comprados prontos. Esse é o momento de instalá-los, antes que sejam providenciados rodapés e trabalhos em gesso.

13 INSTALE OS NOVOS ADEREÇOS DE MADEIRA

Depois que o reboco e o gesso secarem, instale os novos adereços de madeira – rodapés, guarnições, portas, batentes e corrimãos –, certificando-se de que o carpinteiro sabe onde estão localizadas as tubulações e a fiação.

14 DECORE

Preencha qualquer rachadura; pinte paredes, teto e partes de madeira; e aplique o papel de parede, se decidir usá-lo.

15 ORGANIZE A SEGUNDA ETAPA

Com a decoração concluída, chame de novo o eletricista e o especialista em ar-condicionado para instalar o aparelho, luminárias, soquetes e interruptores.

16 DÊ OS TOQUES FINAIS

Instale cortinas, persianas e portas. Cubra o piso de carpete, caso tenha escolhido essa solução.

2 CRIE UM MOOD BOARD PARA **SEU QUARTO**

Um quarto é uma espécie de santuário particular, um lugar onde você precisa realmente se sentir em paz e conseguir relaxar adequadamente. Portanto, escolher o estilo certo para o dormitório não é só definir um projeto de decoração ou testar cores e padrões, mas encontrar um visual que lhe permita relaxar totalmente e se sentir muito confortável. Pensando nisso, comece a arriscar com algumas ideias, usando um mood board.

1 ARRUME FOTOS DE QUARTOS que você considera interessantes, procurando em livros, revistas e na internet. Recorte, faça fotocópias ou imprima. Você vai ver como, aos poucos, começa a surgir algum tema, um estilo específico ou uma combinação de cores do seu agrado. Selecione as imagens até obter um número possível de ser manejado e use-as como ponto de partida para o seu projeto. Se estiver redecorando, vale a pena anotar o que acha feio no espaço atual, para não repetir os mesmos erros.

Escolha uma foto ou duas do seu agrado, ou que contenham elementos de interesse, e cole no seu mood board para servir de inspiração.

2 ESCOLHA ALGUM ITEM-CHAVE, algo que você faça questão de ter no quarto – uma cama linda, uma foto, uma almofada. Use isso como ponto de partida para cores, padrões, formas ou como tema.

Se optar por papel de parede no quarto, escolha cores do padrão dele como base para seus destaques de cor.

3 DEFINA UMA COR DE FUNDO logo de início, pois as paredes são a maior área a ser decorada. Pense em como irá usar o quarto: ele terá de ser claro, para você poder se vestir e se arrumar? Ou você quer uma atmosfera acolhedora e tranquila? Cole amostras de papel de parede e de cores de tinta no mood board, nas proporções em que irá usá-las.

Eleja um terceiro destaque de cor, se preciso, e use-o como detalhe.

Escolha uma cor como seu destaque principal e procure usar a segunda cor de destaque com menos evidência.

4 INTRODUZA DESTAQUES DE COR, que podem ser uma sutil variação do tom de base ou um contraste radical com ele (ou ambas as coisas). Escolha pelo menos duas cores, mas não mais do que três. Brinque com combinações de cores usando amostras, para ver se funcionam bem juntas, e depois cole suas favoritas no mood board.

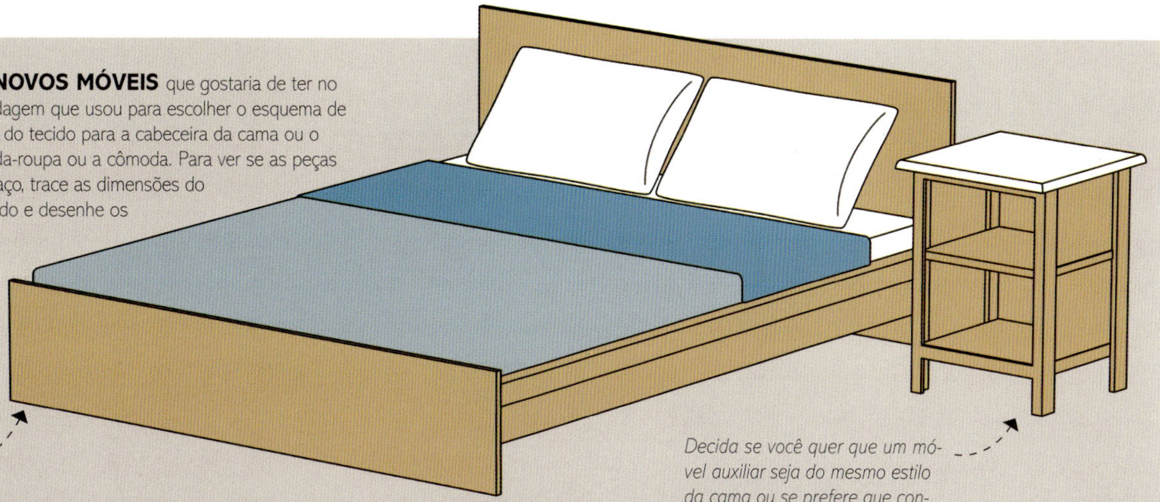

5 ESCOLHA OS NOVOS MÓVEIS que gostaria de ter no quarto. Siga a abordagem que usou para escolher o esquema de cores e defina a cor do tecido para a cabeceira da cama ou o tipo de madeira para o guarda-roupa ou a cômoda. Para ver se as peças vão se encaixar bem no espaço, trace as dimensões do quarto num papel quadriculado e desenhe os móveis em escala.

Formato e tamanho são considerações importantes no quarto (por exemplo, na compra de uma cama nova).

Decida se você quer que um móvel auxiliar seja do mesmo estilo da cama ou se prefere que contraste de modo radical com ela.

6 ACRESCENTE PADRÕES E TEXTURAS para criar um visual atraente e uma sensação de conforto. Se o papel de parede tiver algum padrão, você pode usar outros diferentes no quarto, desde que as cores sejam do mesmo tom. Ou introduza texturas com um tapete, carpete, colcha ou almofadas, para que o quarto não fique básico demais e frio. Cole no mood board amostras ou fotos de sua preferência.

Uma manta tricotada volumosa ou uma colcha são boas maneiras de criar textura no quarto.

Se escolher um carpete ou tapete de pelo alto para dar textura e conforto, verifique se combina com as cores do projeto de seu mood board.

Os acessórios devem combinar com sua paleta restrita de cores ou terem um aspecto suave e relaxante.

7 ACRESCENTE OS TOQUES FINAIS, como almofadas, abajures, fotos e tapetes. Esses itens não precisam combinar perfeitamente, mas devem ser coerentes em termos de cor (é neles que você usará os destaques coloridos), estilo ou tema, para criar um bom efeito no quarto. Esses toques sutis podem definir se o cômodo funcionará bem ou não, por isso use a paleta limitada de cores e o projeto de design de seu mood board para fazer as escolhas finais.

3 COMO MONTAR **O LAYOUT DO QUARTO**

Seu quarto é um ambiente que, inevitavelmente, vai abrigar o que não couber em outras partes da casa, por isso é bom reservar o máximo possível de espaço para guardar coisas. Se somar a isso o fato de que ele abriga as maiores peças de mobília da casa – a cama e o guarda-roupas –, você compreenderá que tem um desafio nas mãos. Siga estas dicas para aproveitar ao máximo seu espaço.

CAMA

Primeiro, defina a posição da cama; se for de casal, os dois lados devem ter bom acesso (não encoste a cama numa parede). Se o teto for inclinado, veja se há espaço suficiente para a cabeceira nos dois lados da cama. Certifique-se também de que a porta do quarto não bate na cama ao abrir e de que não há problemas para abrir as portas do guarda-roupas e dos gaveteiros. Se houver pouco espaço, evite uma cama alta, que fará o quarto parecer mais apertado. Pode ser útil escolher uma cama com gavetas embaixo, pois isso libera mais espaço no piso.

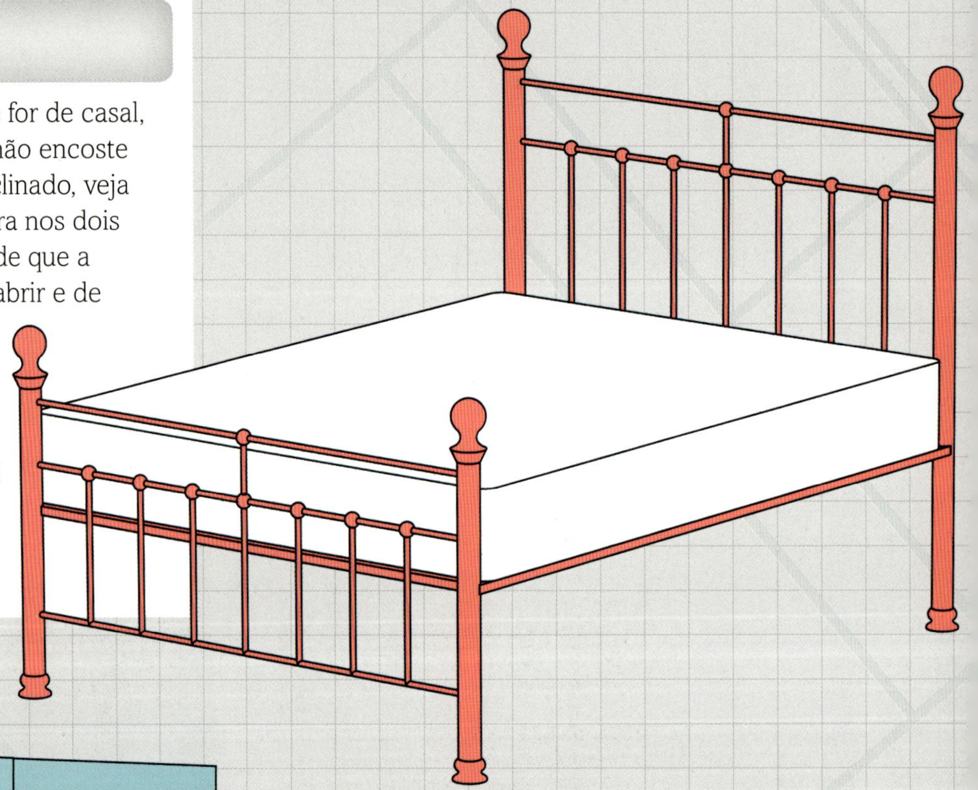

GUARDA-ROUPA

Guarda-roupas de piso, em pares ou não, podem ser encaixados em vãos de parede, se houver, quase sempre em frente à cama. Se tiver um armário só, grande, centralize-o na parede. Os embutidos – que aproveitam bem melhor o espaço – são ideais para quartos com cantos desajeitados, como os que têm teto inclinado. Colocar um guarda-roupa diante de uma janela bloqueará a luz; mas, se não houver outra opção, escolha um de cor clara e com espelho frontal, para aumentar a luminosidade do quarto.

MESA DE CABECEIRA

As mesas de cabeceira devem criar uma aparência equilibrada e sempre aos pares – não precisam ser as duas iguais, mas devem ter tamanho similar. Se só tiver espaço para uma mesa de cabeceira, tente deslocar um pouco a cama e encaixar duas minimesas ou duas prateleiras da mesma altura das mesas, a fim de não desequilibrar tanto a aparência do quarto.

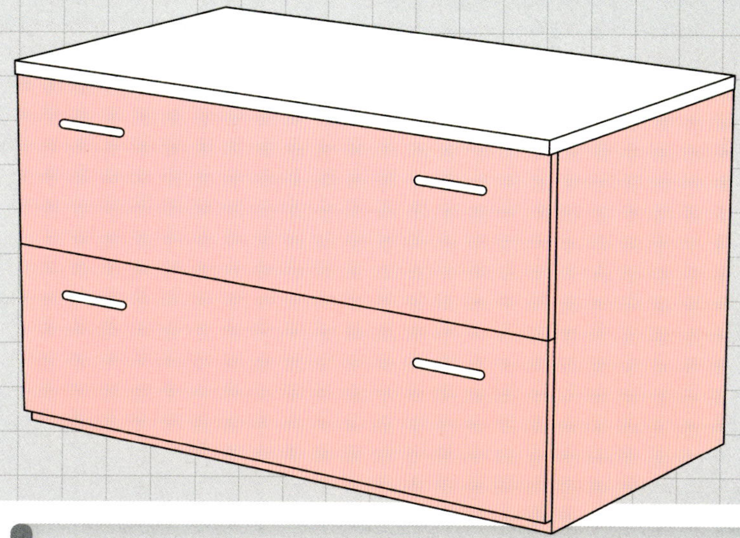

GAVETEIRO

Num quarto grande, é possível pôr dois gaveteiros, um de cada lado da cama, no lugar das mesas de cabeceira. Isso proporciona muito espaço útil para luminárias, livros ou roupas que não precisem ser penduradas. Se couber só um gaveteiro, centralize-o numa parede vazia e ponha um espelho em cima para criar um ponto focal. Ele pode ainda ter a função de penteadeira, mas sem a cadeira. Se o gaveteiro compartilhar a parede com um guarda-roupa, escolha um de mesma profundidade e estilo. Se quiser um visual mais discreto, coloque-o junto dos armários embutidos.

PENTEADEIRA

Se seu quarto for grande o suficiente para acomodar todas as peças essenciais de mobília e ainda tiver espaço de sobra, você poderá se dar ao luxo de ter uma penteadeira. O ideal é que ela fique onde haja luz natural – perto da janela, com um espelho conjugado, ou em ângulo reto com ela, com um espelho pendurado na parede, por exemplo. Certifique-se de deixar lugar para uma cadeira à frente da penteadeira e também espaço para que se possa circular por trás dela.

4 ESCOLHA O PISO

O conforto deve ser a prioridade na hora de escolher o piso do quarto. No entanto, você deve considerar também que papel ele terá no seu esquema decorativo; o piso muitas vezes é chamado de "quinta parede do quarto". Outro ponto importante é a praticidade que o material oferece na limpeza.

1 ESCOLHA O VISUAL

Se você quer um visual acolhedor e relaxante, o carpete é ideal e também uma boa maneira de introduzir cor no ambiente. Ladrilhos ou pisos de madeira dão um toque elegante e vão bem num quarto contemporâneo ou mais rústico.

LADRILHOS

Ladrilhos são uma boa opção para o dormitório. Ajudam a mantê-lo fresco no verão, mas não são indicados para lugares de inverno rigoroso. Também são práticos de limpar. Opte por ladrilhos de formato grande e considere a possibilidade de usar cores claras.

MADEIRA

A madeira pode dar um toque contemporâneo ou tradicional, dependendo do acabamento e do tom que você escolher. Há várias opções: pisos de tábuas (com 15-20 cm de largura); pisos listrados (tábuas estreitas) e tacos (em blocos ou espinha de peixe).

CARPETE

O carpete tem um toque macio para os pés e pode ser encontrado em muitas cores e padrões. Os de uma só cor mostram mais as marcas do que os mosqueados ou com padrões. Os de fibras naturais, como o sisal, não são tão macios para os pés, mas podem ser uma alternativa esteticamente agradável.

DICAS

- **Contrapisos de concreto** devem estar limpos, secos e lisos. Corrija imperfeições com uma argamassa autonivelante e certifique-se de que está bem seco antes de aplicar o piso por cima dele.
- **Se for aplicar ladrilhos sobre tábuas**, cubra-as com aglomerado de alta densidade, com o lado liso para cima. Madeira com preservantes não é adequada para o contrapiso.
- **Os carpetes devem ser aplicados** sobre uma superfície uniforme, como compensado ou aglomerado. Contrapisos com ranhuras criam marcas no carpete. Um bom contrapiso garante boa aparência ao carpete, além de deixá-lo mais confortável para os pés.

2 ESCOLHA O MATERIAL

Como no quarto não há tanta circulação quanto no restante da casa, pode-se escolher o piso com base na aparência. Se você costuma andar descalço nesse cômodo, considere se é confortável para os pés tanto no verão como no inverno.

LADRILHOS

PORCELANA

Pode ter acabamento brilhante ou fosco. É durável e fácil de limpar, mas pode dar a sensação de ser muito frio e duro para os pés. Os preços variam.

CERÂMICA

Tem baixo custo e é mais em conta do que os de pedra natural e porcelana. Não mancha, dispensa impermeabilização e vem em muitos estilos, formatos e cores.

TERRAZZO

Feito de lascas de mármore em cimento com pigmento colorido acrescentado, tem acabamento brilhante. É caro e deve ser instalado por um profissional.

TRAVERTINO

Feito de pedra natural, é caro e pode ter tanto acabamento brilhante como natural, envelhecido ou com bordas suaves.

CALCÁRIO

Os ladrilhos de calcário estão disponíveis com acabamento brilhante ou fosco e em grande variedade de cores. São caros, mas produzem um belo efeito.

MADEIRA

DE LEI

Com preço de médio a alto, os pisos de madeira de lei suportam desgaste e podem ser lixados várias vezes, recuperando a beleza original.

COMUM

Se for pintar seu piso, a madeira comum é uma opção barata ou de preço médio. Use apenas as de boa procedência, pois deformam muito menos.

COMPENSADO

Com preço médio, tem aspecto e sensação tátil de um piso de madeira maciça. Pode ser um piso flutuante com uma camada inferior – boa opção em pisos desiguais.

BAMBU

Com custo de médio a alto, o bambu parece madeira e pode ser instalado como piso flutuante ou colado. Boa opção também para contrapisos.

LAMINADO

Mais barato do que a madeira de lei e o compensado, as placas de laminado dão um efeito decorativo de madeira sobre uma base de aglomerado de fibra.

CARPETE

TRAMA TORCIDA

Com preço de baixo a médio, é muito acessível e por isso muito usado. Tem uma aparência mais áspera e rude, mas é muito resistente.

TRAMA AVELUDADA

Tem preço de médio a alto, pelo denso, cortado baixo, fofo, e aparenta maciez como a camurça. O acabamento aveludado é ideal para o dormitório.

BUCLÊ OU LOOP

Tem preço médio, textura uniforme, nivelada ou com diferentes alturas, para um efeito texturizado. É similar ao sisal e à fibra de coco, porém mais confortável.

SAXONY

Com preço de médio a alto, é tecido em anéis e depois aparado para ficar com a superfície uniforme. Seu pelo, denso e profundo, é macio e suave para os pés.

FIBRA DE COCO

Feito da fibra da casca do coco, esse carpete é de baixo custo, tem textura um pouco áspera para os pés, mas é bem resistente e não escorrega.

SISAL

De custo médio, o sisal tem uma textura fina e um brilho sutil. Está disponível em vários tipos de urdidura e várias cores – tanto únicas como misturas.

JUTA

De preço médio, é composta por padrões de tecidos rasos, que lhe dão um aspecto refinado. É mais macia que outros materiais naturais, mas não tão resistente.

FIBRAS MARINHAS

Feito de ervas marinhas das margens costeiras ou de rios, esse carpete tem preço médio, aparência volumosa e textura cerosa, resistente a manchas.

ACRESCENTE UM TAPETE

Se você decidiu usar piso de madeira ou de ladrilhos no seu quarto, talvez seja uma boa ideia colocar um tapete num dos lados – ou nos dois – da sua cama.

- **Escolha um tapete de pelagem espessa** para dar um toque de luxo e numa cor que complemente o projeto de cores do quarto.
- **Certifique-se de que o tapete** tem peso suficiente e que não vai ficar se movendo ou dobrando quando você andar em cima dele, o que pode até resultar em um escorregão ou acidente.
- **Antes de decidir**, verifique se o tapete tem o tamanho certo: meça e corte um molde de papel-jornal e teste-o no piso.

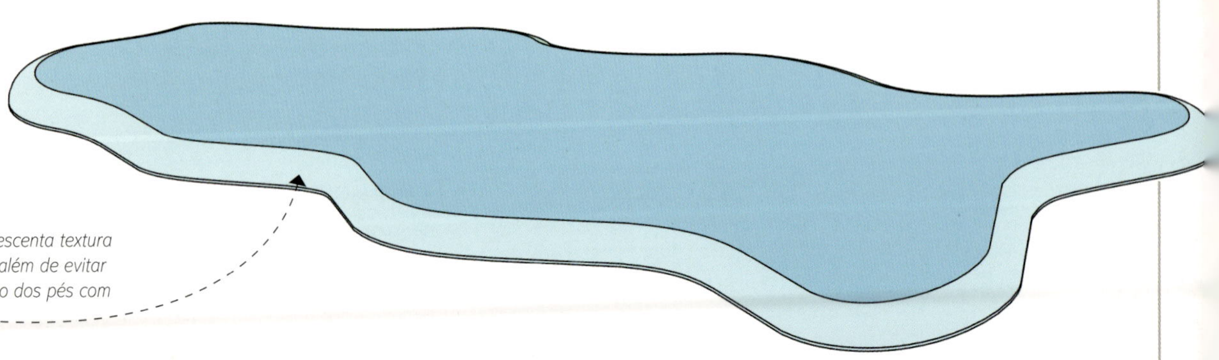

Um tapete acrescenta textura ao dormitório, além de evitar o contato direto dos pés com o chão frio.

AS LINHAS RETAS E PARALELAS de um piso de madeira podem ajudar a criar um efeito visual e fazer o quarto parecer mais longo ou mais largo do que é.

5 ESCOLHA O REVESTIMENTO DAS PAREDES

Ao decidir o revestimento das paredes do dormitório, a prioridade é a aparência final que você deseja criar, já que a resistência da tinta ou do papel de parede são aspectos secundários num quarto. Assim, a não ser que as paredes estejam muito rachadas ou irregulares, dê asas à imaginação.

1 ESCOLHA O MATERIAL

Além de pensar no efeito visual, considere o estado das paredes do seu quarto. Se o reboco é novo, escolha o que quiser; mas, se as paredes são velhas e desiguais, papel de parede ou painéis podem ser uma opção mais prática.

TINTA

Pintar as paredes é um jeito rápido e barato de decorar o quarto, mas não subestime a quantidade de tinta de que vai precisar – serão duas ou três demãos. Cores claras aumentam a sensação de espaço; cores mais fortes criam uma atmosfera mais acolhedora.

PAPEL DE PAREDE

Se aquele papel de parede que você adorou for muito caro, ou se você não quiser cobrir todas as paredes, use-o apenas numa delas (a que fica atrás ou em frente à cama). Papéis estampados têm um padrão repetido, por isso calcule bem a quantidade necessária.

REVESTIMENTO DE MADEIRA

Os painéis de madeira com uma moldura saliente são feitos de madeira maciça ou de fibra de densidade média MDF e dão um ar tradicional. Os canelados criam um efeito náutico ou de casa de campo; e os painéis lisos dão um toque contemporâneo.

DICAS

- **Se usar papel de parede,** vale a pena comprar 10% a mais, para eventualidades. Certifique-se de que é todo do mesmo lote, para não criar diferenças de cor, e de que você tem papel suficiente para repetir um padrão, no caso de papel estampado.
- **Você preparou a parede** de modo adequado? Tanto ao pintar como ao usar papel de parede, primeiro cubra e lixe buracos e rachaduras e uniformize toda a superfície.
- **Latinhas com amostras de tinta** permitem checar antes o acabamento da tinta e sua cor; se possível, evite tinta fosca, que é mais difícil de corrigir quando fica marcada.

2 ESCOLHA O TIPO

O tipo de tinta, papel de parede ou revestimento que você escolhe tem um efeito visual decisivo. A tinta é vendida em vários acabamentos; o papel de parede, em diversos estilos e texturas; e o revestimento de madeira, em várias versões.

TINTA

FOSCA

Tinta não refletora à base de água que minimiza os defeitos de paredes desiguais. Adequada a ambientes modernos. Os preços variam muito.

ACETINADA OU BRILHANTE

Boa opção para quartos pequenos ou escuros, essas tintas têm preço médio e seu brilho sutil ajuda a refletir a luz. São tintas bastante duráveis.

METÁLICA

Para um toque de luxo, use essa tinta de preço médio. Ou compre tintas de brilho metálico para aplicar sobre as foscas e criar um brilho sutil.

AVELUDADA

Tinta de preço médio, de efeito aveludado. Disponível em várias cores, tem minúsculos grãos que criam uma textura de pincelada. Aplique com pinceladas aleatórias.

PAPEL DE PAREDE

LISO OU ESTAMPADO

Use papel liso como alternativa à tinta, ou estampado, para criar um efeito decorativo. O papel impresso à máquina é barato; o pintado à mão é bem mais caro.

COM RELEVO

O papel de parede com relevo tem textura aveludada e está disponível em belas cores, criando um efeito visual de impacto. É mais caro que os demais tipos de papel.

METÁLICO

De preço médio a alto, é oferecido em vários padrões, como contemporâneos florais, geométricos retrô, além de lisos e de acabamento texturizado.

TEXTURIZADO

De preço médio, é mais grosso que os demais e quase sempre branco, com padrões em relevo. Branco ou pintado, é uma boa solução para paredes irregulares.

REVESTIMENTO DE MADEIRA

PAINÉIS CANELADOS

De custo baixo a médio, podem proporcionar uma aparência náutica, rural ou retrô. Em geral, as tábuas são de pinho – ou então de MDF.

MADEIRA CHAPEADA

Esses painéis têm custo de médio a alto e produzem um visual vintage. A versão com folha de madeira prensada quente sobre placa de MDF é a melhor.

PAINÉIS COM MOLDURA

Esse tipo de painel, de preço médio, torna paredes básicas mais atraentes, tanto em estilos contemporâneos como tradicionais. Combina bem com papel de parede.

COMO APLICAR
O PAPEL DE PAREDE

Aplicar papel de parede não exige grande habilidade e ajuda a poupar gastos. Cada tipo requer uma densidade específica de cola; por isso, cheque sempre as instruções antes de preparar a mistura – uma cola densa demais ou muito rala irá fazer o papel se expandir de modo inadequado.

VOCÊ PRECISA DE:

- Papel de parede
- Fita métrica ou trena
- Lápis
- Cola de papel de parede
- Aplicador/pincel
- Nível de bolha
- Escova para papel de parede
- Tesoura
- Faca ou estilete
- Esponja
- Rolinho

1 PREPARE O PAPEL

1 DESENROLE UM PEDAÇO de papel e dobre-o para trás. Lembre-se de que ele tende a enrolar de novo.

2 FAÇA-O ROLAR na direção oposta até que fique plano.

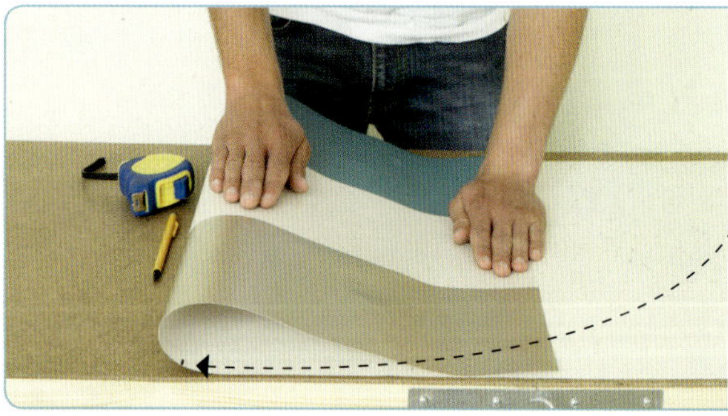

3 MEÇA O TAMANHO (deixe com 10 cm a mais que a altura do quarto), alinhe, marque, dobre e corte ao longo da dobra.

2 PASSE A COLA NO PAPEL

1 POSICIONE O PAPEL para que um lado fique fora da mesa e aplique a cola do centro em direção a esse lado.

2 VIRE O PAPEL de modo que o outro lado fique fora da mesa e repita. Agora ele deverá estar todo pincelado pela cola.

3 PARA EVITAR QUE A COLA SEQUE, vire o papel sobre si mesmo.

4 REPITA COM A OUTRA PONTA. As duas bordas ficam no meio.

3 APLIQUE O PAPEL

1 MARQUE UMA LINHA GUIA no seu ponto inicial. Ela deve ser perfeitamente vertical, por isso use um nível de bolha comprido.

2 MARQUE DE LEVE a lápis, pois alguns papéis de parede são levemente transparentes.

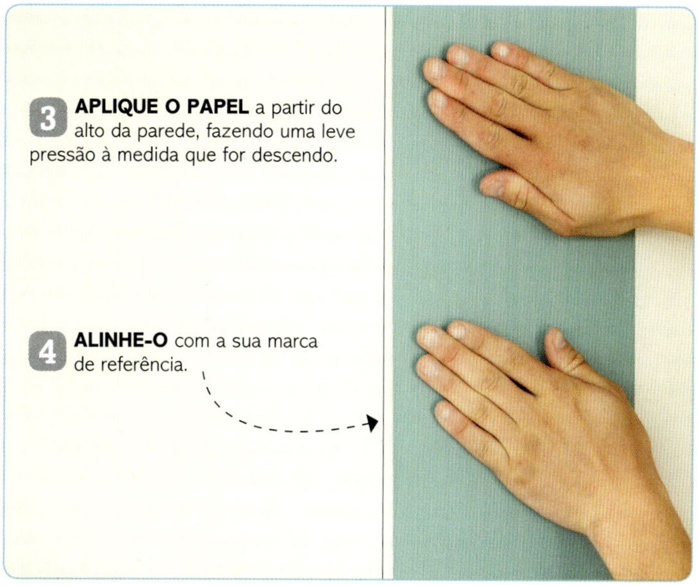

3 APLIQUE O PAPEL a partir do alto da parede, fazendo uma leve pressão à medida que for descendo.

4 ALINHE-O com a sua marca de referência.

5 USE UMA ESCOVA para alisar o papel, com movimentos para cima, a fim de remover quaisquer bolhas de ar sob a superfície.

6 DESDOBRE A PARTE DE BAIXO e continue colando, até que o papel cubra do teto ao rodapé.

7 PASSE A ESCOVA até a parte de baixo, removendo as bolhas. A borda do papel deve cobrir um pouco o rodapé.

8 APERTE BEM no ponto em que a parede se junta ao rodapé, criando uma dobra no papel. Repita isso no alto, onde a parede se encontra com o teto.

4 CORTE O PAPEL

1 MARQUE BEM A DOBRA usando uma ferramenta dura, de ponta arredondada, como uma tesoura fechada.

2 A DOBRA onde a parede encontra o rodapé deve agora estar bem definida.

3 PARA CORTAR O PAPEL, deixando uma borda bem reta, use um estilete afiado e corte ao longo da dobra. O próprio rodapé serve como guia ao cortar.

4 PASSE A ESCOVA de novo pela borda para garantir que o papel fique bem colado – senão ele pode começar a desgrudar depois que estiver seco.

5 LIMPE A ÁREA DO RODAPÉ com uma esponja úmida para remover quaisquer vestígios de cola na madeira. Repita o procedimento na parte de cima, no alto da parede, junto ao teto.

5 EMENDE O PEDAÇO SEGUINTE DE PAPEL

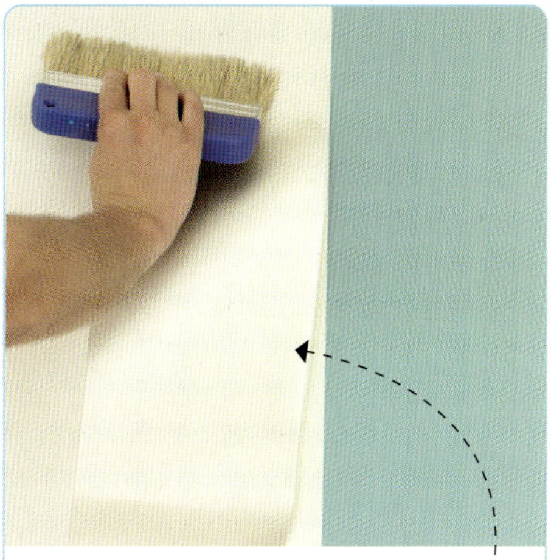

1 APLIQUE O PEDAÇO SEGUINTE o mais perto possível do primeiro, utilizando o mesmo procedimento de antes.

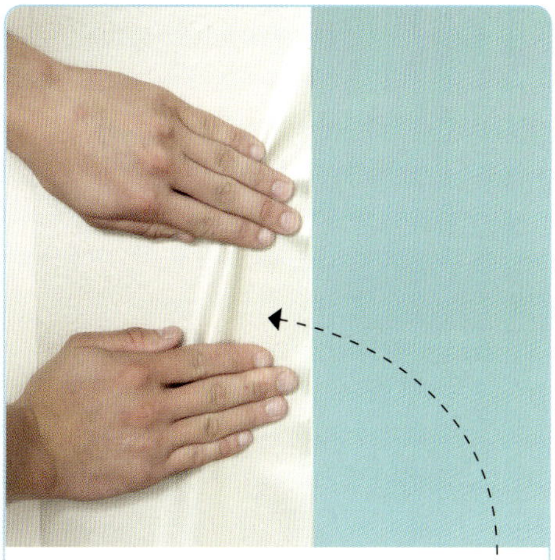

2 COM PAPEL DE PAREDE ÚMIDO é mais fácil de manipulá-lo e fazê-lo deslizar até encostar no pedaço colado.

3 PASSE UM ROLINHO pela emenda das duas faixas de papel. Isso garante que suas bordas fiquem bem grudadas e que se absorva qualquer excesso de cola.

6 ESCOLHA **A CAMA**

Como ocorre com todas as peças grandes de um ambiente, sua cama será um ponto focal importante e, sem dúvida, dará o tom do estilo de seu dormitório. Mas não leve em conta apenas a aparência – nunca esqueça que sua cama, antes de mais nada, precisa ser o mais confortável possível.

1 DEFINA O TAMANHO

A primeira coisa a levar em conta ao comprar a cama é o tamanho. Verifique quanto de espaço no piso ela pode ocupar e compre a maior que puder ser acomodada adequadamente no quarto. Recomenda-se comprar uma que seja de 10 a 15 cm mais comprida que a maior pessoa que for deitar nela.

2 ESCOLHA O ESTILO

Camas tipo divã são essencialmente uma base sobre a qual se coloca o colchão e podem ter uma plataforma ou um estrado com molas. As armações de cama são escolhidas mais por sua aparência e têm grande variedade de designs e materiais.

TIPO DIVÃ

Bem populares, têm uma base profunda, revestida ou não de tecido, quase sempre com compartimentos para guardar coisas. Se as beiradas não forem revestidas, você pode cobri-las com tecido. Se tiver gavetas, cheque se o layout do quarto permite abri-las.

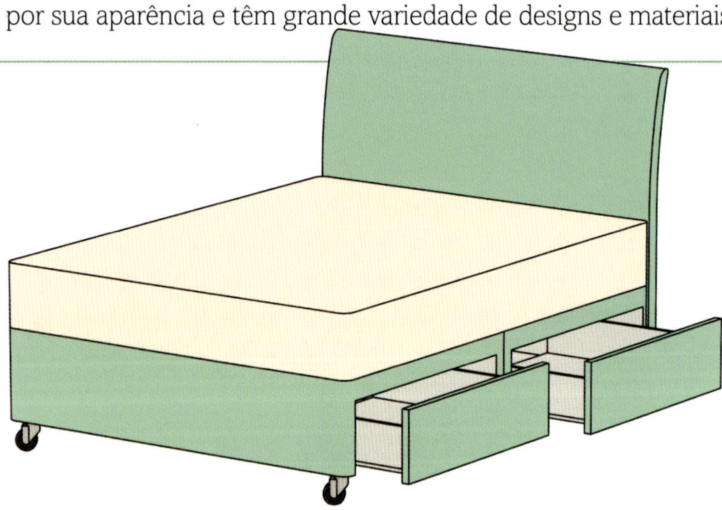

DIVÃ COM PÉS

O divã apoiado sobre pés dá um ar mais contemporâneo do que o tipo básico. Se os pés forem altos o suficiente, você terá espaço de armazenagem embaixo da cama. Verifique se o material da armação combina com o projeto de decoração de seu quarto.

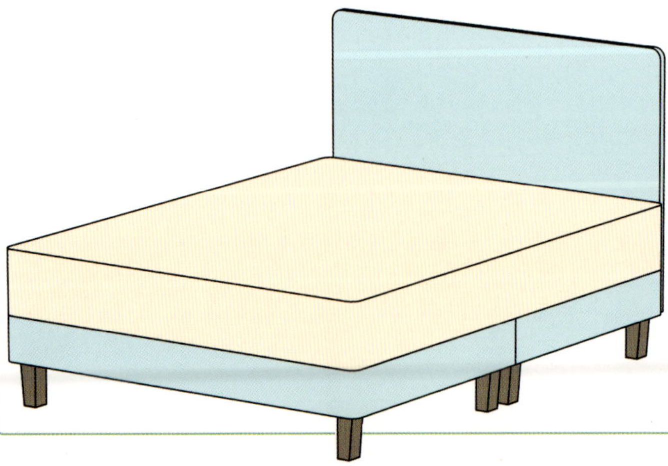

ESTRADO DE MOLAS

Esse tipo de cama consiste em uma armação de madeira com estrado de molas, sobre o qual é colocado o colchão, e mais uma estrutura de metal que eleva o conjunto todo a certa altura do chão. Como o estrado de molas e o colchão são projetados para funcionar juntos, é bom checar se os dois são compatíveis.

ARMAÇÃO DE MADEIRA

As armações de madeira podem ter muitos designs diferentes. Há desde camas-trenó até românticas camas com dossel, painéis ou ripas de madeiras. As de madeira maciça são mais caras que as de madeira chapeada, mas duram bem mais. Podem ser de cerejeira, bétula, nogueira e freixo, entre outras.

ARMAÇÃO DE METAL

Essas camas são disponíveis tanto em designs tradicionais como contemporâneos e em grande variedade de cores e tipos de acabamento, incluindo metal antigo, niquelado e aço pintado de tinta metálica. Seu design costuma ser bastante ornamentado.

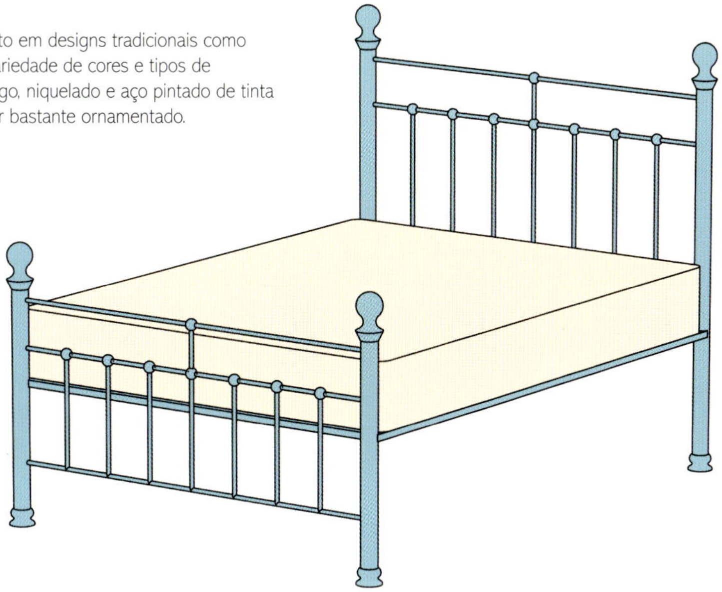

ARMAÇÃO E CABECEIRA ACOLCHOADOS

As camas acolchoadas estão disponíveis em grande variedade de tecidos e também em couro natural ou sintético. Muitas vezes é possível escolher o material do acolchoado.

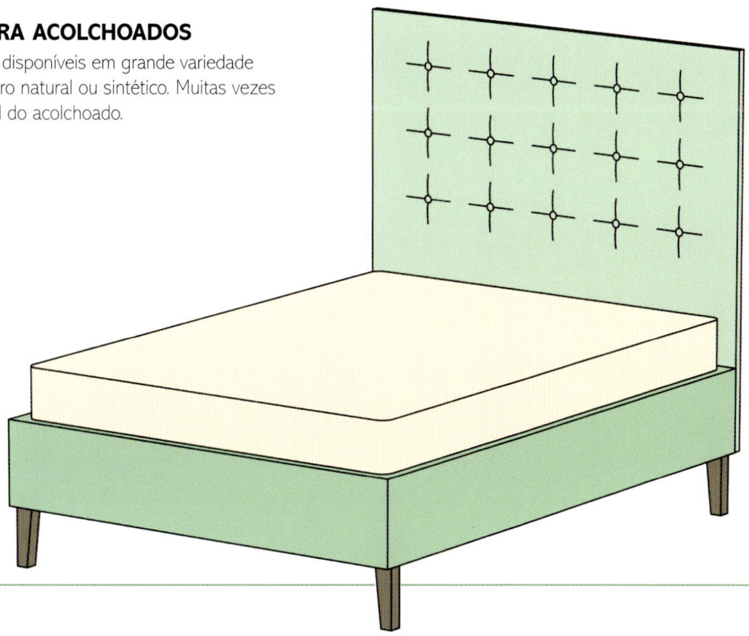

TIPOS DE COLCHÃO

A escolha do colchão é tão importante, ou mais, que a da cama. Às vezes, o colchão custa até mais caro.

- Os colchões com molas tipo bonnel possuem molas cônicas entrelaçadas por uma espiral. Eles distribuem bem o peso do corpo e reduzem a sensação de movimento.
- Os colchões de molas pocket em geral têm qualidade superior e são mais caros. As molas são envolvidas em bolsos de tecido e compactadas, atuando de modo independente para reagir ao seu peso e garantir uma superfície mais estável.
- Os colchões de espuma se adaptam ao peso, à pressão e à temperatura corporal de cada pessoa. Ajudam a prevenir dores e problemas de coluna.
- Os colchões de látex também se adaptam ao formato de seu corpo e ajudam a minimizar as pressões nas articulações. São hipoalergênicos, portanto adequados a quem tem problemas respiratórios.

SEIS OPÇÕES DE
CABECEIRA DE CAMA

Crie impacto visual em seu dormitório com uma cabeceira decorativa. Pode ser de tecido ou pintada diretamente na parede: uma cabeceira diferente produz um bom efeito e deixa a cama mais atraente. Pode ser tão alta quanto você desejar, mas deixe-a da mesma largura da cama, ou só um pouco maior.

TECIDO ESTICADO NUMA MOLDURA

Faça uma cabeceira usando seu tecido favorito, esticado e grampeado numa moldura de madeira da mesma largura da cama.

VOCÊ NÃO PRECISA SE RESTRINGIR A TECIDOS LISOS para sua cabeceira: se sua roupa de cama for lisa, aproveite a cabeceira para introduzir um padrão geométrico.

PAINEL DECORATIVO

Painéis com retalhos ou arabescos criam um fundo original para a sua cama. Use painéis de vários tamanhos, formando um retângulo.

PARA DAR UM CHARME ESPECIAL, borrife os painéis com tinta metálica antes de fixá-los no lugar.

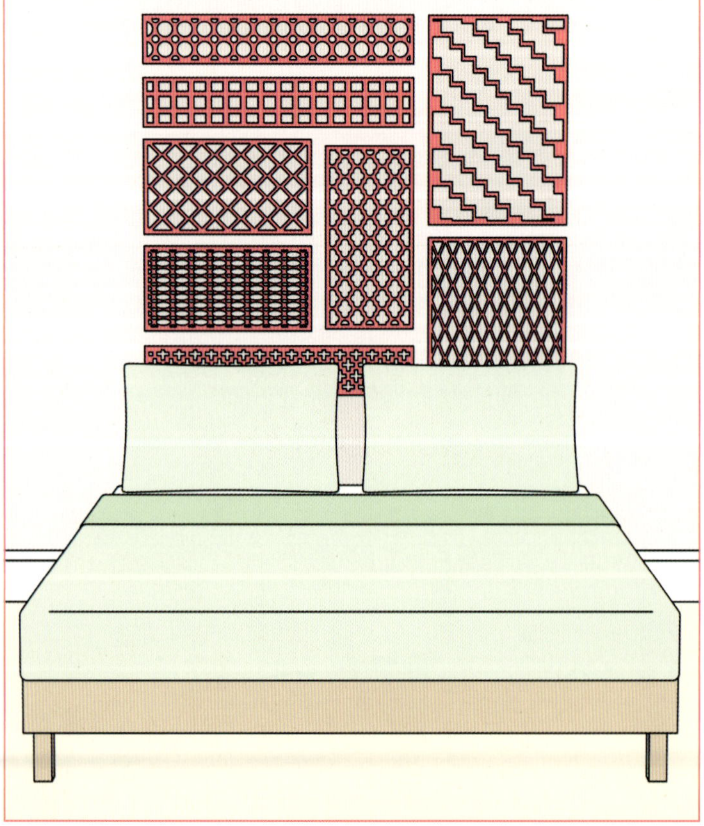

CLÁSSICO

Para dar um toque clássico, crie uma cabeceira acolchoada, com detalhes de botões. Ela vai parecer uma cama de hotel-butique.

NÃO OPTE SEMPRE POR tecidos lisos – você pode escolher um veludo texturizado para dar um toque mais luxuoso.

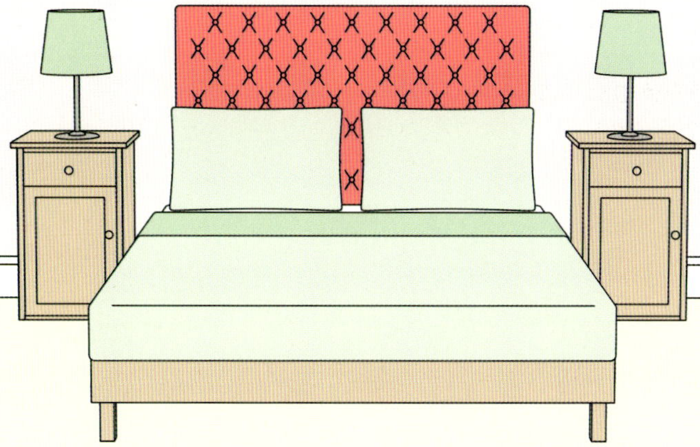

PAPEL DE PAREDE

É possível criar uma cabeceira decorativa na própria parede: cole o papel de parede estampado logo acima da cama.

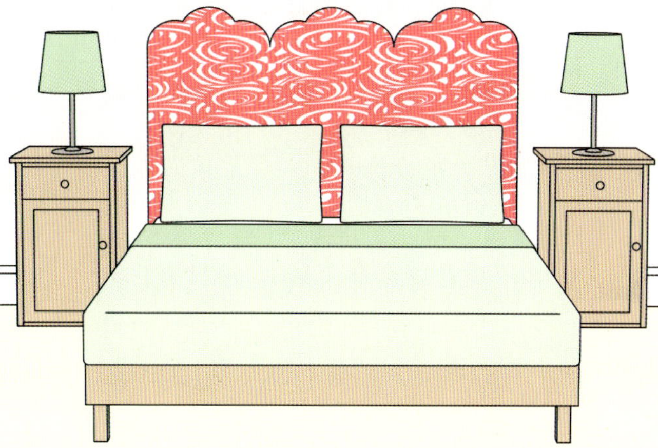

PAINEL REVESTIDO DE TECIDO

Cubra retângulos de espuma com tecido e crie duas cabeceiras individuais. Deixe um espaço de 10cm entre os dois painéis.

FIXE OS PAINÉIS diretamente na parede e pregue umas ripas embaixo deles, para dar um suporte adicional.

PAINEL PINTADO

Se não quiser ousar a ponto de decorar todas as paredes com uma cor viva, use painéis de aglomerado para criar esse efeito de contraste.

7 ESCOLHA O GUARDA-ROUPA

Como um dos maiores móveis do quarto, é evidente que o guarda-roupa deve ser o mais atraente possível. No entanto, a consideração mais importante deve ser seu tamanho e suas opções de armazenagem, senão você pode acabar com uma bela peça de mobília sem a devida praticidade.

1 EMBUTIDO OU DE PISO

Na dúvida entre guarda-roupa convencional ou embutido, veja qual você acha mais atraente, qual combina mais com o estilo da sua casa, qual é melhor em termos de espaço dentro da disposição do seu quarto e como cada um afeta seu orçamento.

EMBUTIDO

Mais eficiente em termos de espaço, é a escolha ideal se você tem muita roupa para guardar ou se seu quarto tem um formato incomum. Pode ser feito sob encomenda, por isso é possível ter exatamente o formato de que precisar.

DE PISO

É o tipo convencional e mais comum. Disponível em vários materiais, designs e estilos, oferece mais opções. Em geral, tem tamanho padrão, o que faz com que talvez seja preciso procurar um pouco até achar o que melhor se ajuste a seu espaço.

2 ESCOLHA O TIPO DE PORTA

Você talvez leve em conta apenas o estilo ao escolher o tipo de porta, mas há questões práticas envolvidas. Para lugares pequenos, as corrediças são melhores, pois exigem menos espaço para serem abertas do que as com dobradiças.

COM DOBRADIÇAS

Os armários com dobradiças permitem ver todo o seu conteúdo quando as portas são abertas. Mas, se o móvel for ocupar um espaço apertado, veja se as portas poderão ser totalmente abertas. Verifique também se as dobradiças são fortes o suficiente para suportar anos de uso.

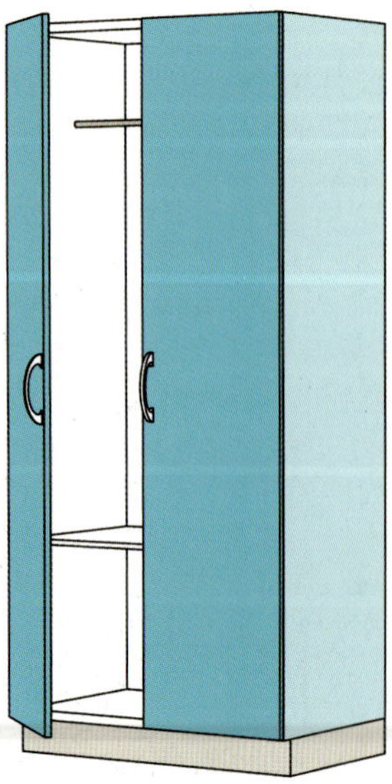

CORREDIÇAS

Muitos armários grandes e boa parte dos embutidos têm portas corrediças (em geral do chão ao teto), e alguns são de duas ou três portas. Esse modelo não deixa ver ao mesmo tempo todas as roupas que estão dentro – uma das seções sempre fica oculta por uma das portas. Cheque se elas deslizam com facilidade.

3 ESCOLHA O TAMANHO

Escolha o guarda-roupa conforme sua disponibilidade de espaço e a quantidade de peças que quer guardar. Se você possui mais roupa de dobrar do que de pendurar, é melhor pensar em reservar mais espaço para gavetas.

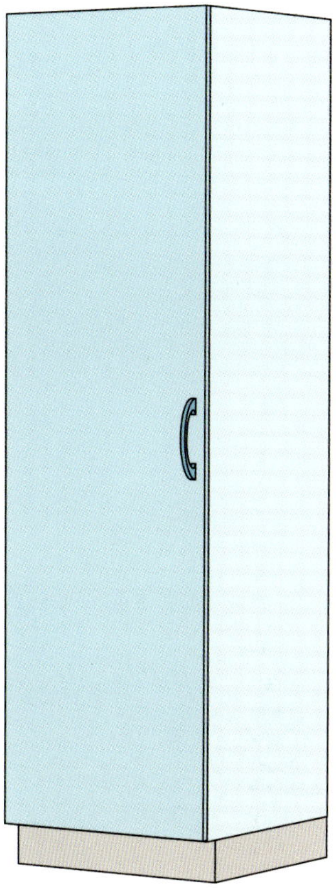

UMA PORTA

É a versão mais simples. Tem espaço limitado, mas é uma boa opção para quartos pequenos. Cheque a largura da porta, para ter certeza de que haverá espaço suficiente para abri-la totalmente.

DUAS PORTAS

É o modelo clássico. Em geral, conta com uma gaveta, ou um conjunto delas, na parte inferior. Veja se são fundas o suficiente para se revelarem práticas.

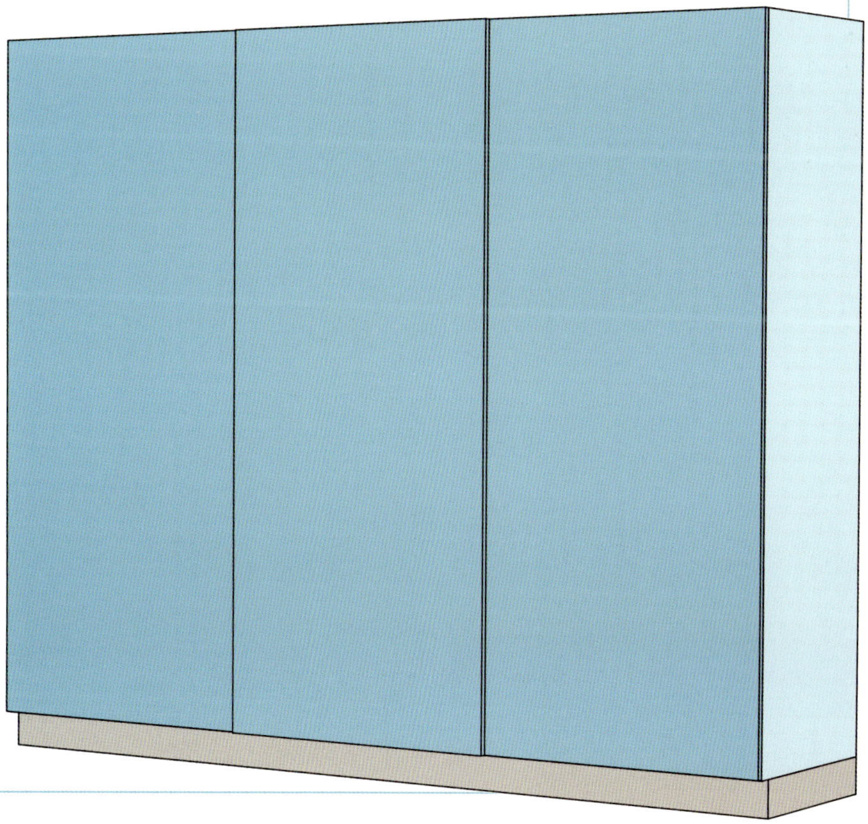

TRÊS OU MAIS PORTAS

Guarda-roupas maiores, com três ou mais portas, oferecem espaço não só para cabideiros, mas também para prateleiras, gaveteiros e sapateiras. Isso lhe permite concentrar tudo em apenas um lugar, dispensando cômodas e outras opções de armazenagem.

4 OPÇÕES DE DIVISÕES INTERNAS

As divisões internas do guarda-roupa são tão importantes quanto sua aparência externa. Avalie bem de quanto espaço você vai precisar para dependurar roupas – longas e curtas – e também para guardar em prateleiras e gavetas.

SOMENTE CABIDEIROS

Se você precisa pendurar roupas compridas, como vestidos, casacos e calças, escolha um guarda-roupa de altura inteira, para que as roupas possam pender sem obstruções. Com essa opção, você terá de contar com outros móveis, como um gaveteiro, para as roupas que não são guardadas dependuradas.

CABIDEIROS DE VÁRIAS ALTURAS

Com esse modelo, você tem opções para dependurar roupas compridas e outras mais curtas, como camisas e casacos. Leve em conta que o guarda-roupa de um homem será bem diferente do de uma mulher, que geralmente precisa de mais espaço inteiro de cabideiro para suas roupas.

CABIDEIRO E PRATELEIRAS

A combinação de cabideiro e prateleiras abertas permite guardar as roupas que vão dependuradas e também as que vão dobradas. Certifique-se de que as prateleiras são largas o suficiente para os itens que você pretende guardar e que são ajustáveis, para você poder arranjá-las conforme sua necessidade.

CABIDEIROS E DIVISÕES INTERNAS

Se seu quarto não tem espaço para uma cômoda separada, procure um guarda-roupa com gaveteiro. Os que têm gavetas de vários tamanhos permitem guardar de tudo, desde cachecóis e agasalhos de corrida até meias e roupas íntimas.

VÁRIAS OPÇÕES DE ARMAZENAGEM

Alguns guarda-roupas, em geral embutidos, vêm com todas as opções de armazenagem: cabideiros de várias alturas, prateleiras e gavetas. Procure a combinação certa de elementos para os tipos de roupa que você tem e seu jeito de guardá-las.

5 ESCOLHA OS PUXADORES

Guarda-roupas com portas corrediças costumam ter apenas uma reentrância ou ressalto para deslizá-las, mas, se você optar por armários com puxadores, escolha tipos que sejam proporcionais à peça de mobília e que complementem seu estilo.

FORMATO DE T

Mais adequados para guarda-roupas, gaveteiros e penteadeiras de estilo contemporâneo, podem ter diversos comprimentos e tipos de acabamento. Os mais comuns são os de aço inox ou polido.

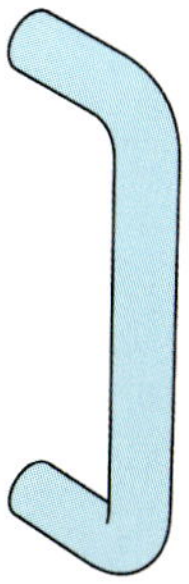

FORMATO DE D

Similares aos puxadores em T, mas com cantos curvos, que suavizam o formato. São disponíveis em vários comprimentos e acabamentos, em geral para móveis contemporâneos, e combinam melhor com peças que tenham um design curvo.

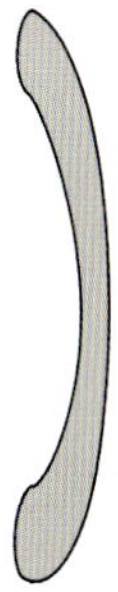

ARCO

São simples e têm uma forma curva suave e elegante. Podem ser estreitos ou mais largos, mais arrendondados ou achatados, por isso se adaptam a vários estilos de mobília. São disponíveis também em vários tipos de acabamento.

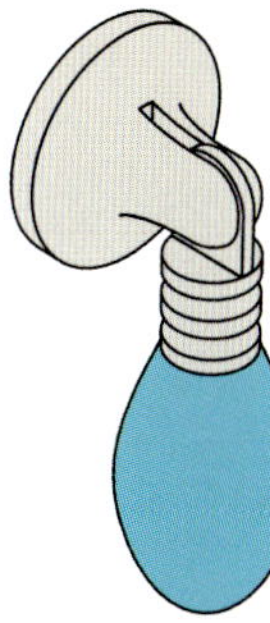

FORMATO DE GOTA

Esse puxador clássico dá uma aparência delicada à mobília. É disponível em grande variedade de acabamentos em metal; a gota geralmente é feita do mesmo metal que o resto do puxador, ou então de cerâmica ou porcelana.

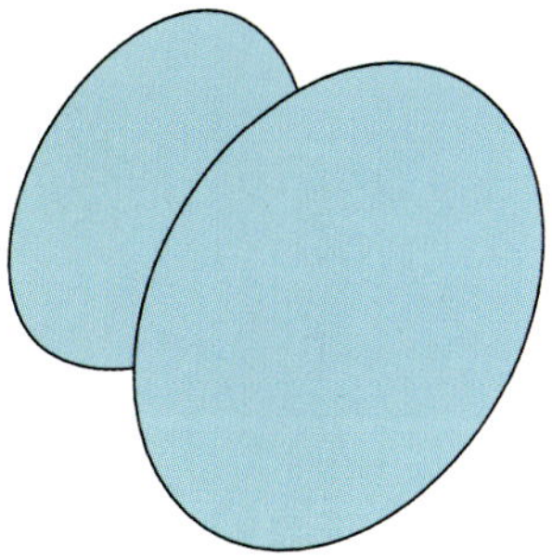

MAÇANETA

Têm imensa variedade de tamanhos, materiais e formatos. Para quartos de estilo tradicional, escolha acabamentos de madeira ou porcelana, e para quartos mais modernos, os de metal escovado ou polido.

DECORATIVO

Se quiser uma coisa mais divertida para o design dos puxadores, procure os em formato de flor, para quartos de adultos, e os de bolas de futebol ou fadinhas para quartos de crianças. Eles são feitos de vários materiais, do plástico ao metal.

DIVISÓRIAS DE GUARDA-ROUPA

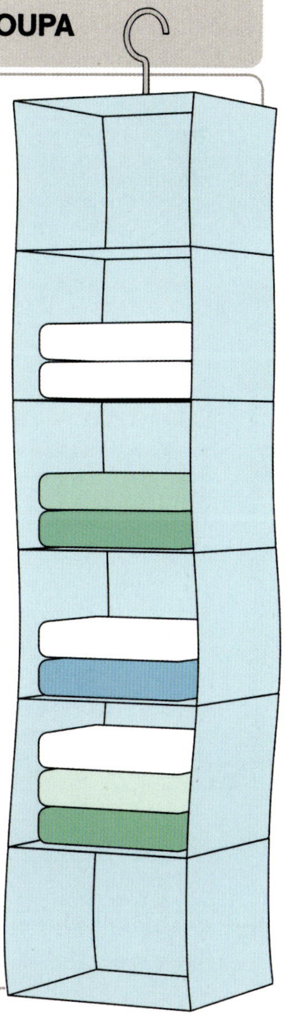

Se você está projetando o interior do seu guarda-roupa a partir do zero, será mais fácil garantir que todas as suas necessidades de armazenagem sejam atendidas. No entanto, se tiver escolhido o guarda-roupa principalmente pela aparência, ou estiver adaptando um guarda-roupa antigo, talvez constate que sua organização interna não é a ideal. Mas existem várias divisórias que lhe permitem usar o espaço de seu guarda-roupa de forma eficiente.

- O organizador avulso (direita) pode ser pendurado em um cabideiro e prover prateleiras para roupas dobradas, sapatos e acessórios. O modelo típico tem seis compartimentos e mede 30 cm de largura. Há versões mais estreitas, projetadas especificamente para guardar sapatos.
- Há outro modelo de organizador com três ou mais fileiras de bolsões, que vai dependurado na parte de dentro da porta do guarda-roupa, com ganchos. É útil para guardar sapatos baixos, cintos, cachecóis e outros itens e acessórios pequenos.
- Os organizadores de arame em forma de cubo são outra boa opção para dividir o espaço do guarda-roupa. Seu design modular permite criar uma estrutura de cubos que se adapte ao espaço que você tiver. A própria estrutura, uma vez dentro do guarda-roupa, cria uma prateleira adicional.

PLANEJE
UM CLOSET

Se você tem um quarto contíguo ou outro ambiente não utilizado no seu quarto, poderá, com algumas adaptações, transformá-lo num closet, para aproveitar bem o espaço, organizar melhor suas roupas e deixar o quarto como local reservado apenas para descansar. Para isso, leve em conta as dicas a seguir.

USE MÓVEIS EMBUTIDOS

Mobílias embutidas permitem aproveitar o espaço de armazenagem do teto ao chão e utilizar cantos ociosos e tetos inclinados. Se seu orçamento for reduzido, aposte em móveis modulares de série, mas planeje tudo em detalhes. Evite colocar portas, pois as roupas já ficarão escondidas pela porta do closet ou então por algum biombo ou cortina, caso a área fique numa dependência adjacente.

INCLUA ESPAÇO PARA CABIDEIROS

Faça uma avaliação do seu guarda-roupa atual para ver de quanto espaço precisará para pendurar coisas e como ele deve ser. Reserve lugar para vestidos, roupas mais curtas como camisas e saias e também para um calceiro deslizante. Os cabideiros não precisam ficar todos juntos; é melhor agrupar as roupas conforme o tipo e a estação (todas as de inverno juntas, todas as saias, as camisas, e assim por diante).

MONTE PRATELEIRAS ABERTAS

Prateleiras abertas são úteis para as roupas que você usa mais e que não precisam ficar penduradas, como camisetas, roupas íntimas e malhas leves. Instale também algumas mais no alto, para coisas que você raramente acessa.

COLOQUE GAVETAS OU CESTOS

Inclua gavetas para guardar malhas mais grossas que não precisam ficar penduradas e cestos para peças mais leves. Ambos são um recurso bastante útil. Se quiser, crie uma espécie de penteadeira, acrescentando uma gaveta para maquiagem na altura de uma mesa, com espaço para os pés embaixo e um espelho acima.

PROVIDENCIE UMA BOA ILUMINAÇÃO

A iluminação deve ser eficiente. Instale lâmpadas dentro das partes onde há roupas dependuradas, acima ou em volta da penteadeira. O próprio closet deve ser bem iluminado por luz natural, embutida (que produz um efeito equivalente), ou por spots no teto.

COMPARTIMENTE SEU ESPAÇO

Se você compartilha o guarda-roupa com seu parceiro, faz sentido dividi-lo em duas partes e projetá-las separadamente. Isso permitirá que vocês façam melhor uso do espaço, evitará que as roupas de um se misturem com as do outro e deixará seu closet mais organizado.

PENDURE UM ESPELHO

Um espelho grande é obrigatório num closet. Pendure-o numa parede vazia ou na parte de dentro de uma porta. Se tiver espaço suficiente no piso, você pode colocar um espelho de pedestal num canto; a luz em volta dele deve ser boa. Se você for se maquiar numa penteadeira, ponha um segundo espelho acima da gaveta de maquiagem.

CRIE UM ESPAÇO PARA GUARDAR SAPATOS

É útil dividir o espaço para sapatos em várias seções, uma para os do dia a dia, uma para os de noite, outra para os tênis e outra ainda para as botas. Podem ser prateleiras inclinadas, com uma vara, onde os sapatos ficam apoiados por seu arco, e mais altas, para botas. Não subestime o espaço necessário para guardar os calçados.

RESERVE ESPAÇO PARA SENTAR

É sempre útil reservar um espaço para poder sentar dentro do closet, ainda mais se tiver uma penteadeira. Um simples banquinho, onde você possa se voltar para qualquer direção, é uma escolha prática. Outra opção é colocar um banco no meio do closet, ou então dentro do armário, encostado à parede.

PROVIDENCIE UM CESTO DE ROUPA SUJA

Como você vai se trocar dentro do closet, é útil incluir um cesto de roupa suja no seu esquema. É bom que ele tenha tampa, a fim de preservar um aroma fresco e uma aparência ordenada no local. Para poupar espaço, ele pode, além de guardar a roupa suja, servir também de banco.

RENOVE O **GUARDA-ROUPA**

Se você tem alguma peça de mobília de madeira que ainda está em bom estado mas não se encaixa no seu novo projeto de decoração, pode renová-la em vez de substituí-la. A sequência a seguir mostra como reformar um velho armário de pinho, dando-lhe um aspecto de móvel antigo, envelhecido.

VOCÊ PRECISA DE:

- Lixa de graduação média
- Flanela ou pano de limpeza
- Preservante de madeira
- Tinta branca de fundo
- Duas cores de tinta para interiores (uma clara, a outra mais escura ou sutilmente contrastante)
- Pincéis (incluindo um pincel de cerdas)
- Lixa fina (lixa de água)
- Verniz transparente

1 PREPARE A MADEIRA

1 LIXE TODAS AS SUPERFÍCIES de madeira do armário (incluindo a parte interna das portas, se for pintá-las) para remover o verniz antigo e criar boas condições de aderência para a tinta.

2 LIMPE BEM A MADEIRA com a flanela ou o pano ligeiramente úmidos.

3 PINTE OS NÓS DA MADEIRA com a solução de preservante e deixe secar (siga as instruções do fabricante).

2 PINTE

1 **APLIQUE UMA DEMÃO** de fundo branco como base e deixe secar (siga as instruções do fabricante).

2 **APLIQUE UMA DEMÃO DESIGUAL** de tinta colorida, usando um pincel de cerdas. Dê pinceladas soltas, espalhando a tinta de maneira irregular, em várias direções. Mantenha o pincel bem seco, enxugando o excesso regularmente com um pano.

3 **SOBREPONHA VÁRIAS CAMADAS TEXTURIZADAS** de tinta até ficar satisfeito com a cor. Quanto mais aplicar com pincel de cerdas, mais forte ficará a cor e mais densa a textura. Deixe secar.

4 **PINTE UMA COR MAIS ESCURA** ou sutilmente contrastante nas reentrâncias e cantos do armário, usando a técnica rústica de pincel seco. Deixe secar.

5 **APLIQUE OUTRA CAMADA** de fundo branco usando a técnica do pincel seco, de modo que a tinta colorida ainda transpareça. Deixe secar.

3 LIXE O GUARDA-ROUPA

1 **PASSE DE LEVE** a lixa de água em algumas áreas do armário para criar a impressão de envelhecimento.

2 **PRESTE ATENÇÃO A CERTAS ÁREAS** – particularmente nas beiradas e cantos da estrutura do armário e nos painéis das portas – enquanto lixar.

3 **LIXE AS MAÇANETAS** e os pés para criar neles também a impressão de desgaste. Limpe o pó com um pano.

4 CUBRA COM VERNIZ

APLIQUE UMA CAMADA ou duas de verniz para proteger a superfície, se achar necessário.

ANTES

8 ESCOLHA AS **MESAS DE CABECEIRA**

Quase sempre compradas aos pares para quartos de casal, as mesas de cabeceira podem ser modernas ou tradicionais, feitas de diversos materiais, como madeira, acrílico ou vidro espelhado. Seja para combinar com os outros móveis do quarto ou em estilo contrastante, avalie se atendem às suas necessidades.

ESCOLHA O TIPO

Antes de escolher a mesa de cabeceira ou criado-mudo, pense em como irá usá-los e se precisam ter espaço para guardar coisas. Há vários tipos de móveis, de simples mesinhas aos modelos com prateleiras ou gavetas.

MESINHA
Se quiser algo onde colocar apenas o abajur e o despertador, procure uma mesinha simples. Muitas têm só uma gaveta ou prateleira, com pouco lugar para guardar coisas.

CÔMODA
Uma pequena cômoda como criado-mudo é uma boa opção para quartos pequenos, com pouco espaço para guardar coisas. Também dá a sensação de que tudo está arrumado.

ARMARINHO
Permite guardar itens maiores, que não cabem numa gaveta. Mas lembre-se de que o espaço dele é mais difícil de organizar do que o de uma gaveta.

PRATELEIRA
Num quarto moderno e minimalista, uma pequena prateleira aberta é uma boa escolha para colocar livros ou para mesa de cabeceira, desde que fique tudo em ordem.

9 ESCOLHA A **PENTEADEIRA**

Uma penteadeira pode ser útil no quarto. Além de ser um lugar para se arrumar pela manhã ou em outros horários, ela também libera espaço para guardar coisas que ficariam no banheiro e pode funcionar como lugar para se sentar e realizar parte da administração da casa.

ESCOLHA O TIPO

Se a penteadeira servir apenas para se pentear e maquiar, todos os tipos serão adequados; mas, se você também quiser usá-la como escrivaninha, veja se ela tem espaço suficiente e se dá para mantê-la sempre em ordem.

BÁSICA

Se o espaço para guardar coisas não for um problema, escolha um modelo elegante, moderno, que tenha uma ou duas gavetas abaixo do tampo, ou nenhuma. Em geral, esse tipo não tem ornamentos e, assim, combina mais com um ambiente contemporâneo.

COM MAIS ESPAÇOS ÚTEIS

Para deixar tudo em ordem, a penteadeira com gavetas, prateleiras ou uma combinação das duas permite que você deixe à mão, mas longe da vista, produtos de beleza e acessórios.

COM ESPELHO

Não é apenas uma opção de estilo para quem gosta da aparência de boudoir, é também prática, já que libera suas mãos enquanto você arruma os cabelos e se maquia. Para obter uma imagem completa, escolha uma que tenha um espelho triplo.

CINCO OPÇÕES DE **LUZ DE CABECEIRA**

Uma boa iluminação de cabeceira é essencial por motivos práticos e decorativos, primeiro porque sua suavidade deixa o quarto mais aconchegante, e segundo por ser fundamental para a leitura, além de evitar que você tenha de sair da cama para apagar a luz do teto.

ANGLEPOISE OU PANTOGRÁFICA

Uma luminária anglepoise ou pantográfica, seja em versão pequena, que fique na mesa de cabeceira, ou em versão maior, que fique no chão, dá muitas possibilidades para ajustar o ângulo e a altura do feixe de luz.

EM ESTILO RETRÔ, a luminária anglepoise ou pantográfica está à venda em muitas cores. Escolha uma que combine com o visual de seu quarto.

ABAJUR DE MESA

É a opção clássica como luz de cabeceira. Procure um que complemente o estilo das outras luminárias do quarto.

LUMINÁRIA COM GARRA

Se a cama tiver cabeceira alta ou prateleiras por trás, a luminária com garra oferece uma solução versátil, fácil de ser deslocada.

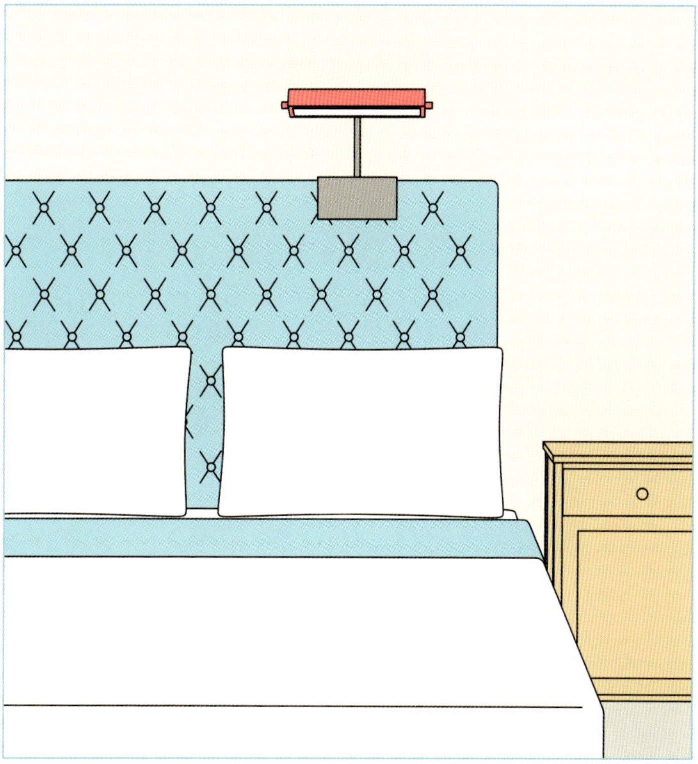

LUSTRE PENDENTE

A luz pendente sobre o criado-mudo cria um visual moderno. Veja se o tamanho da cúpula não faz a mesa de cabeceira parecer menor.

ARANDELAS

Não tomam espaço no criado-mudo e, em quartos pequenos, não se sobressaem.

10 ESCOLHA A ILUMINAÇÃO

Se você passa algum tempo no quarto de dia, precisará de boa iluminação logo de manhã – de preferência luz natural, ou ao menos iluminação para as tarefas diárias – e de luz suave à noite. Talvez queira luzes para melhorar as proporções do quarto e, naturalmente, vai querer um belo visual.

1 OPTE POR UM ESTILO DE ILUMINAÇÃO

Como nos outros recintos, procure combinar estilos de iluminação que possam atender às diversas propostas do quarto a qualquer momento. Se for se maquiar, pentear ou vestir aqui, você precisará de boa iluminação.

AMBIENTE

A luz ambiente é fundamental. Em especial à noite, você vai querer diminuir a intensidade das luzes para ajudar a relaxar antes de dormir. Abajures e luzes de cabeceira costumam ser as principais fontes de luz ambiente; procure instalar um controle de intensidade para os ajustes necessários.

TAREFAS

No dormitório, a iluminação de tarefas pode ser um abajur que você usa para ler na cama ou as luzes sobre o espelho, para se ver com clareza de perto. De manhã, o sol é a melhor fonte de luz e não convém trocá-la por uma artificial, se puder montar o quarto de modo a usar a iluminação natural de maneira eficaz.

DESTAQUE

É a mais usada para exibir uma peça de arte, escultura, fotografia ou talvez um ponto focal, como algum detalhe arquitetônico. No dormitório, também se pode usá-la para iluminar uma estante de livros ou peças de coleção. Não serão necessárias muitas luzes de destaque no quarto; por isso, use-a pouco.

2 ESCOLHA OS MODELOS DE ILUMINAÇÃO

Um quarto de casal de tamanho médio pode ter dois ou três pontos de luz, para que funcionem de acordo com o design e ofereçam bons níveis de iluminação. Você não precisa de peças coordenadas, apenas veja se não competem entre si.

LUZ DE TETO

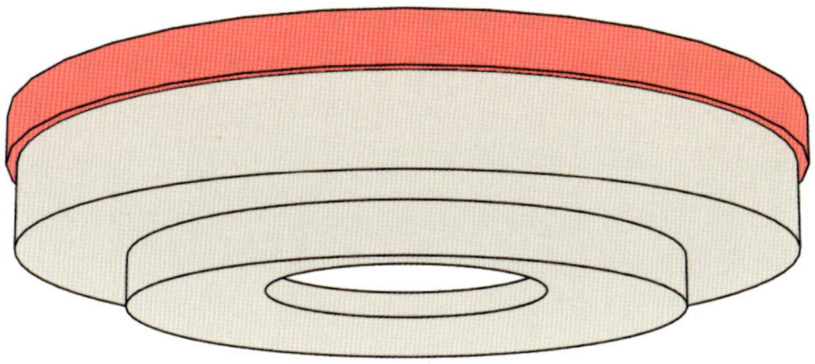

PLAFON

Quando o quarto tem pé-direito baixo e proporções modestas, um plafon compacto ajuda a fazer o teto parecer muito mais alto; os pendentes invadem o espaço vertical e o abaixam visualmente. Se o local for espaçoso, você pode procurar uma peça mais elegante que fique pendente.

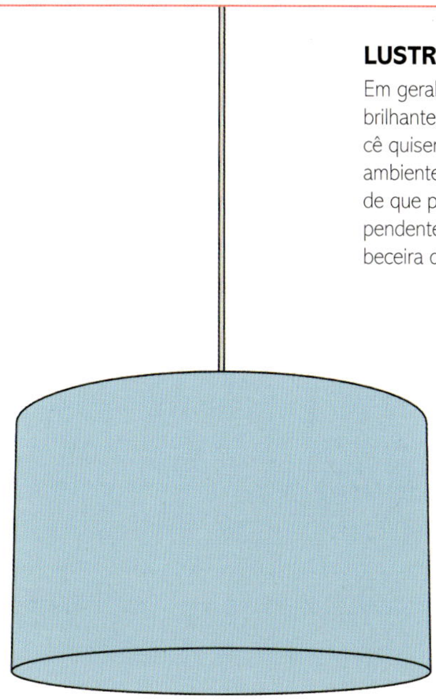

LUSTRE PENDENTE

Em geral, não oferecem uma luz muito brilhante, mas podem satisfazer, se você quiser luzes de teto mais próprias ao ambiente do que ousadas. Lembre-se de que poderá usar pequenos lustres pendentes em vez de abajures na cabeceira da cama.

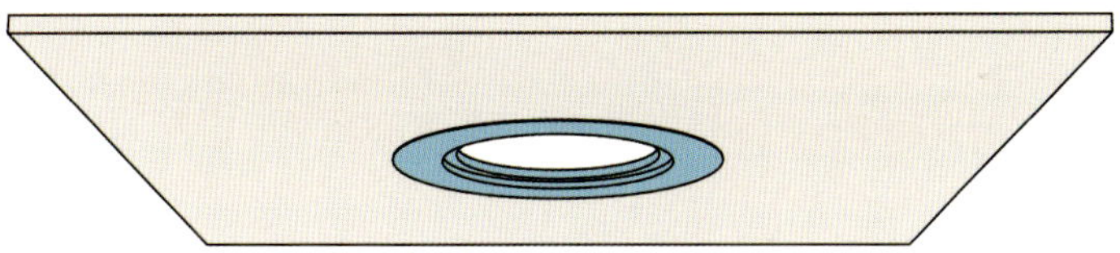

LUZ EMBUTIDA

Um quarto moderno, voltado para a face sul ou com pé-direito baixo, ganha muito com lâmpadas embutidas, principalmente em manhãs escuras, quando você precisa de luz do sol. Porém, não use esse modelo como única fonte de iluminação no quarto; junte mais alguns abajures e instale um regulador da intensidade luminosa para ajustar os níveis desejados.

LUSTRE DE IMPACTO

Se seu quarto for amplo, opte por um lustre de impacto como peça central. Instale junto um regulador de luminosidade; caso contrário, descobrirá que só acende o lustre de vez em quando. Escolha uma peça que combine com os abajures de cabeceira, mas sem competirem para chamar a atenção.

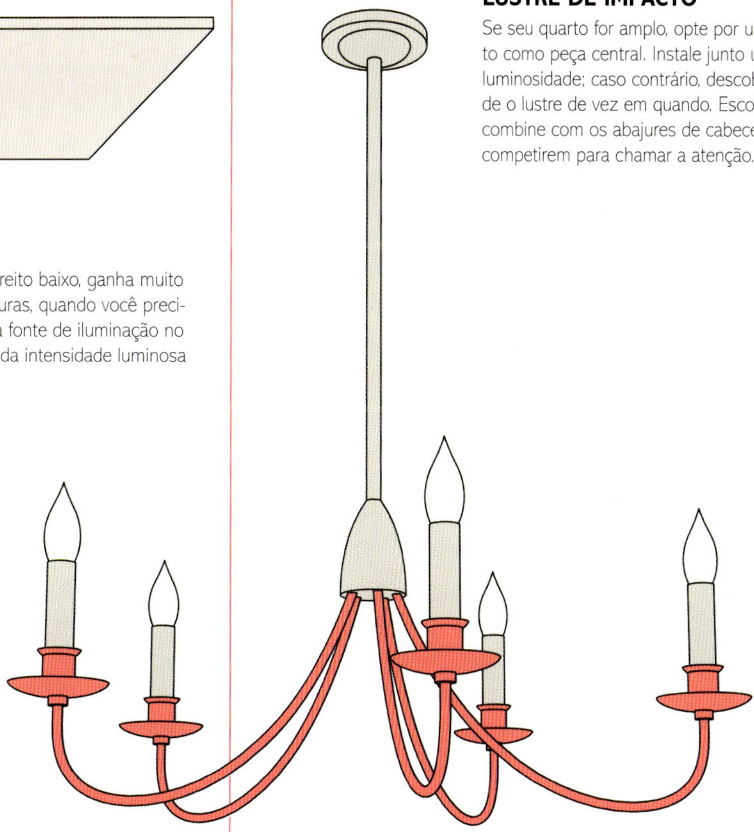

ABAJUR

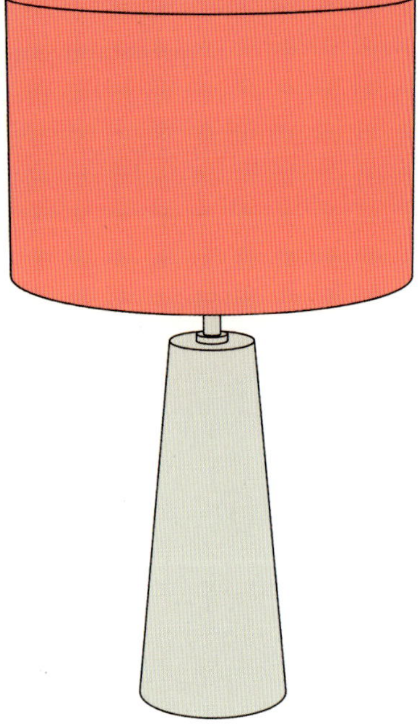

DE MESA

Assim como os abajures de mesa na sala de estar criam pontos de luz relaxantes, os de cabeceira evocam algo semelhante. Ao instalá-los, lembre-se de que eles precisam ser fixados ou colocados na altura correta, de modo que, quando você for ler na cama, a luz ilumine o espaço, mas não ofusque os olhos.

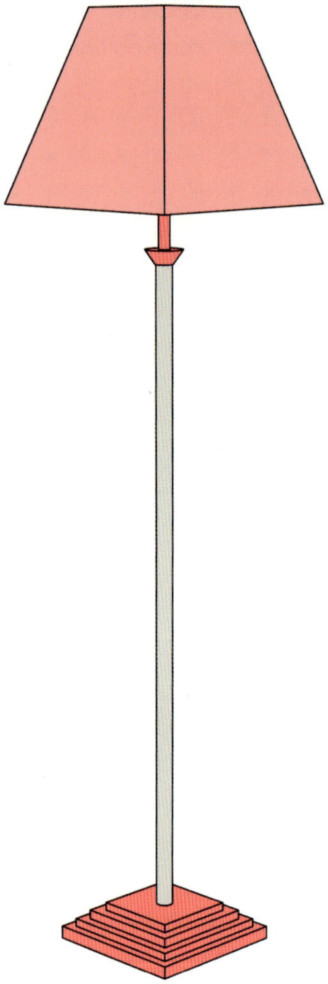

DE CHÃO

Se houver espaço no quarto para uma poltrona, um abajur de chão colocado ao lado cria um conjunto bem decorativo, além de incentivar você a se sentar para ler ou fazer trabalhos manuais. Confira se a cúpula não é muito grande para o local e se fornece boa iluminação, no caso de utilizar o abajur com esse propósito.

COM GARRA

Presa à cabeceira ou a uma prateleira atrás da cama, a luminária com garra é uma boa ideia de iluminação onde não há espaço para um criado-mudo e um abajur de mesa. Talvez você queira uma, mesmo com outro tipo de iluminação, se precisar de uma fonte de luz extra para ler à noite.

ABAJUR DE PAREDE

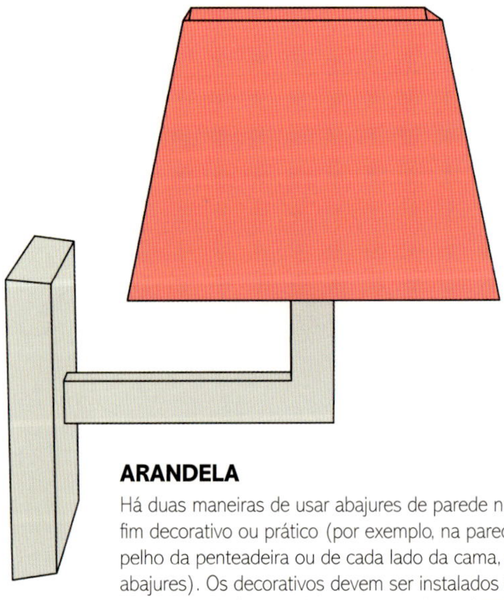

ARANDELA

Há duas maneiras de usar abajures de parede num quarto: com fim decorativo ou prático (por exemplo, na parede acima do espelho da penteadeira ou de cada lado da cama, no lugar dos abajures). Os decorativos devem ser instalados com controlador de luminosidade; os práticos não precisam dessa instalação.

11 ESCOLHA O QUE COLOCAR NAS JANELAS

Há dois fatores a considerar quando se escolhe a decoração das janelas. Em primeiro lugar, será que ela é eficiente para barrar a luz, o barulho e o frio? Em segundo, será que ajuda a criar um esquema confortável e relaxante?

1 ESCOLHA O TIPO

O estilo de seu quarto – contemporâneo e despojado, ou tradicional e com detalhes – o ajudará a optar por mais de um tipo de decoração, como persiana com cortinas, ou a manter apenas um tratamento sutil, como uma veneziana elegante.

PERSIANA

Rolo de tecido ou persiana são boas opções se quiser adotar camadas, cores e padrões no quarto. O desenho deles permite que você os suba ou desça totalmente ou deixe-os no meio. As persianas costumam ficar para baixo, com as lâminas abertas ou fechadas.

CORTINA

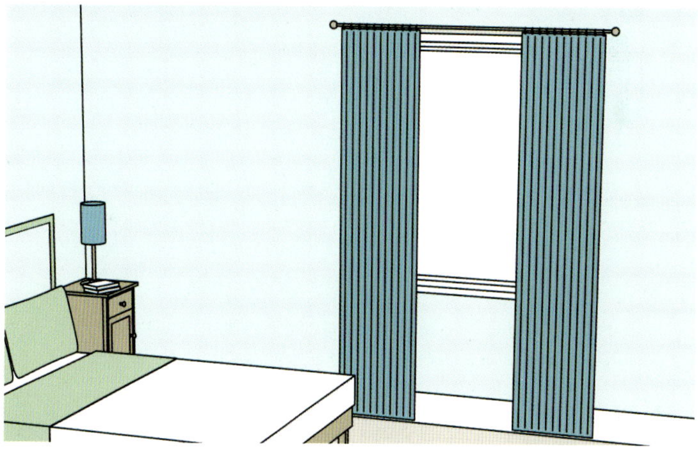

Cortinas, longas ou curtas, trazem cores, padrões e texturas para a decoração do quarto. Conforme o tecido e o modo de pendurar, podem ser usadas tanto nos ambientes tradicionais como nos modernos.

VENEZIANA

As venezianas são uma boa opção para casas de época, mas também ficam elegantes em residências modernas. Podem ser feitas com dois ou três painéis e em diferentes estilos, como as que pegam a altura completa da parede ou as de camada sobre camada.

VERIFIQUE

- **Para vedar o máximo possível** a luz vinda da rua à noite, veja se não é o caso de acrescentar uma cortina de blecaute ou comprar persianas forradas.
- **Se suas janelas** não têm vidro duplo, cortinas pesadas ajudam a evitar a perda de calor e também podem conferir ao quarto um visual acolhedor.
- **Avalie a quantidade de espaço** ao redor da janela e veja se poderá abrir totalmente a cortina ou a veneziana. Se fizer isso, o quarto vai parecer maior e entrará mais luz.

2 ESCOLHA O ESTILO

A decoração da janela poder ser tradicional ou moderna, conforme os materiais, padrões ou desenhos e os itens que combinam com ela – roupa de cama, papel de parede e piso. Baseie sua escolha nisso para criar um conjunto equilibrado.

PERSIANA

ROMANA

Possui lâminas flexíveis que ficam rentes à janela quando baixadas e se sobrepõem quando levantadas, o que lhes confere um visual em camadas. Disponível em diversas opções de tecido, fica particularmente atraente se combinada com outras cortinas.

ROLÔ

A persiana de enrolar é econômica e, com um pouco de jeito, fácil de instalar. Feita de tecido endurecido, tem muitas cores e desenhos e pode ser levantada ou abaixada para deixar ou não a luz do sol entrar. É possível cortar algumas, a fim de que se adaptem exatamente à sua janela.

TIPO VENEZIANA

Tem lâminas ajustáveis, que você abre e fecha para controlar a quantidade de luz que entra pela janela e que, na posição diagonal, são ótimas para deixar o interior do ambiente menos exposto à vizinhança. Está disponível em diversos materiais, cores e larguras das lâminas.

CORTINA

COMPRIDA

O ideal é que termine a 1cm do chão; no entanto, se quiser um acabamento mais luxuoso, faça-a um pouco mais longa para dar uma drapeada até o piso. As forradas têm caimento melhor do que as simples, e o forro também melhora o isolamento e a aparência do tecido que fica por cima.

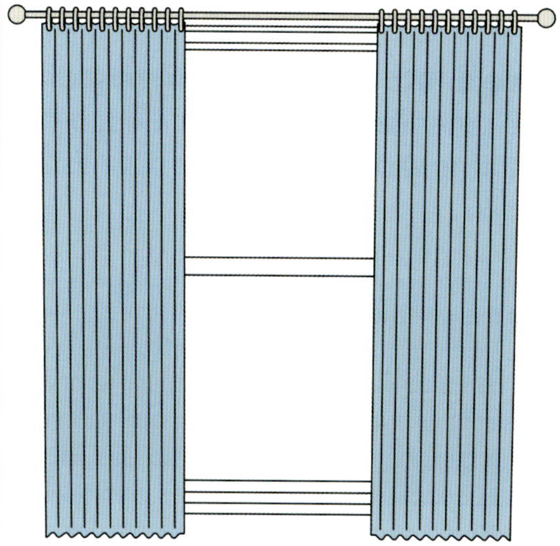

ATÉ O PEITORIL

Por se adaptar melhor à janela, a cortina até logo abaixo do peitoril pode ser uma opção mais prática para janelas pequenas ou quartos em estilo de campo. Também vale a pena quando há ar-condicionado abaixo do peitoril. Para obter um visual mais moderno, escolha o tecido com cuidado.

VENEZIANA

MACIÇA

Feita de placas de madeira, ajuda a diminuir o nível de ruídos, sendo uma boa opção para quem mora em ruas movimentadas. Desenhada para ficar bem fechada à noite e dobrada contra a parede de dia, combina com janelas altas, finas, mas também é excelente para as bay windows (janelas salientes).

DE RIPAS

Combina com dormitórios modernos ou tradicionais. As melhores opções são as ripadas de cima a baixo e as divididas ao meio, que permitem o controle separado das partes de cima e de baixo, fechando a parte de baixo, para ter privacidade, e deixando aberto em cima, para entrar luz.

1 ESCOLHA O PISO

Ao escolher o piso para o quarto de seus filhos, é provável que o conforto seja o item de mais peso. Mas você talvez queira avaliar que parte ele desempenha na decoração e se é fácil de limpar, caso o cômodo seja usado para outras atividades além de dormir.

ESCOLHA O MATERIAL

Um quarto de criança está mais sujeito a desgastes do que um de adulto. Assim, você terá de escolher algo resistente e fácil de limpar. Conforto ao pisar e redução de barulhos são itens a se considerar.

LADRILHOS

As placas de vinil formam um piso barato e vêm em várias cores e designs adequados a quartos de crianças, como madeira e placas de metal. As emborrachadas, mais caras, resistem mais e estão disponíveis em diversas cores e texturas.

MADEIRA

O piso de madeira é ótimo para quartos infantis, desde que a decoração combine. O piso laminado pode ser instalado sobre uma forração acústica – ideal para quartos de adolescentes. Pisos de pinho, laminados ou os de vinil que imitam madeira são baratos e práticos.

CARPETE

Além de macio, o carpete está disponível em grande variedade de cores e desenhos, ótimos para quartos infantis. Se optar por um tapete liso (que mostra marcas mais do que os estampados), procure um tipo que seja de material fácil de limpar.

SEM EMENDAS

As lâminas de vinil, linóleo e as emborrachadas são macias para pisar. As manchas saem com facilidade, e os pisos sem emendas, sejam texturizados, lisos ou com desenhos, são bons para espaços pequenos, pois o acabamento fica perfeito e sem juntas.

2 ESCOLHA O REVESTIMENTO DAS PAREDES

Você pode se divertir decorando as paredes do quarto de seus filhos. Contudo, não se empolgue usando um tema especial em tudo – lembre-se de que seu pequeno logo vai crescer e que você terá de enfrentar o problema de redecorar o ambiente.

ESCOLHA O MATERIAL

Ao escolher como decorar o quarto de seus filhos, preocupe-se principalmente com o visual. Tenha em mente que as paredes devem ser fáceis de limpar, retocar ou consertar.

TINTA

Opção mais barata e rápida, as tintas têm grande variedade de acabamentos. Mas convém optar pelas com brilho, que são mais duráveis do que as foscas, e qualquer sujeira pode ser removida sem danificar a pintura.

PAPEL DE PAREDE

Existem muitas opções de desenhos de papel de parede. Porém, escolha um tema que acompanhe o crescimento de seu filho. E convém procurar um tipo de papel fácil de limpar, livrando-se das marcas de dedinhos sujos.

REVESTIMENTO DE MADEIRA

O revestimento do tipo macho e fêmea funciona bem, pois é durável e pode ser pintado da cor que você quiser. Em geral, as tábuas feitas de pinho (também existem os painéis pré-fabricados de MDF) são fixadas na vertical, entre o rodapé e uma altura predefinida.

VERIFIQUE

- **Se escolher uma tinta fosca**, primeiro faça um teste para verificar se o acabamento não fica muito poroso; se ficar, não vai aceitar bem as passadas de pano para limpar a superfície.
- **Você comprou papel de parede suficiente** para decorar o quarto inteiro? Vale a pena comprar 10% a mais, para uma contingência, mas verifique se é tudo do mesmo lote, a fim de que não haja discrepância na tonalidade.
- **Prepare as paredes.** Quando elas são pintadas ou empapeladas, rachaduras e furos precisam ser preenchidos com massa, e qualquer irregularidade tem de ser aplainada.

FAÇA E APLIQUE
UM ESTÊNCIL DE PAREDE

Se você escolheu um tema para o quarto de seus filhos, um estêncil de parede ajudará a completar o projeto. Essa sequência usa o formato simples de um sapo. O pontilhado (veja passo 3) não é essencial, mas ajuda a dar um pouco mais de profundidade e destaque à imagem.

VOCÊ PRECISA DE:

- Papel (opcional)
- Caneta ou lápis (opcional)
- Lâmina de acetato
- Caneta marcadora
- Estilete
- Fita crepe
- Tinta de parede
- Rolinho de espuma
- Brocha para o pontilhado
- Verniz acrílico
- Pincel
- Pano

1 FAÇA O ESTÊNCIL

1 DESENHE A IMAGEM numa folha de papel (se copiar a imagem de uma fonte já existente, pule esse passo).

2 TRACE O CONTORNO da imagem na lâmina de acetato, usando a caneta marcadora.

3 CORTE O CONTORNO com o estilete. Jogue fora o desenho recortado e use a lâmina de acetato como estêncil.

2 APLIQUE A TINTA

1 POSICIONE O ESTÊNCIL na parede (avalie a olho onde ele deve ficar) e prenda-o no lugar com fita crepe.

2 COM UM ROLINHO DE ESPUMA, aplique a tinta sobre o estêncil preso à parede. Espere secar completamente (veja as instruções do fabricante).

3 DÊ UM ASPECTO PONTILHADO

1 PARA CRIAR O EFEITO PONTILHADO – técnica com uma brocha seca que confere uma fina camada adicional de tinta –, dê leves batidas de tinta mais escura sobre metade do desenho do estêncil com uma brocha seca. Utilize um pedaço de pano para retirar o excesso de tinta da brocha, deixando-a o mais seca que puder.

2 RETIRE A FITA CREPE e remova delicadamente o estêncil da parede. Prenda-o em outro ponto para repetir o processo.

4 ENVERNIZE A PAREDE

SE QUISER PROTEGER os estênceis (depois, eles podem dar problemas), aplique, com um pincel, uma fina camada de verniz acrílico sobre a parede inteira.

3 ESCOLHA A CAMA INFANTIL

Nem sempre a cama infantil é escolhida tão cuidadosamente como a dos adultos. Pense em como ela deve ser confortável, agora e no futuro, e em como pode ajudar a fazer bom uso de um espaço, em geral, pequeno. Calcule a longevidade dela e quanto tempo seu filho irá aproveitá-la.

1 ESCOLHA UM TIPO BÁSICO

Cada tipo de cama infantil tem suas vantagens, seja no espaço para guardar coisas, no acesso ou espaço adicional sob o colchão. Se prezar pela durabilidade, escolha uma de madeira natural ou pintada, para combinar com diferentes itens decorativos.

PARA CRIANÇA PEQUENA

Um pouco menor que o comum, esse modelo é o ideal para ser a primeira cama, principalmente se o quarto for pequeno. Costuma ter duas pequenas grades laterais, a fim de evitar que a criança caia, e muitas vezes vem com acessórios para aumentá-la conforme os pequenos crescem.

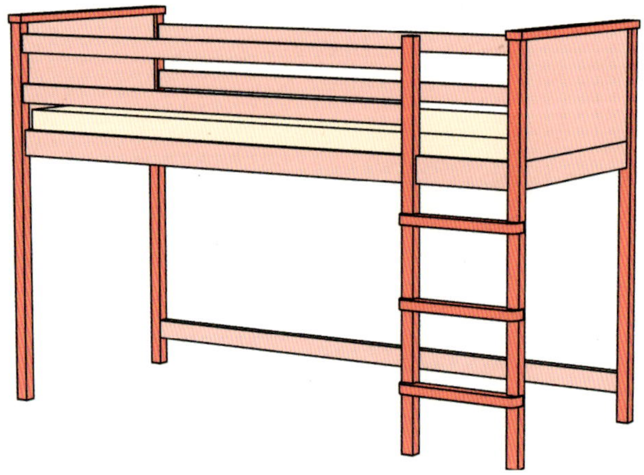

DE SOLTEIRO

Usada por crianças pequenas até a adolescência, está disponível em grande variedade de acabamentos, estilos, com ou sem cabeceira e pé. Se você não se importa que ela dure pouco tempo, pode adquirir uma peça temática, como carro de corrida ou castelo de contos de fada.

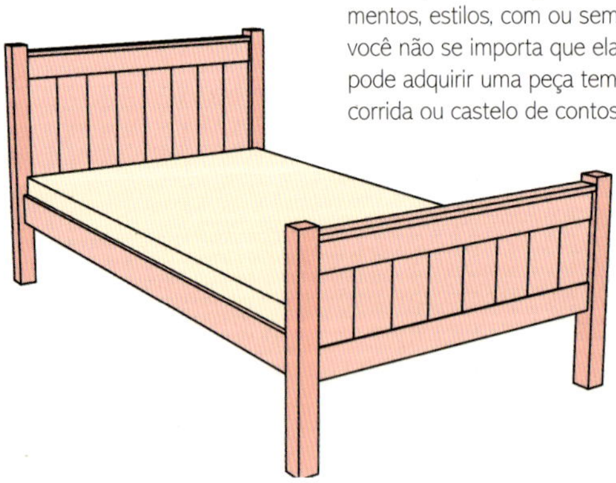

DORMIR NO ALTO

Se o quarto tem pouco espaço, dormir no alto é uma opção prática para crianças com 5 anos ou mais. A cama é muito mais elevada do que um beliche comum (muitas vezes, com altura suficiente para um adulto ficar em pé), permitindo que o espaço abaixo seja usado por outro móvel ou simplesmente como área para brincar.

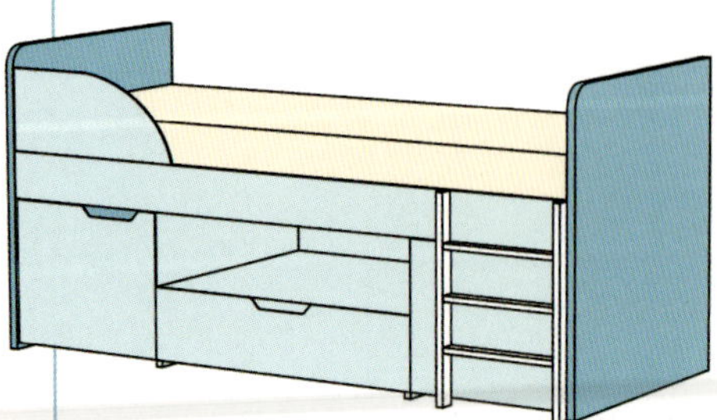

MULTIFUNCIONAL

Possui uma parte para guardar coisas embaixo, o que a torna uma boa opção para quartos muito pequenos. Há grande variedade de combinações, que incluem prateleiras, gavetas, guarda-roupas e escrivaninha.

BELICHE

Quando aparecem convidados, ou as crianças dividem um quarto, os beliches são a solução ideal. Além das clássicas duas camas de solteiro sobrepostas, existem outras opções, como uma cama maior embaixo, com gavetões, ou mais uma com rodinhas por baixo, formando o chamado "treliche".

2 PENSE EM RECURSOS ADICIONAIS

Há muitas maneiras de uma cama infantil oferecer mais funcionalidade. Num quarto pequeno, pode compensar o espaço limitado para guardar coisas, brincar ou estudar no dormitório.

BERÇO QUE SE TRANSFORMA

Ao comprar um berço, escolha um que se transforme em cama para crianças pequenas, ampliando a vida útil do móvel por mais três anos. As laterais são retiradas e o colchão pode ser rebaixado.

MAIS CAPACIDADE PARA DORMIR

Se sempre tem hóspedes, se colegas das crianças ficam para dormir ou se você quer dormir perto de um filho doente, uma cama extra, encaixada por baixo de outra e com rodinhas, é uma ótima solução. Simplesmente puxe-a quando precisar.

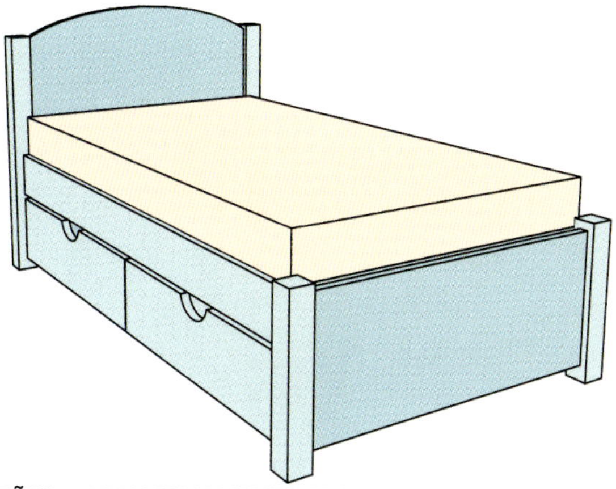

GAVETÕES – ARMAZENAMENTO EXTRA

Gavetões instalados – embutidos ou separados – sob uma cama de solteiro sempre são úteis. Se forem separados, procure os que têm rodinhas e tampa, pois costumam juntar poeira sob a cama.

GUARDA-ROUPA EXTRA

Uma cama alta com guarda-roupa acoplado é ideal, se você precisa armazenar muitos itens em áreas pequenas. Deve ter cabideiro e gavetas ou prateleiras, compondo uma solução bem flexível.

CAMA DIVERTIDA

Crianças pequenas adoram camas com elementos divertidos, como escorregador ou casinha de brinquedo. Se possível, escolha uma cujos itens extras possam ser retirados quando a criança crescer.

CAMA COM ÁREA DE ESTUDOS

Se seu filho precisa de um lugar sossegado para estudar, uma escrivaninha sob uma cama elevada será muito útil. Um modelo que ofereça espaço de armazenamento, como uma cômoda, aproveitará muito bem o espaço.

CINCO OPÇÕES PARA **ÁREAS DE EXPOSIÇÃO**

As crianças produzem uma porção de pinturas, recortes e desenhos, que elas – e você – vão querer exibir. O desafio é saber como dispor melhor tudo isso para criar um arranjo atraente nas paredes sem que a exposição tome conta do quarto.

CORDÃO E PRENDEDORES

Para uma exposição simples, que possa ser retirada se você quiser que o quarto fique elegante para as visitas, prenda cordões na parede e use pregadores de roupa para pendurar artes e fotos da criança.

PRENDEDORES DE MADEIRA costumam prender melhor os papéis.

MOLDURA

Molduras de madeira pintada, com artes, coleções e prêmios, podem ser penduradas na parede ou colocadas numa prateleira.

PLACA DE CORTIÇA

Transforme placas de cortiça em um ou mais quadros de aviso e prenda na parede, com diferentes disposições e formatos.

CLIPES TIPO BULLDOG

Faça uma armação com ripas finas e fixe-a na parede com tachinhas. Prenda clipes bulldog nas ripas horizontais com percevejos.

PAREDE IMANTADA

A tinta magnética, aplicada como base antes da tinta ou do papel de parede, cria uma área enorme para expor os trabalhos.

FAÇA
UM PUFE

As crianças adoram a sensação de fofura e conforto quando um pufe se amolda ao corpo. É melhor comprar poliestireno granulado já ensacado, ou em sacos sem costura, para que você possa conter o granulado levíssimo enquanto o insere na capa de algodão montada.

VOCÊ PRECISA DE:

- Lápis
- Rolo grande de papel pardo
- Tesoura
- Cerca de 3 m de tecido (algodão encorpado, próprio para cortinas)
- Zíper (no mínimo 20 cm de comprimento)
- Abridor de casa de botão
- Cerca de 140 litros de poliestireno granulado

1 PREPARE OS MOLDES

CORTE DOIS MOLDES CIRCULARES de papel pardo, um com 76 cm de diâmetro e outro com 38 cm (o jeito mais fácil é dobrar o papel ao meio e, depois, novamente ao meio, para em seguida medir, marcar e cortar um formato de quadrante; ao abri-lo, ele formará um círculo). Faça um modelo com formato de trapézio, com 30 cm de largura numa ponta e 60 cm de largura na outra, e com 66 cm de comprimento.

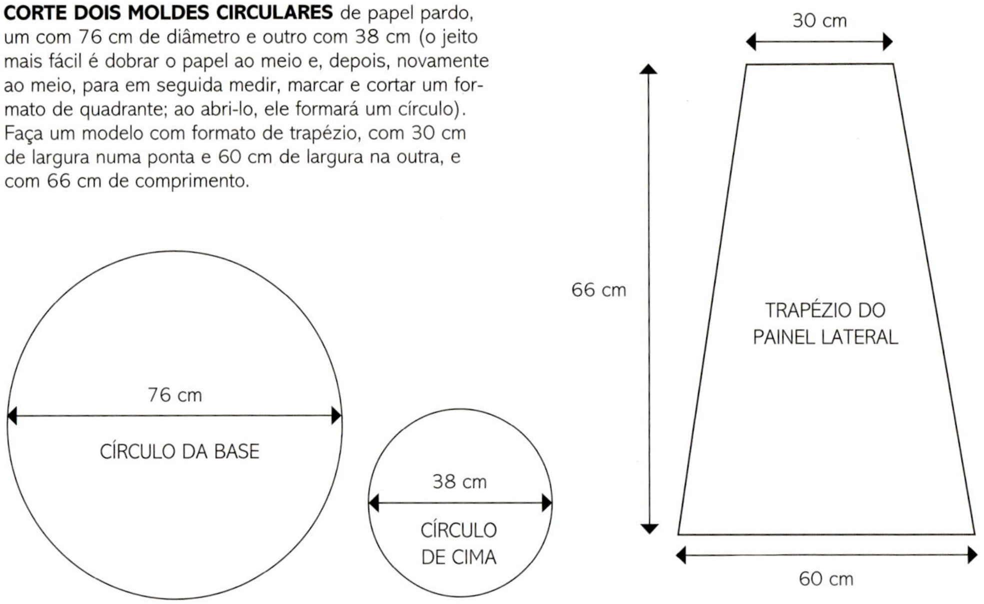

2 CORTE O TECIDO

ESTENDA O TECIDO sobre uma superfície plana. Prenda os moldes com alfinetes. Corte quatro trapézios e um círculo de cada tamanho no tecido.

3 JUNTE OS PAINÉIS

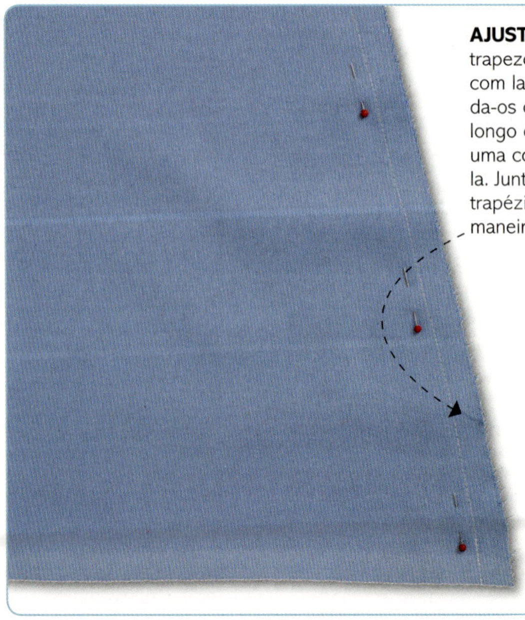

AJUSTE DOIS painéis trapezoides, lado direito com lado direito, prenda-os com alfinete ao longo da borda e passe uma costura a 1 cm dela. Junte os dois outros trapézios da mesma maneira.

4 PRENDA O ZÍPER

1 PEGUE UM DOS painéis e passe a costura a ferro para achatá-la.

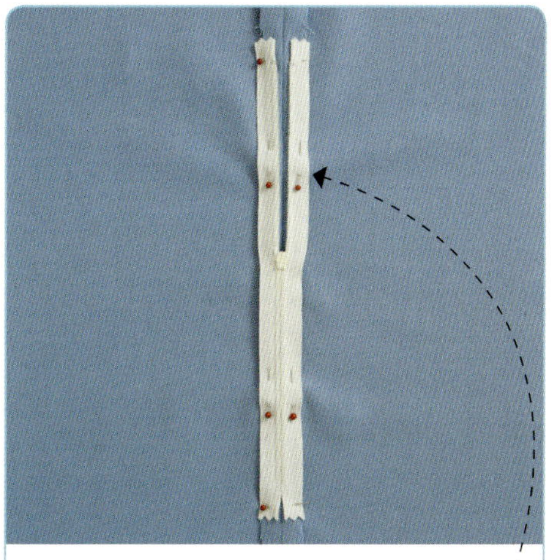

2 COLOQUE O ZÍPER no avesso da costura passada (com o puxador para baixo), a dois terços abaixo do tecido na ponta mais larga, e alfinete-o no lugar. Depois, costure ao longo dos lados e nas pontas, para prendê-lo.

3 COM O ABRIDOR DE CASA DE BOTÃO, desfaça a costura do outro lado, a fim de mostrar o zíper.

5 COSTURE TUDO

ALFINETE OS DOIS PAINÉIS de tecido juntos (lado direito com lado direito), deixando a abertura do zíper do lado de fora. Costure-os juntos, deixando uma borda de 1cm, de modo a formar um tubo largo. Alfinete e costure o círculo menor à extremidade menor do tubo pelo lado de dentro. Repita com o círculo maior na base do tubo. Vire o pufe do avesso, passando-o pelo zíper, e acerte as costuras. Encha-o com o poliestireno granulado e feche o zíper.

SETE OPÇÕES PARA **GUARDAR COISAS**

Quartos infantis precisam de lugares para guardar desde roupas e equipamentos até brinquedos e jogos. Ao contrário dos outros quartos, esses necessitam de acesso fácil – em geral com pouca altura, se forem crianças pequenas – e estar em constante exposição. Por isso, têm de ser funcionais e bonitos.

CESTA PENDURADA

Se não há muito espaço, cestas penduradas na parede ou no teto são ótimas para itens leves como brinquedos de pelúcia.

PENDURE AS CESTAS nas vigas do teto, para que não caiam e machuquem uma criança ou danifiquem o reboco quando forem puxadas ou balançadas.

BOLSÃO NA PAREDE

Bolsões de parede são divertidos, práticos e decorativos. Prenda-os numa altura em que uma criança pequena possa ver o que há dentro.

GAVETÃO SOB A CAMA

Utilize o espaço sob a cama com gavetões ou caixas, que são ideais para guardar roupas, jogos ou brinquedos.

ESTANTE COM RODINHAS

Uma estante com rodinhas pode ser deslocada sempre que houver necessidade de espaço para jogos e outras atividades.

PRATELEIRA COM CAIXAS

Prateleira com caixas e/ou gavetas é uma boa maneira de tirar a bagunça de vista e deixar o quarto arrumado.

BANCO

Um banco, além de ser um assento, serve para guardar itens como brinquedos e jogos.

SACOLÕES

Usados permanente ou temporariamente, para roupas, cobertores e brinquedos, são fáceis de guardar quando não estão em uso.

HALL DE ENTRADA

1 O QUE FAZER PARA **RENOVAR O HALL DE ENTRADA**

A redecoração do hall deve ser deixada para quando tiver terminado a reforma de todos os outros cômodos, pois o trânsito de pedreiros e de material pode atrapalhar o resultado. Existe uma ordem lógica para renovar o hall; por isso, siga estes passos para conseguir um bom acabamento.

1 CALCULE SEU ORÇAMENTO

Determine quanto pode gastar na obra. A maior parte das entradas tem espaço limitado; por isso, o que irá economizar em móveis poderá gastar na qualidade do piso, em boa iluminação e acessórios decorativos. Separe ao menos 10% para contingências, no caso de surgirem problemas.

2 PLANEJE A OBRA

Faça uma lista de pontos para guardar coisas e para alguma iluminação nova. Se quiser transformar o local sob a escada em espaço de armazenamento ou em um lavabo, faça um desenho em escala.

3 REPLANEJE A REFRIGERAÇÃO

Se o hall possuir um sistema de ar-condicionado, verifique se não é o caso de substituí-lo por um novo.

4 CONTRATE A MÃO DE OBRA

Peça orçamentos a eletricistas, encanadores, marceneiros, técnicos em ar-condicionado e decoradores. Diga a cada um o que você quer, para que monte um cronograma e contrate quem for melhor e puder cumprir o prazo.

5 ENCOMENDE MATERIAL

Assim que tiver os orçamentos e contratar a mão de obra, encomende o material mais importante (piso, portas, louça do lavabo), além de material ou partes para usar no acabamento, como uma escada nova, provavelmente feita por um marceneiro.

6 PREPARE O CÔMODO

Remova qualquer material de forração para ver se as paredes ou o teto precisam de retoques. Retire painéis antigos, pisos danificados e instalações elétricas velhas. Se for instalar uma escada nova, a antiga deve ser retirada.

7 INSTALE O ENCANAMENTO

O sistema de ar-condicionado deve ser montado agora, assim como as louças do lavabo, se forem instaladas.

8 INSTALE A PARTE ELÉTRICA

O eletricista vai instalar os dutos para as luzes novas, repor tomadas e interruptores e instalar o circulador de ar, se você quiser um lavabo embaixo da escada.

9 PENSE EM NOVAS PORTAS E JANELAS

Se for mudar a porta de entrada, é provável que precise instalar uma nova esquadria e um bom isolamento. Se vai substituir ou reformar alguma janela, faça isso agora.

10 INSTALE A ESCADA NOVA

A escada nova talvez afete as paredes. Por isso, é melhor colocá-la antes de fazer os acabamentos.

11 ENCOMENDE ITENS DECORATIVOS

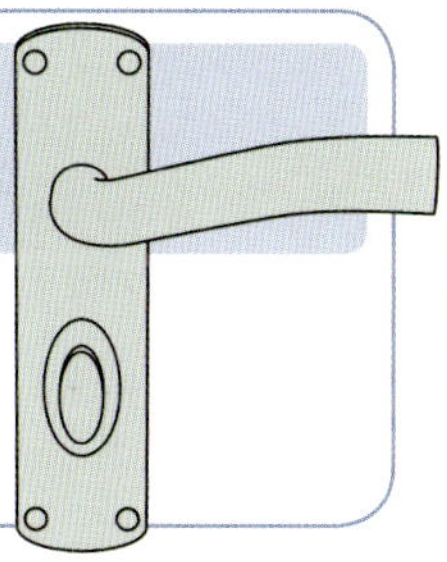

Encomende ou compre tintas, itens de iluminação e ferragens.

12 FAÇA REPAROS

Conserte ou reboque paredes e teto onde for preciso, e, se necessário, repare ou nivele o contrapiso.

13 ASSENTE O PISO

Se quiser aquecimento sob o piso, isso deve ser feito agora, com o novo piso assentado por cima e selado, se for preciso.

14 CHAME UM MARCENEIRO

Agora, o marceneiro ou carpinteiro pode, além de adaptar ou fazer móveis para guardar objetos, trocar rodapés ou painéis, caixilhos, frisos decorativos e esquadrias de portas, encaixes de tubulação e cabos elétricos.

15 DECORE

Pinte o teto, as paredes e qualquer painel de madeira que houver.

16 ORGANIZE OS ACABAMENTOS

O encanador e o eletricista podem voltar para instalar lustres, interruptores, louças do lavabo e terminar outros detalhes. Os encaixes têm de ser acabados e pintados.

17 TERMINE A OBRA

Coloque as ferragens da porta e instale itens decorativos, como espelhos, passadeiras, tapetes, quadros e móveis.

2 CRIE UM MOOD BOARD PARA **SEU HALL DE ENTRADA**

O hall funciona como ponto de transição entre o mundo exterior e a vida doméstica. Apesar de ser basicamente uma área prática e confinada, que faz a ligação com outros cômodos, ele também precisa ser um espaço acolhedor e organizado. Use o mood board para criar o melhor visual possível, que faça o movimentado hall parecer mais calmo, grande, claro e hospitaleiro.

1 **PROCURE FOTOS DE HALLS DE QUE VOCÊ GOSTE** folheando livros e revistas ou na internet. Faça cópias, imprima ou recorte imagens do cômodo ou de elementos atraentes e pregue no painel qualquer ideia – mesmo que não exista num hall – que você gostaria de acrescentar. Selecione as fotos ou os desenhos, deixando só alguns para criar seu ambiente. Isso ajuda a direcionar as opções de cores e de outros elementos.

Estude sua imagem preferida e escolha quais elementos – iluminação, móveis, itens para guardar coisas e acabamentos de piso – vão funcionar em seu hall de entrada.

2 **ESCOLHA UM ITEM** para ser o ponto focal no hall. Pode ser um tecido para a cortina da porta, uma pintura especial ou um papel numa parede, um grande espelho ornamentado, uma mesa console antiga ou algo que você já tenha. Cole a imagem do item no mood board e use-a como ponto de partida para seu projeto.

A peça escolhida talvez inspire você a usar um tema, a escolher uma paleta de cores ou a optar pelo visual típico de uma época.

3 OPTE POR UMA COR BÁSICA, tendo em mente que tons escuros podem afetar a quantidade e a qualidade da luz natural e influir nas proporções do recinto. Junte ao mood board um pedaço de papel de parede ou uma amostra de tinta na mesma proporção em que irá usá-los (assim, se for pintar o hall todo, cubra todo o painel) para ver se escolheu corretamente a cor ou a padronagem.

Decida se usará como cor básica um tom claro, para alongar o espaço visualmente, ou um escuro ou estampado, para provocar impacto.

Adicione uma amostra do papel de parede para ver se gosta das estampas e do tamanho dos desenhos.

A tonalidade principal e as secundárias podem ser variações sutis da cor básica, provocar um contraste direto com ela ou as duas coisas. Prenda amostras no painel para ver se combinam.

4 INTRODUZA DUAS TONALIDADES, ou três, no máximo. O terceiro tom, usado minimamente, talvez possa ser uma nova variação de uma das tonalidades, um detalhe tonal metálico dentro do desenho do papel de parede ou uma listra colorida na passadeira.

Junte amostras de piso ao painel para ver qual irá combinar com seu projeto.

5 ACRESCENTE PADRONAGENS E TEXTURAS com placas quadriculadas ou encáusticas, ou talvez uma padronagem que combine com a cor e a escala do desenho do papel de parede. Se não quiser estampas, junte placas lisas e texturizadas na forma de cobertura natural de piso, a fim de destacar o visual.

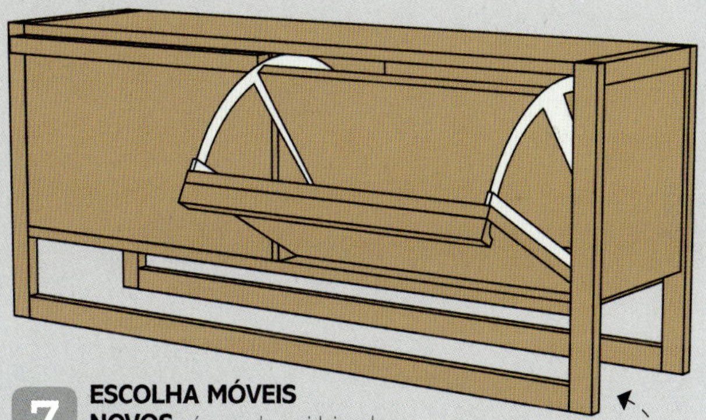

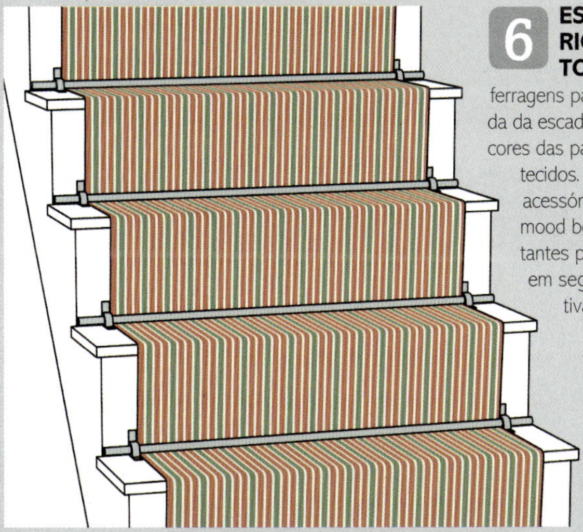

6 ESCOLHA ACESSÓRIOS E EQUIPAMENTOS, como luminárias, ferragens para a porta e balaustrada da escada, assim que decidir as cores das paredes, do piso e dos tecidos. Acrescente fotos desses acessórios e equipamentos ao mood board, pois serão importantes para ajudar a selecionar, em seguida, as peças decorativas corretas.

Procure fotos de acessórios e equipamentos, como passadeiras e balaustrada para a escada, em estilo e acabamento que combinem com seu projeto.

7 ESCOLHA MÓVEIS NOVOS só quando as ideias decorativas estiverem completas – você precisa saber se compra um item especial para dar um toque interessante a um projeto simples ou se procura uma peça moderna. E pense no material de que serão feitos.

Opte por guardar as coisas de modo inteligente, a fim de manter a bagunça num nível mínimo.

8 DÊ OS TOQUES FINAIS, começando com um item decorativo – a exemplo de um espelho, um ou diversos quadros –, que costuma ficar acima de um console ou ao lado da porta de entrada. Depois, escolha os acessórios em cores e texturas que combinem, fazendo o espaço ter um aspecto coerente.

Selecione ideias para acessórios pequenos, como almofadas, que transformarão uma cadeira funcional numa poltrona convidativa, e ponha tudo no painel.

3 COMO MONTAR O LAYOUT **DO HALL DE ENTRADA**

Em geral, o hall de entrada é uma área estreita, com pouco espaço de manobra, que precisa acomodar itens volumosos e, apesar de tudo, causar boa impressão. Porém, há muitas maneiras de melhorar o espaço, tanto em termos decorativos como funcionais, e evitar um layout errado. Siga essas dicas para acertar de cara.

MESA CONSOLE

Se o hall de entrada for comprido e estreito, talvez você só tenha lugar para uma mesa console – quase sempre contra uma parede e ao lado da porta da frente. Se for muito estreito para uma mesa, pendure uma prateleira da altura de uma mesa, com suportes bem fortes, na mesma posição. Se for amplo, veja qual é a melhor posição para a mesa, do ponto de vista decorativo: numa parede ao lado da porta, centralize-a, para equilibrar o visual; na frente da porta, posicione-a de modo que seja a primeira coisa vista ao entrar na casa.

ESPELHO

Se houver espaço para uma mesa console, pendure um espelho centralizado acima dela, para obter um visual prático e decorativo. Um que acompanhe a largura da mesa equilibrará o visual e fará o hall parecer mais comprido. Se houver pouco espaço para uma mesa, instale um espelho alto (até mesmo um que vá do chão ao teto) ao lado da porta – pressupondo que ela tenha um painel de vidro – para refletir a luz natural e fazer o ambiente parecer maior. Ou melhore um hall pequeno pendurando um espelho grande no lado oposto à porta.

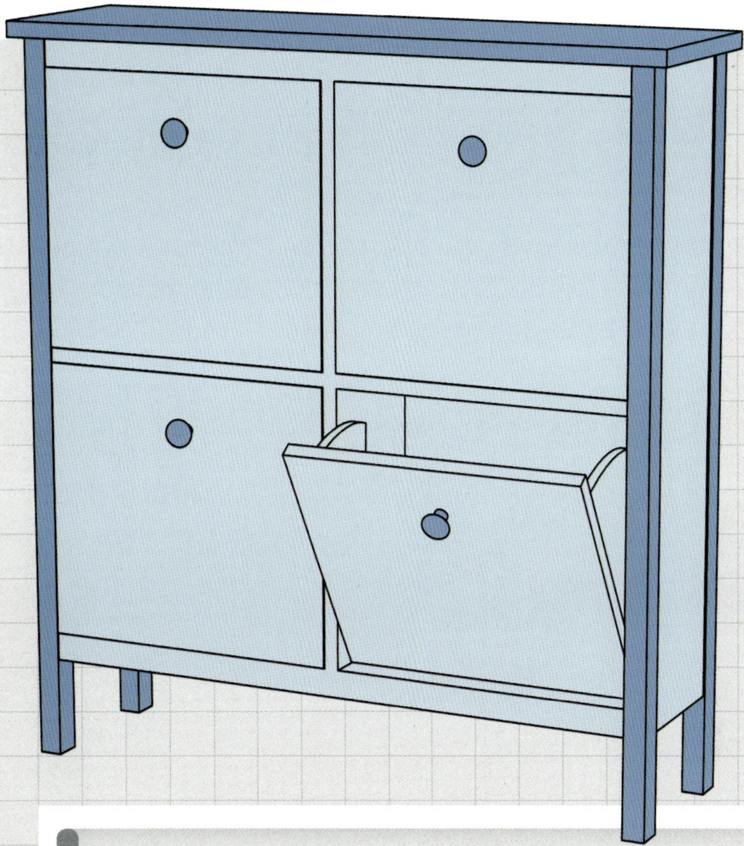

CABIDEIRO DE COLUNA

Um cabideiro de parede é a melhor opção para um hall pequeno, pois não ocupa espaço no chão. Pendure-o de tal modo que os casacos volumosos não atrapalhem. Veja se dá para ocultá-lo – numa reentrância com porta ou painel deslizante, ou num armário embaixo da escada –; se não, compre uma peça moderna, de materiais atuais, o mais atrativa possível. Um cabideiro de pé fica bem no hall, mas ocupa muito espaço e ficaria melhor no canto de um local espaçoso.

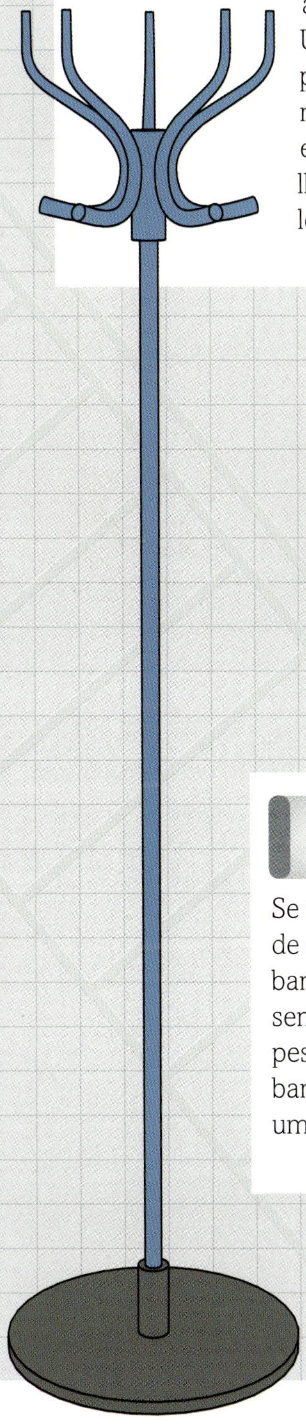

GUARDA-SAPATOS

Se você tem um cabideiro de parede, o lugar natural para guardar sapatos é embaixo dele (mas sem ficar à mostra). Outra alternativa é deixá-los em cestos com tampa sob a mesa console ou em prateleiras e gavetas do móvel. Peças estreitas para guardar sapatos, com gavetas basculantes, possuem um tampo que pode ser usado como uma mesa console.

PARA SENTAR-SE

Se você tem espaço perto da porta de entrada, use-o para pôr um banco ou uma cadeira para se sentar e tirar ou calçar sapatos pesados e botas. Ou procure um banco cujo assento seja a tampa de um espaço para guardar calçados.

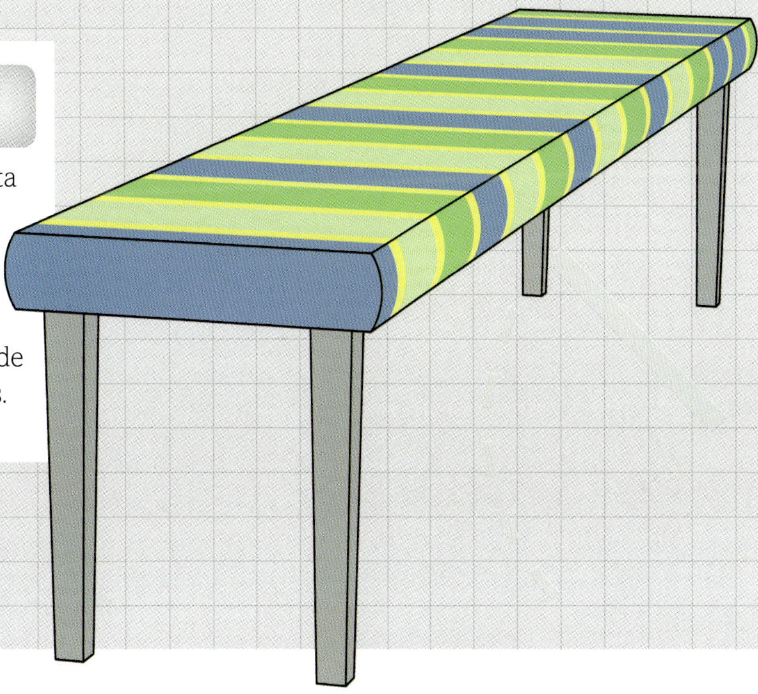

4 ESCOLHA **O PISO**

O hall de entrada oferece a primeira impressão que você e suas visitas têm da casa; por isso, o piso precisa ser atraente. Há uma grande variedade de modelos bonitos e resistentes. Mas lembre-se de que ele está sujeito a muito trânsito de pessoas e portanto tem de ser extremamente durável e fácil de limpar.

1 ESCOLHA O VISUAL

Embora a praticidade seja o item mais importante, você vai querer algo elegante e que combine com o resto da casa. O carpete é acolhedor, os ladrilhos são chiques ou rústicos, e os pisos de madeira podem ser práticos e atraentes.

LADRILHOS

Esse piso de placas é a escolha mais prática para o hall de entrada, pois é fácil de limpar e de cuidar. Opte por cores que disfarcem a sujeira. Instale-os na diagonal para ampliar o espaço visualmente, se o local for pequeno.

MADEIRA

Pisos de madeira conferem aconchego e personalidade e, dependendo do modo como as tábuas são assentadas, podem dar a impressão de que o espaço é mais amplo. O parquê cria desenhos e realça um projeto simples. As tonalidades são bem variadas.

CARPETE

Com carpetes, você leva cor e textura para o hall. Os estampados são ótimos para disfarçar manchas e dar destaque a um cômodo simples. Nos de tons claros, as marcas logo ficam evidentes; mas não os despreze, pois eles ajudam a dar sensação de espaço.

SEM EMENDAS

No hall de entrada, o piso de concreto ou resina confere um visual contemporâneo. Imagine a cor e o acabamento que deseja quando pensar nessa opção – acabamentos brilhantes ampliam o espaço visualmente, mas também podem evidenciar manchas e sujeiras.

2 ESCOLHA O MATERIAL

O piso tem de ser resistente, fácil de limpar e num tom e acabamento que disfarcem a sujeira. Ladrilhos ou madeira são opções práticas, a não ser que você tenha o hábito de tirar os sapatos na entrada, caso em que o carpete dura mais.

LADRILHOS

PORCELANA

Sua superfície lisa e não porosa é fácil de limpar. Existe a esmaltada (escorregadia quando molhada) e a sem brilho, em diversos preços.

CERÂMICA

Ladrilhos de cerâmica são baratos – boa opção se você tiver uma grande área para cobrir. Não mancham e não precisam de vedação.

TERRAZZO

Caros, lustrosos, feitos com lascas de mármore, cimento e pigmento. São duráveis, mas ficam escorregadios se molhados (não use se tiver crianças).

CONCRETO

Há ladrilhos de concreto de muitas cores e acabamentos, como polidos, foscos ou com agregados aparentes. São caros, porém duram muito.

TERRACOTA

De preço médio, é uma boa opção para um hall acolhedor e atraente. Escolha peças pré-vedadas ou solicite ao instalador que as vede.

TRAVERTINO

Esses ladrilhos de mármore são caros e vêm em diversos tamanhos e tons. Podem ter acabamento polido ou com aspecto natural.

CALCÁRIO

Os ladrilhos de calcário são caros, porém ótimos para clarear halls escuros. Escolha entre as peças totalmente polidas ou com acabamento rústico e fosco.

ARDÓSIA

A superfície irregular da ardósia torna a pedra menos escorregadia que outros materiais. Ela disfarça a sujeira, e seu preço vai do médio ao elevado.

LAMINADO

De preço baixo a médio, é uma alternativa econômica para pedras como ardósia e travertino. Você mesmo pode instalá-lo e cortar os custos.

MADEIRA

DE LEI

De preço médio a alto, essa opção é durável e pode ser lixada, a fim de remover arranhões e desgastes. Para realçar o visual, use um piso de parquê.

DE CONÍFERA

Se você gosta de madeira de lei, porém seu orçamento não cobre o custo, a de conífera é mais barata. Ela pode ficar marcada, mas é possível renová-la.

PROCESSADA

De preço médio, parece sólido, no entanto é uma placa com forração, o que a torna uma boa opção para pisos irregulares ou planos.

BAMBU

Resistente, bonito e de preço médio a alto. Escolha um piso de bambu com acabamento em óleo, do qual se pode retirar manchas.

LAMINADA

Para gastos baixos ou médios, a madeira laminada é ótima. Procure placas com acabamentos texturizados realistas, detalhados ou parquê, para um melhor efeito.

CARPETE

TRAMA TORCIDA

De preço baixo a médio, é resistente e tem aparência rústica. Por disfarçarem melhor as manchas, os modelos estampados são mais indicados para o hall de entrada.

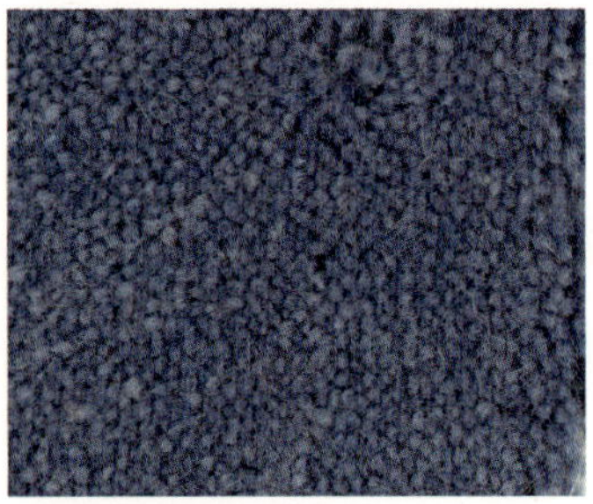

TRAMA AVELUDADA

De preço médio a alto, o carpete de trama aveludada é durável e confortável. A trama cortada rente dá um visual moderno e elegante.

TRAMA DE NÓS

Feito de fios que formam nós na superfície, esse carpete tem preço médio. Evite-o se tiver animais de estimação, pois suas patas podem se enganchar nos nós.

SEM EMENDA

CONCRETO

Opção moderna, o concreto polido dá ao hall de entrada um aspecto atual e industrial. Apesar de caro, é muito durável e tem diversas cores.

RESINA

Aplicada no piso, tem acabamento fosco ou brilhante e muitas cores. É uma opção cara que combina com espaços amplos, onde o hall faz parte da área de estar.

INSTALAÇÃO DE LUZES NO PISO

A iluminação no piso rebaixado clareia e deixa o hall interessante, mas precisa ser instalada antes que o piso fique pronto.

- **As luzes acendem no chão** e precisam ser rebaixadas no contrapiso. Peça ajuda profissional se as lâmpadas tiverem de ser rebaixadas no contrapiso de concreto ou se quiser combiná-las com o carpete.
- **Esse tipo de iluminação** cria um visual contemporâneo e combina melhor com pisos de ladrilho ou madeira.

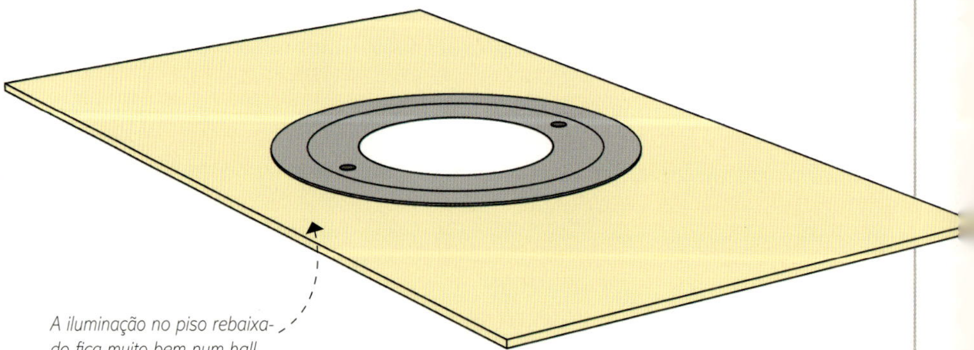

A iluminação no piso rebaixado fica muito bem num hall, ainda mais quando combinada com o tipo certo de piso.

SE VOCÊ OPTAR POR UM PISO NEUTRO, um tapete com desenhos alegres confere cores e textura ao hall.

5 ESCOLHA O REVESTIMENTO DAS PAREDES

Como o hall de entrada costuma ser um espaço estreito que as pessoas usam para entrar e sair da casa, suas paredes têm de suportar mais desgaste do que nos outros cômodos. Elas também precisam ser atraentes, pois é o hall que deixa a primeira impressão, em você e em suas visitas, ao entrar na casa.

1 ESCOLHA O MATERIAL

Ao escolher o material que irá usar, tenha em mente o tamanho do hall e o seu estilo de vida. Se o espaço for estreito, opte por algo resistente e fácil de consertar; se isso não for um problema, a decoração pode ser mais importante que a funcionalidade.

TINTA

A tinta é ótima para o hall de uma casa, pois pode ser retocada se ficar suja ou danificada. Se você tem crianças e animais de estimação, procure tintas com um acabamento que possa ser limpo com pano e escolha cores que não revelem facilmente a sujeira e o desgaste.

REVESTIMENTO DE MADEIRA

Além de deixar as paredes mais atraentes, o revestimento de madeira também as protege. Os painéis do tipo macho e fêmea e os tradicionais podem ser utilizados em metade da altura da parede ou desde o piso até o teto.

PAPEL DE PAREDE

Papéis foscos disfarçam pequenas imperfeições nas paredes e são ótimos para introduzir desenhos num espaço que, sem eles, ficaria liso. Encontre um com acabamento fácil de limpar e lembre-se de que as estampas com brilho ajudam a refletir a luz pelo hall.

VERIFIQUE

- **Se você decidiu pintar** as paredes do hall, vale a pena guardar um pouco de tinta para fazer algum retoque quando elas se desgastarem.
- **Verifique se o papel de parede** está bem colado, pois ele pode rasgar facilmente nas pontas, numa área de movimento intenso. Caso se solte, reaplique o adesivo apropriado assim que possível.
- **Embora os papéis de parede** e as tintas reflexivas com brilho sejam ótimos para halls pequenos, a parede precisa estar perfeitamente lisa e nivelada, pois a superfície vai mostrar qualquer saliência ou rachadura.

2 ESCOLHA O TIPO

Durabilidade e estilo são os dois fatores principais a considerar quando for escolher o tipo de tinta, papel de parede ou revestimento de madeira. Em termos ideais, escolha algo resistente e que renove o espaço.

TINTA

FOSCA

À base de água, está disponível em muitas cores e preços, tem um acabamento não reflexivo que minimiza as imperfeições de paredes irregulares.

ACETINADA OU BRILHANTE

Ótima opção de preço médio. Qualquer mancha pode ser limpa facilmente nas tintas acetinadas ou de brilho suave, que também ajudam a refletir a luz pelo cômodo.

METÁLICA

De preço médio, imprime um certo luxo ao hall e reflete luz suficiente para fazer o cômodo parecer maior. Use-a numa parede que você queira ressaltar.

CASCA DE OVO

A tinta acrílica casca de ovo é bastante resistente às manchas e aos desgastes. É indicada para paredes e peças de madeira. Tem preço médio.

PAPEL DE PAREDE

LISO OU COM PADRÕES

Se suas paredes têm superfície sem rachaduras, use papel de parede simples, fácil de limpar com pano. Os preços variam muito, conforme o desenho.

FLOCADO

Numa entrada grandiosa o ideal é papel de parede com desenhos flocados em relevo, textura aveludada e preço médio a alto. Tire manchas com esponja ou escova macia.

METÁLICO

Adicione glamour com papel de brilho metálico. Escolha um fundo claro e um desenho sutil para aumentar o espaço de um hall pequeno. Preço de médio a alto.

TEXTURIZADO

Mais espesso do que outros, tem preço médio, é resistente e pode disfarçar superfícies irregulares. Adquira um colorido ou com desenho em relevo para pintar.

REVESTIMENTO DE MADEIRA

TIPO MACHO E FÊMEA

Com preço de baixo a médio, esse revestimento suporta batidas e arranhões, além de poder ser pintado. Em geral, é feito de pinho ou de MDF.

COMPENSADO

De preço médio a alto, é encontrado em inúmeros acabamentos. Há lâminas de diversos tamanhos, que podem ser unidas lado a lado para cobrir grandes espaços.

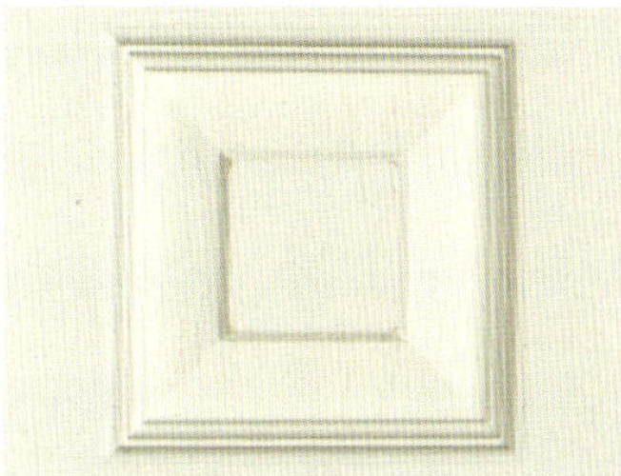

LAMBRI

Com preço médio, dá textura e destaque às paredes. Pinte a parte de dentro dos painéis com uma cor diferente para acrescentar um toque interessante.

6 ESCOLHA A **ILUMINAÇÃO**

O hall é um espaço complicado para iluminar, porque costuma ser comprido, estreito e quase sempre com pouca luz natural. O truque é empregar luzes que deixem o espaço claro e mais amplo. Há diversas maneiras de fazer isso e uma grande variedade de estilos e tipos de luzes.

1 ESCOLHA O ESTILO

Se estiver reelaborando o projeto inteiro de iluminação, tente combinar luz ambiente e luz de destaque, mesmo em espaço pequeno, permitindo que se criem diversos níveis de luz e atmosferas num cômodo com personalidade.

AMBIENTE

Deve imitar ao máximo a iluminação natural. Por isso, a menos que o espaço seja muito pequeno, é melhor não depender de um único lustre pendente, que será incapaz de iluminar o cômodo com eficiência. Em vez disso, pense em lâmpadas rebaixadas ou em um conjunto de refletores ao longo do teto. Se possível, ache espaço para um abajur de mesa para suavizar o ambiente.

DESTAQUE

O uso de luzes de destaque cria efeitos notáveis. Num hall de entrada, lâmpadas embutidas no rodapé ou nos degraus da escada podem oferecer o destaque de uma luz fraca, ao passo que as destinadas a enfatizar quadros nas paredes constituem outra ótima opção. Se usadas com bom senso, as luzes de destaque deixam o hall mais interessante e ampliam suas proporções.

2 ESCOLHA OS MODELOS DE ILUMINAÇÃO

Locais com teto baixo não comportam um lustre pendente, mas os amplos podem acomodar um candelabro. Depois, pense no estilo de iluminação: decoração de época não precisa de iluminação tradicional e opções modernas podem fazer maravilhas.

LUZ DE TETO

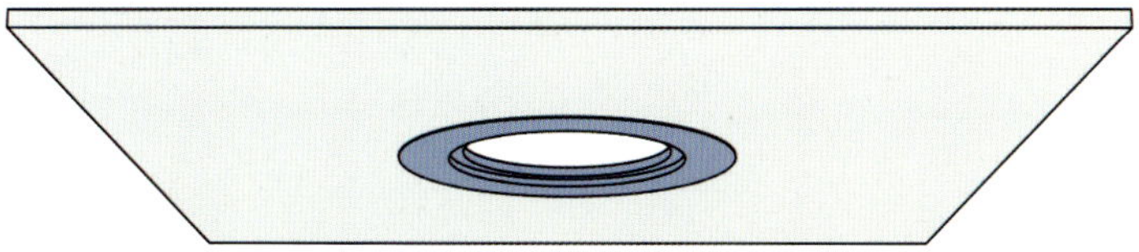

EMBUTIDA

É a opção perfeita para um hall comprido e estreito, ou um pequeno, de teto baixo e que precisa parecer maior e mais claro, pois essa iluminação costuma imitar a luz natural e é bastante intensa para lançar a claridade em todas as direções.

LUSTRE DE IMPACTO

Vai bem em halls grandes, de teto alto, e talvez tenha de combinar com outros estilos de iluminação, como lâmpadas embutidas, para iluminar toda a extensão do cômodo de modo prático. Não pense que você precisa se limitar a apenas uma peça se o hall for grande – um conjunto de três a cinco abajures também pode funcionar muito bem.

LUSTRE PENDENTE

Se o hall de entrada for pequeno, um lustre pendente talvez baste. Escolha um modelo que lance luz para cima e para baixo, o que amplia o espaço. Se o teto for baixo, evite esse tipo de lustre, a menos que ele fique num canto livre do trânsito de pessoas.

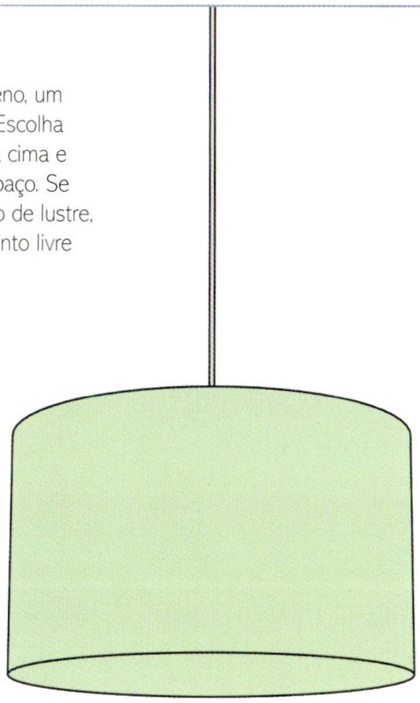

LUSTRE FIXO NO TETO

Pode ser escolhido para efeitos decorativos. Isso significa optar por um candelabro grande ou uma peça moderna com muitas lâmpadas para um hall de entrada grande e de teto alto, ou uma linha de lustres atraentes para um espaço comprido e estreito que precise de personalidade.

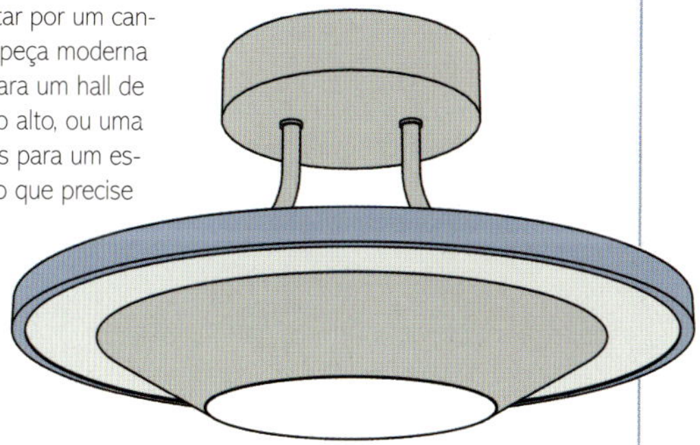

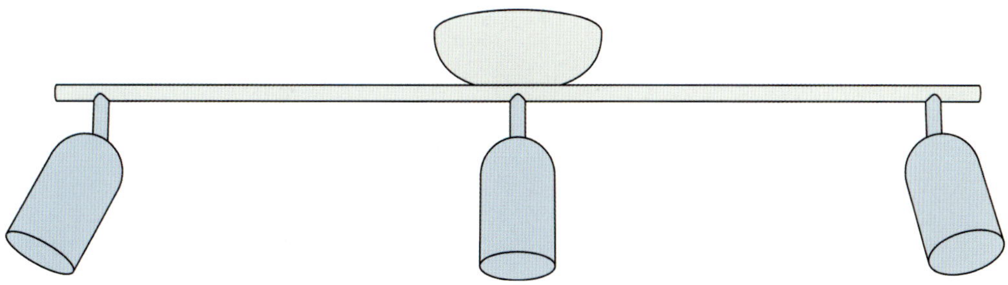

SPOTS

Um trilho, com alguns spots, permitirá que você ilumine o espaço de modo prático e jogue luz em elementos do ambiente que queira destacar. É uma excelente opção se você estiver reformando uma casa em estilo contemporâneo.

LUSTRE OU LUMINÁRIA DE PAREDE

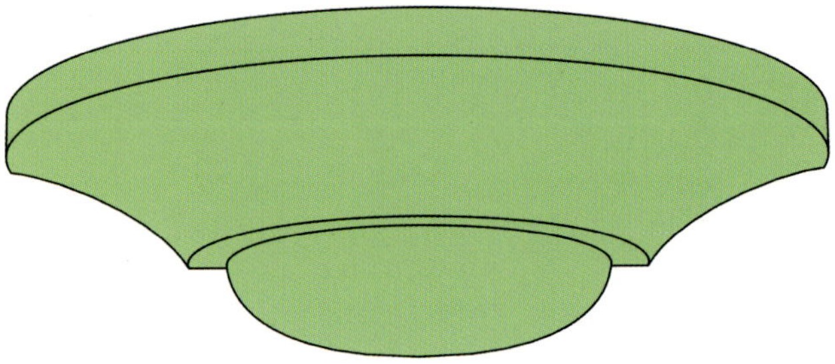

ARANDELA COM LUZ PARA O TETO

Se o hall tiver teto baixo, você deve usar todos os truques para melhorar suas proporções. O jeito mais eficiente é colocar arandelas com luz para o teto, dispostas a dois terços da altura da parede. Elas lançam a luz para cima e criam o truque visual de elevar o teto.

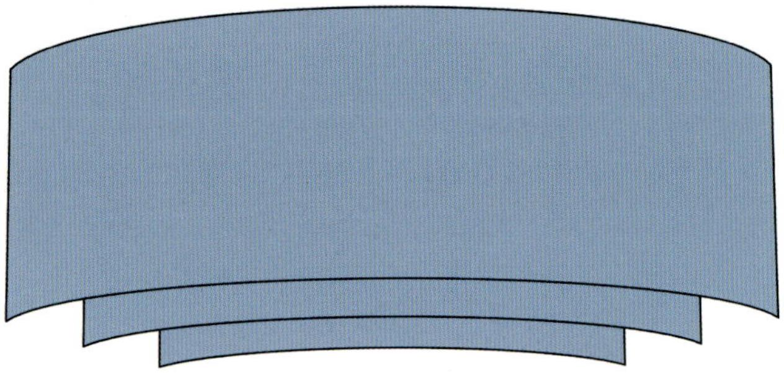

ARANDELA DE PAREDE

Ao usar arandelas presas à parede, o ambiente fica mais interessante e você pode brincar com as proporções do espaço. Uma fileira de peças decorativas acompanhando o comprimento do hall, um pouco acima da altura da cabeça de um adulto, torna o ambiente aconchegante e bem mais amplo.

SPOTS

Podem ser usados para iluminar um detalhe arquitetônico, um quadro ou um acessório atraente, como uma escultura. Os equipamentos não precisam ser visíveis imediatamente, mas o efeito que eles criam, sim.

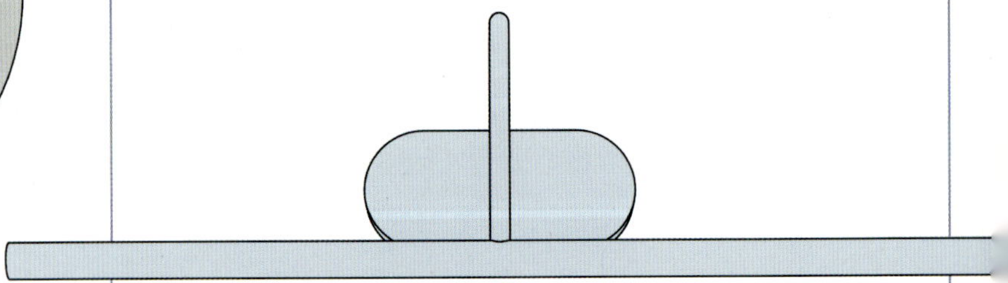

ILUMINAÇÃO DE QUADROS

Não ilumina o hall inteiro, mas dá um destaque sutil a determinado quadro. Deve ser usado em peças grandes e médias. Se você tiver diversos quadros, pode iluminar todos, apenas o maior ou o que está pendurado num ponto focal do recinto – acima da mesa console, por exemplo.

LUZ NO PISO

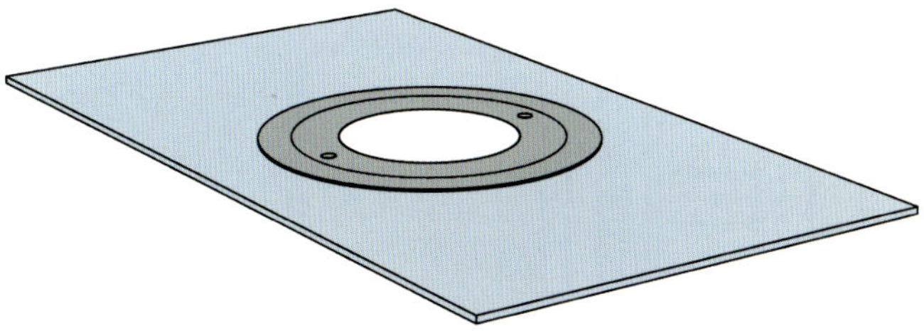

REBAIXADA

São instaladas ao longo do comprimento do hall, de preferência nos dois lados. Ficam perto da parede, com a lâmpada sutilmente voltada para cima; instale um regulador de luminosidade para variar sua intensidade. E tenha em mente que elas ressaltam as imperfeições na textura da parede.

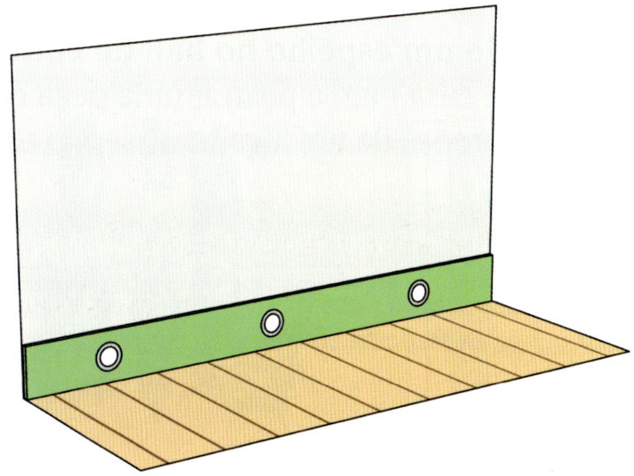

NO RODAPÉ

Em geral instaladas no rodapé que acompanha um dos lados da escada, quase sempre a cada dois degraus, essas luzes também podem ficar em pisos retos, mais ou menos a cada metro. Coloque-as numa altura bem baixa, para que cubram o piso com luz.

ABAJURES

DE MESA

Se tiver uma mesa console no hall, colocar um ou dois abajures nela – um de cada lado – torna o ambiente mais bem decorado e interessante, além de deixá-lo muito mais aconchegante. No caso de só ter espaço para uma pequena prateleira de canto, arrume lugar para um abajur de mesa.

DE PÉ

Um abajur alto, de pé no piso, é uma boa maneira de iluminar o ambiente de um hall de entrada que não tenha espaço para uma mesa. Não permita que o feixe de luz seja muito forte e não o deixe no caminho das pessoas. Ajuste a altura – muito baixo ou muito alto fará com que se enxergue a lâmpada.

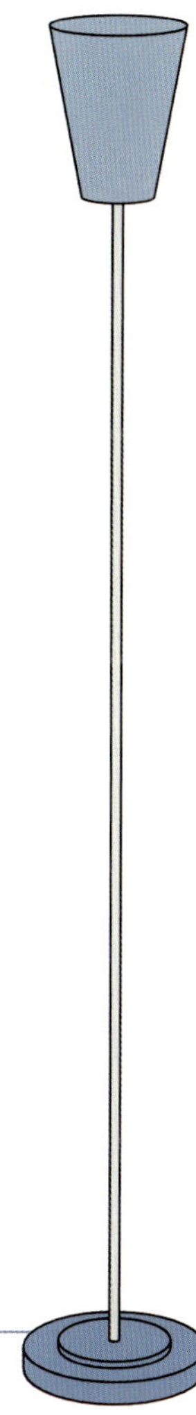

DE COLUNA

Geralmente, as luminárias de coluna são colocadas atrás ou ao lado de móveis, a fim de lançar luz para cima em uma parede. Elas criam um efeito semelhante às arandelas de parede com luz para o teto, em termos de melhorar as proporções do hall, mas sua luz costuma ser menos uniforme e serve mais para criar um efeito marcante.

COMO GUARDAR COISAS NO HALL DE ENTRADA (CONTINUAÇÃO)

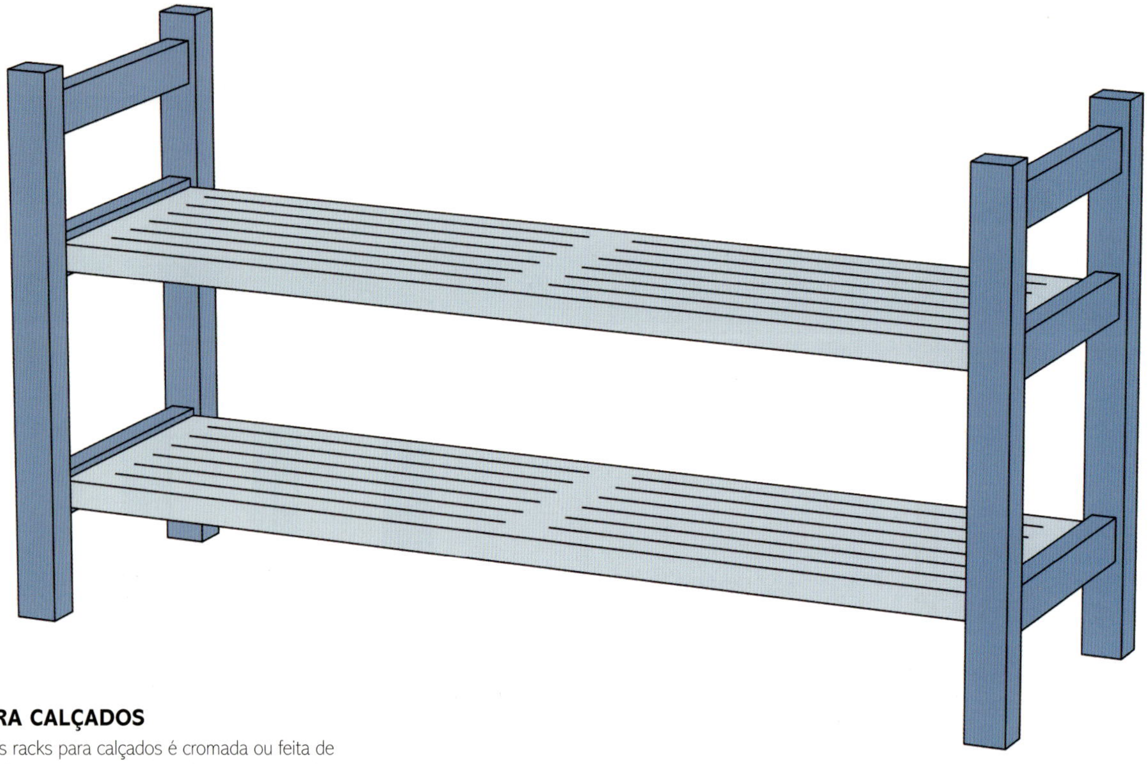

RACK PARA CALÇADOS

A maioria dos racks para calçados é cromada ou feita de madeira e inclui de duas a cinco prateleiras para guardar sapatos. Os modelos empilháveis permitem aumentar o potencial de armazenamento sem ocupar mais espaço.

GAVETEIRO BASCULANTE PARA CALÇADOS

Essa peça de pouca espessura permite guardar os calçados em gavetas basculantes. Toma pouco espaço e fica encostada à parede. Por ser estreita, talvez tenha de ser pregada na parede para não tombar para a frente.

MESA CONSOLE

É excelente para o hall de entrada, pois fornece uma superfície para colocar telefone, cartas e chaves. Se encontrar um modelo com gavetas, poderá guardar itens maiores, como listas telefônicas.

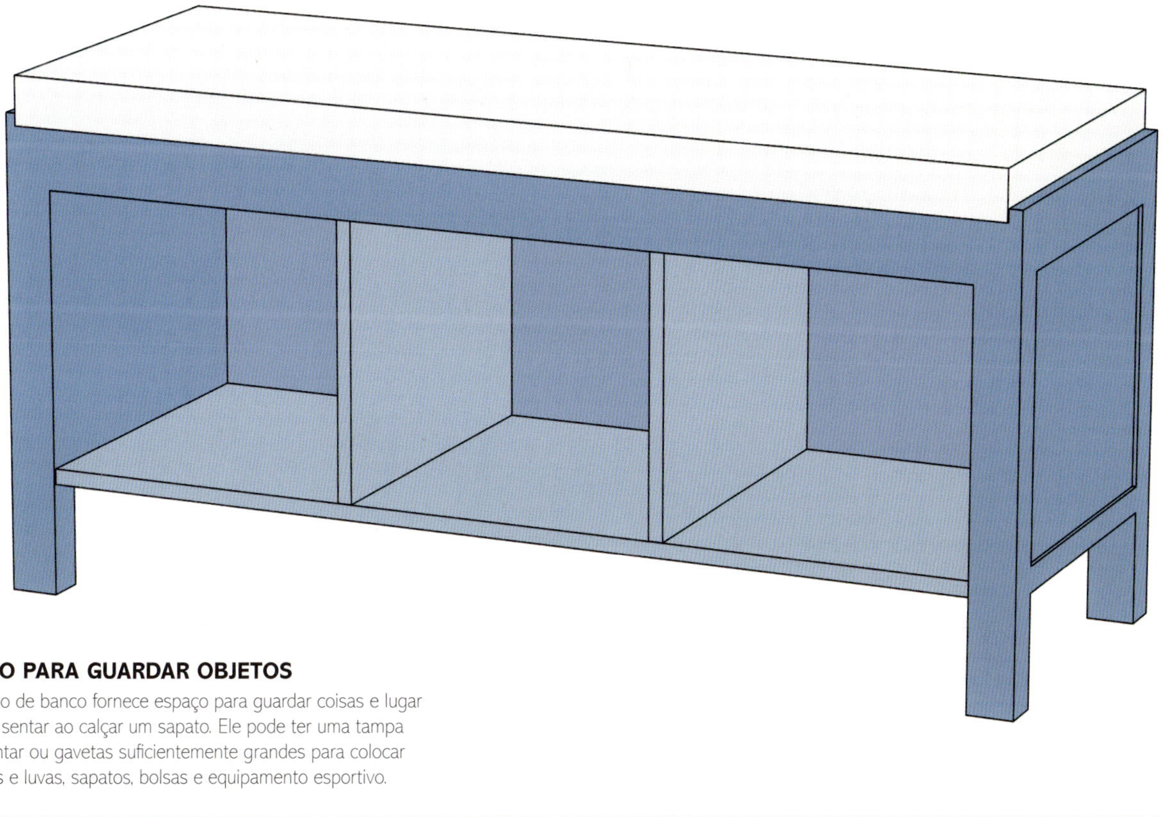

BANCO PARA GUARDAR OBJETOS

Esse tipo de banco fornece espaço para guardar coisas e lugar para se sentar ao calçar um sapato. Ele pode ter uma tampa de levantar ou gavetas suficientemente grandes para colocar chapéus e luvas, sapatos, bolsas e equipamento esportivo.

SETE OPÇÕES DE **ESQUEMAS DE CORES**

Com o emprego de alguns truques decorativos simples, você melhora as proporções do hall e o faz parecer mais atraente. Veja qual dos seguintes visuais se encaixa nas dimensões e no estilo do seu espaço e qual se ligará bem aos cômodos adjacentes.

PISO EM LOSANGOS

Para fazer um hall estreito parecer maior, instale ladrilhos na diagonal ou pinte um padrão de losangos no piso.

O PISO DE PARQUÊ DE MADEIRA com desenho de espinha de peixe cria o mesmo efeito.

PASSADEIRA LISTRADA

Faça um hall curto parecer mais longo dispondo uma passadeira listrada – de tapete ou pintada no chão – ao longo de seu comprimento.

MOLDURA DE PROTEÇÃO

O hall vai parecer mais alto com uma moldura de proteção. Pinte a parede de um tom mais escuro abaixo dela.

LISTRAS VERTICAIS

Um teto baixo parece mais alto com a pintura de listras verticais em tons da mesma cor nas paredes, a fim de levar o olhar para cima.

LISTRAS HORIZONTAIS

Um espaço pequeno e estreito parece maior e mais amplo com a pintura de listras horizontais de tons semelhantes nas paredes.

COR FORTE NUMA PAREDE DA PONTA

Para deixar um hall longo e estreito parecer mais curto e, portanto, mais amplo, pinte a parede da ponta de uma cor forte.

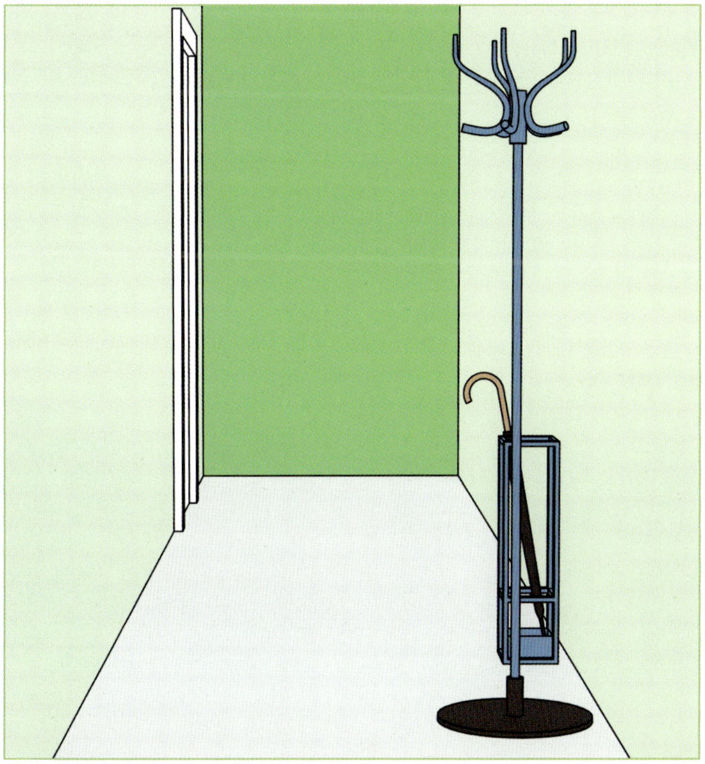

COR FORTE NA PAREDE MAIOR

Um hall sem graça e curto vai parecer mais aconchegante se a parede maior ganhar um tom mais forte do que o da menor.

ESCRITÓRIO

1 O QUE FAZER PARA RENOVAR O ESCRITÓRIO

Nem todas as casas têm um escritório, e para você ter um será preciso fazer um planejamento cuidadoso para que esse espaço tenha bom funcionamento e também boa decoração. Siga esse projeto para contratar a mão de obra adequada e fazer o trabalho no tempo certo.

1 DEFINA SEU ORÇAMENTO

Se você estiver no início, inclua no orçamento reboco, papel de parede e tintas. Acrescente um valor extra para fiação, equipamentos e uma boa cadeira de trabalho, reservando cerca de 10% do total para algum imprevisto.

2 PLANEJE O LAYOUT

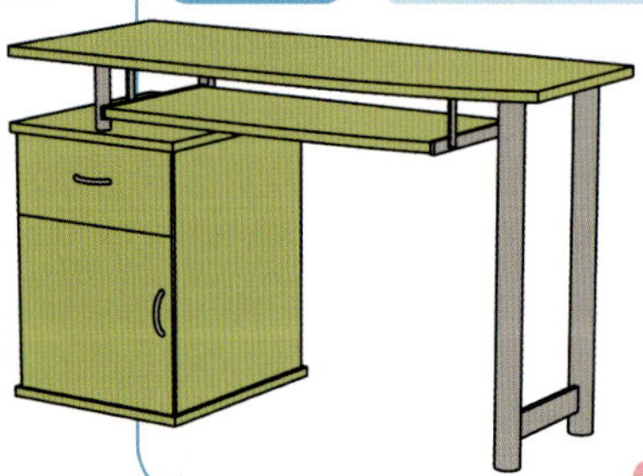

Desenhe uma planta em escala e inclua todas as portas e janelas. Marque a posição da mesa e, a partir daí, planeje onde localizar luzes, telefone, internet e tomadas elétricas.

3 REAVALIE O AR-CONDICIONADO

Veja se precisa mudar o sistema de ar-condicionado. O corpo esfria muito quando você se senta para trabalhar. Se o ambiente não tem nada específico, talvez precise de um ar--condicionado mais adequado para frio ou calor. Não se esqueça de que poderá abrir as janelas para refrescar o lugar.

4 CONTRATE A MÃO DE OBRA

Peça orçamento a eletricistas, técnicos em ar-condicionado, pintores e decoradores e para empresas de móveis de escritório. Pergunte o que está incluído no preço e combine para que todos os trabalhos terminem no momento certo.

5 FAÇA AS ENCOMENDAS

Com os orçamentos em mãos, encomende piso, madeiras, portas, ar-condicionado e janelas. Móveis, tinta, carpete e iluminação podem ser adquiridos assim que as tarefas principais estiverem terminando, a não ser que haja espaço para guardá-los. Se for encomendar móveis novos, verifique os prazos de entrega, para saber se você precisa encomendá-los agora.

6 ESVAZIE O CÔMODO

Remova revestimentos antigos e veja se as paredes e o teto precisam de massa ou remendos. Retire madeiras danificadas, frisos de gesso sem conserto e o piso velho. A fiação elétrica e os conduítes antigos também devem ser trocados.

7 INSTALE O AR-CONDICIONADO

Novo ou recondicionado, o ar-condicionado deve ser instalado numa parte alta, sem prejudicar tarefas posteriores.

8 INSTALE A FIAÇÃO ELÉTRICA

O eletricista vai pôr os conduítes sob o piso, nas paredes e no teto para a fiação elétrica. O cabeamento e os pontos para telefone/internet e outros equipamentos, como impressora, também devem ser feitos agora.

9 COLOQUE AS JANELAS NOVAS

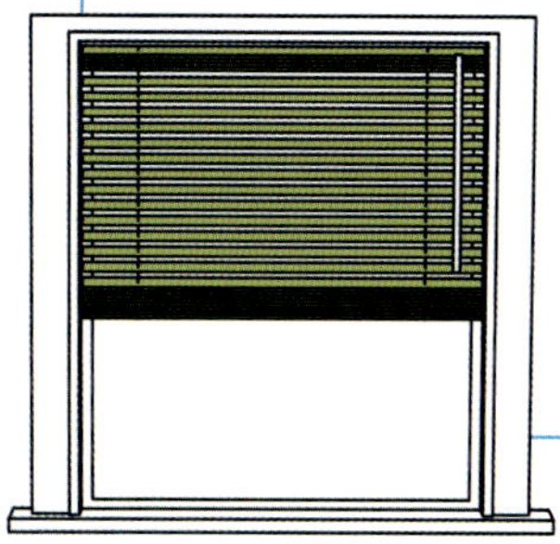

Enfrente essa tarefa agora, antes que o cômodo seja emassado. Se as janelas não forem trocadas, mas apenas reformadas, prepare-as para a pintura.

10 PROVIDENCIE O REBOCO E O GESSO DAS PAREDES E DO TETO

Se as paredes e o teto precisam desses serviços, chame um profissional para conseguir um acabamento melhor.

11 COLOQUE O PISO

Enquanto o reboco seca, faça o piso usando laminado de madeira ou um contrapiso com carpete.

12 INSTALE OS MÓVEIS ENCOMENDADOS

Se você encomendou móveis, peça que a empresa monte antes de instalar os rodapés e os batentes.

13 INSTALE OS ITENS DE MADEIRA

Depois de pôr os móveis no lugar, as novas peças de madeira – rodapés, caixilhos, portas, batentes e outros itens – podem ser instaladas por um marceneiro ou carpinteiro.

14 FAÇA OS ACABAMENTOS

Preencha rachaduras nas paredes. Pinte o teto, as paredes e as madeiras. Se usar papel de parede, deixe-o para o fim.

15 ORGANIZE AS INSTALAÇÕES

O eletricista pode voltar e instalar lustres e tomadas, e o encarregado vai pôr o ar-condicionado para funcionar.

16 COLOQUE O CARPETE

Se você optou por forrar o piso com carpete, esse é o melhor momento para instalá-lo.

17 DÊ OS TOQUES FINAIS

Móveis novos, como mesa de trabalho, arquivo de aço ou uma cadeira, podem ser entregues agora. Coloque cortinas ou persianas, fixe as ferragens de porta, ligue o equipamento e pendure itens, como um quadro de avisos.

2 CRIE UM MOOD BOARD PARA SEU ESCRITÓRIO

Tanto para um escritório amplo ou pequeno, o importante é que seja um ambiente calmo e organizado. Ao projetar a paleta de cores, os padrões e os móveis, você criará uma área não apenas bem coordenada e com uso eficaz do espaço, mas também atraente e confortável para trabalhar. O uso do mood board ajudará você a elaborar um projeto adequado para esse espaço quase sempre subestimado.

1 ENCONTRE FOTOS DE ESCRITÓRIOS CASEIROS cujo visual lhe agrade; procure na internet, em revistas e livros. Se puder, destaque, imprima ou copie as imagens e espalhe-as pelo chão. Talvez você perceba que começa a se formar um tema, seja pela preferência de um tipo de madeira ou de um formato de móvel. Esse seria um ponto de partida para o projeto do escritório.

Edite sua seleção de imagens de escritório até chegar a uma ou duas preferidas e cole-as no mood board.

2 ESCOLHA UM ITEM IMPORTANTE ou um tema que ajudará você a encontrar uma direção para seu projeto. Use-o como inspiração para tudo, desde cores e formatos até desenhos e texturas, quando for pesquisar outros itens para o cômodo.

Seu item preferido pode ser um arquivo de aço retrô, uma luminária anglepoise/pantográfica ou uma escrivaninha antiga.

3 ESCOLHA UMA COR DE FUNDO para o cômodo. A seleção de um tom claro e suave ou de um mais escuro e profundo depende da quantidade de luz natural que o escritório recebe, mas as duas opções serão aceitáveis. Se cobrir a maior parte das paredes com prateleiras, itens para guardar coisas e quadros de aviso, a cor de fundo (seja tinta ou papel de parede) não será tão importante.

Pinte uma parte do mood board (ou prenda um pedaço do papel de parede) com sua cor de fundo.

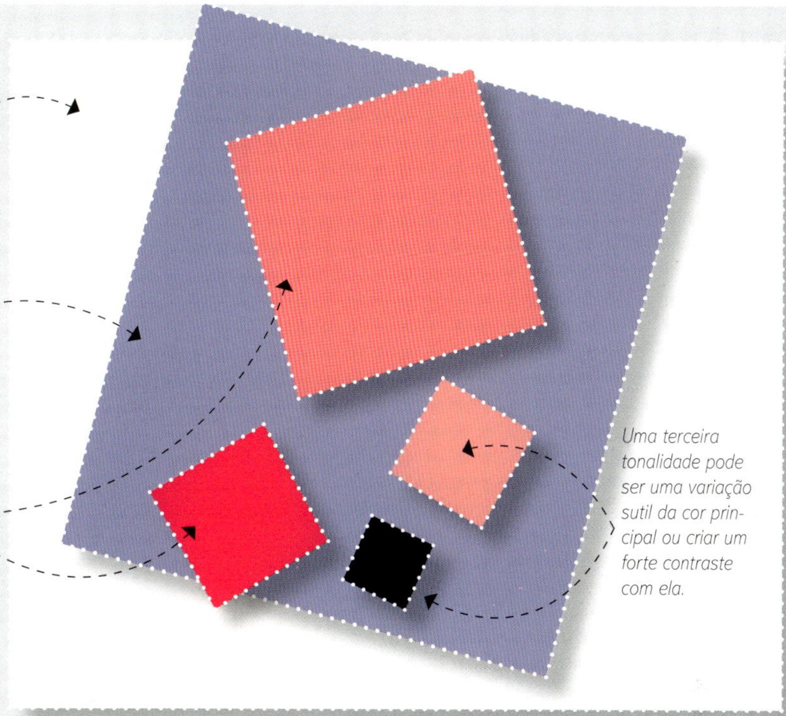

A intensidade ou a sutileza da tonalidade principal também vai influenciar o ambiente do espaço de trabalho.

A cor secundária pode dar mais profundidade e tornar o projeto mais interessante.

Uma terceira tonalidade pode ser uma variação sutil da cor principal ou criar um forte contraste com ela.

4 ESCOLHA DUAS OU TRÊS CORES MARCANTES, que podem ser uma variação tênue da cor da parede ou formar um forte contraste com ela. Uma delas será a tonalidade principal; use a segunda um pouco menos e a terceira minimamente. Pinte amostras das cores no painel nas mesmas proporções em que serão usadas no cômodo para verificar se o equilíbrio está satisfatório.

Prenda pedaços de pisos no mood board, o que ajuda a decidir qual tipo combina com o projeto.

5 ADICIONE PADRÕES E TEXTURAS, como um tapete, um quadro de avisos ou uma persiana de tecido, por exemplo; são necessários apenas pequenos destaques num ambiente como esse. Use móveis simples, se o papel de parede for estampado; com paredes lisas, acrescente persianas de madeira ou uma mesa com tampo de madeira com veios.

Prenda fotos de móveis funcionais e atraentes no painel para ampliar suas ideias.

6 ESCOLHA MÓVEIS NOVOS usando os mesmos truques empregados para diminuir as opções de cores do cômodo. Se o visual parece bem simples até agora, procure deixá-lo mais interessante, por exemplo, com uma cadeira de escritório curvilínea e estofada.

A ordenação de fichários coloridos nas prateleiras vai despertar o interesse visual.

7 DÊ OS TOQUES FINAIS com a adição de acessórios e outros elementos. Itens de iluminação, capas para cadeira ou molduras para quadros podem transformar um escritório, de puramente funcional em algo exclusivo e personalizado, e ajudar a compor o projeto. Chegou o momento de escolher peças com a terceira tonalidade selecionada, que irão harmonizar ou contrastar com seu esquema de cores. Por isso, compare primeiro suas escolhas com a paleta e o estilo do mood board para ter certeza de que está tudo certo.

3 COMO MONTAR O LAYOUT DO ESCRITÓRIO

O escritório de uma casa costuma ser um cômodo pequeno – talvez até o canto de uma sala grande. Por isso, é importante pensar muito bem no layout do seu escritório antes de começar a comprar móveis, armários e acessórios. Anote as medidas do cômodo para que os móveis que você adquirir se ajustem às proporções do espaço disponível.

MESA DE TRABALHO

A mesa de trabalho deve ser proporcional ao tamanho do cômodo e colocada corretamente para que seja confortável para trabalhar. Se você usa computador, não se sente de costas para a janela, pois a luz atrapalha a visão da tela. E não se sente de frente para uma janela, ou terá de trabalhar com a persiana fechada. O melhor é posicionar a mesa ao lado da janela, mas recuada, e a tela do computador deve ficar afastada da luz. Reserve um bom espaço para colocar uma cadeira giratória de escritório. A mesa precisa de boa instalação elétrica. Se a mesa estiver centralizada, as tomadas podem ficar no piso e não na parede, mas procure encaixar essa mudança no planejamento da fiação.

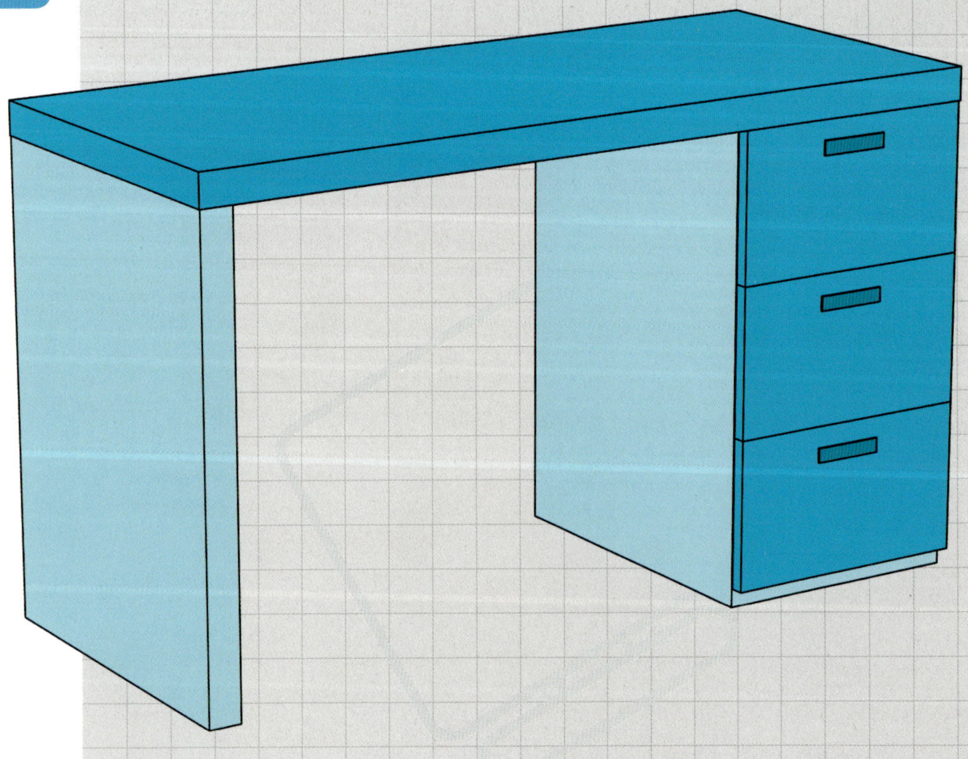

CADEIRA

Escolha uma cadeira de escritório que não tome conta do cômodo nem que seja desconfortável para você se instalar à mesa. Deixe ao menos 1,25 m de vão até a ponta da mesa, para que a cadeira não bata na parede ou em outro móvel quando você empurrá-la para trás a fim de se levantar. Se esse cômodo também for sala de estar, talvez você queira incorporar a cadeira ao local destinado para se sentar, descansar. Se isso ocorrer, procure não ter de pegar a cadeira de outro móvel sempre que for usá-la.

PEÇAS FIXAS NA PAREDE

Armários e prateleiras fixados na parede devem ser um pouco mais profundos do que um arquivo. Procure armários amplos, com portas de correr, se não tiver espaço suficiente para as portas com dobradiças. Sem bloquear a luz natural, fixe os armários e as prateleiras numa altura em que você possa ver o que há lá dentro e pegar os itens. Se houver uma reentrância, use-a para pôr prateleiras; se você não tiver outro lugar, pendure uma prateleira alta para guardar pastas e itens pouco consultados.

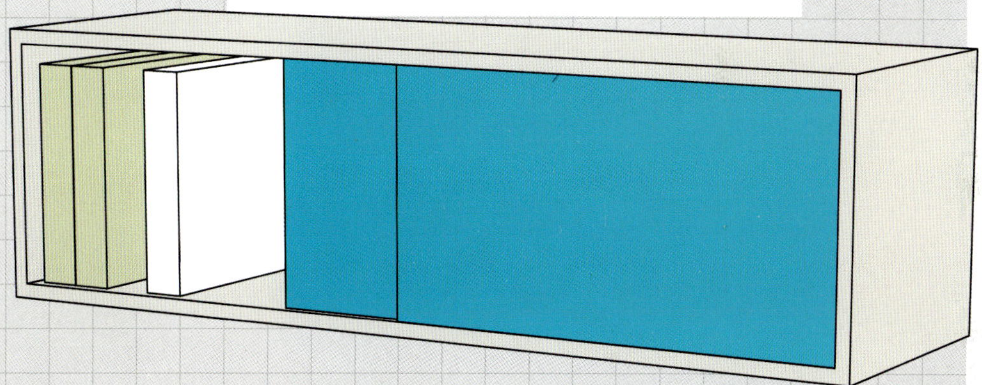

ARQUIVO

O ponto mais indicado para colocar um arquivo é dentro da mesa (ou sob ela), para você não ter de se levantar para abrir uma gaveta. Se suas pastas não couberem nas gavetas, pense no espaço disponível: os arquivos altos verticais são ideais para espaços limitados. Se dispuser de mais espaço, as unidades mais baixas e largas postas atrás ou ao lado da mesa são uma boa solução e lhe darão outra superfície de trabalho sobre a qual poderá colocar itens como bandejas de entrada e saída de material.

QUADRO DE AVISOS

O escritório em casa precisa de um quadro de avisos: ele é usado para expor trabalhos e lembretes, horários e calendários, contas, listas e outras informações importantes. Posicione o quadro onde você possa vê-lo e alcançá-lo com facilidade – ao lado da mesa. Se acha difícil manter seu visual em ordem, fixe-o numa área da parede que não seja imediatamente visível quando se entra no cômodo.

4 ESCOLHA A MESA DE TRABALHO

Com tanta gente que agora trabalha em casa, há muitas opções de mesas de trabalho. Veja se a que você deseja comprar é do tamanho correto para seu espaço e se é adequada para as tarefas que irá realizar. Verifique se consegue abrir e fechar a porta do cômodo quando a mesa estiver no lugar.

ESCOLHA O MODELO

O tipo de mesa a escolher depende da carga de trabalho. Você trabalha em casa e precisa de uma mesa com espaço para laptop, ou de um local para administrar a casa? Precisa de espaço de armazenamento ou terá outros lugares para guardar coisas?

MESA COM GAVETAS
Esse desenho clássico atende às exigências da maioria das pessoas, pois tem tampo amplo e lugar para guardar papel, pastas e outros itens pequenos. Há grande variedade desse tipo de mesa, quanto ao tamanho, modelo e material, e sem dúvida um deles se encaixa na decoração de seu escritório.

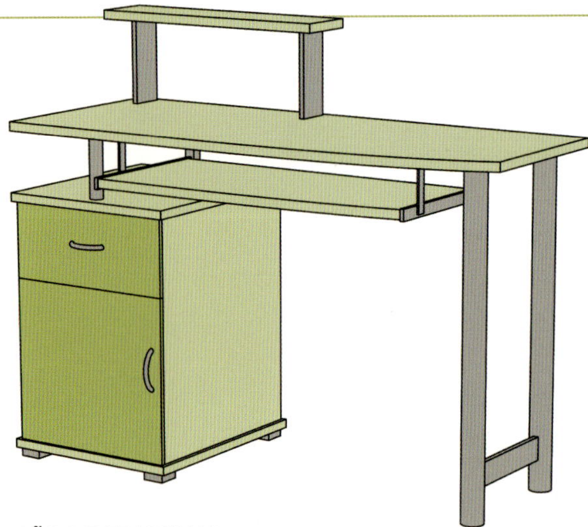

ESTAÇÃO DE TRABALHO
As estações de trabalho são feitas com a intenção de que um computador e seus acessórios fiquem sobre ou dentro delas. Algumas têm portas que você fecha no fim do dia para manter o equipamento escondido – ideal se o escritório estiver em uma área da sala de estar ou do quarto.

TAMPO SOBRE CAVALETES
A mesa com tampo apoiado sobre dois cavaletes tem uma superfície maior que a média. Mas ela não é a peça-chave do cômodo. É tipicamente usada por escritores, arquitetos e pessoas que precisam de muito espaço, mas que podem trabalhar muito bem em uma mesa convencional.

BIRÔ
Quase sempre feito de madeira, o birô possui uma seção frontal que, puxada, cria uma mesa de trabalho. Não é a escrivaninha mais confortável para trabalhar por longos períodos, mas se você quiser uma mesa para uso leve e prefere algo que não se pareça com um móvel de escritório, o birô é uma boa opção.

5 ESCOLHA A CADEIRA DE ESCRITÓRIO

Se você trabalha em casa e passa muitas horas à mesa de trabalho, a compra de uma cadeira adequada é importantíssima. O assento e o encosto devem ser firmes para suportar seu peso, e, se você passa horas usando o teclado, os apoios de braço constituem um item importante.

1 ESCOLHA O MODELO

A escolha depende de seu orçamento, de quanto você vai usá-la e do conforto que ela oferece. Uma cadeira simples é boa para uso ocasional, mas, se você trabalha em tempo integral, uma cadeira executiva ergonômica vale a despesa extra.

CADEIRA BÁSICA

Uma cadeira básica é suficiente se você for se sentar de vez em quando. Se outros membros da família também forem usá-la, escolha uma com altura e encosto ajustáveis.

CADEIRA EXECUTIVA

Esse tipo de cadeira é feito para oferecer o máximo de conforto, e os produtos mais modernos têm desenho ergonômico, com o encosto alto e curvado para trás e suporte para o pescoço. Seus materiais e cores são limitados.

POLTRONA

Essas poltronas têm conforto e estilo, além de todos os benefícios de uma cadeira básica de escritório. Em geral, são forradas com tecidos decorativos, o que constitui um bom modo de dar um toque de cor ao escritório.

2 ESCOLHA O MATERIAL

O estilo de cadeira pode determinar o material que você vai escolher. A menos que opte por algo que combine com a decoração do cômodo, prefira um tecido prático e confortável, disponível com o design de cadeira que você quer.

TECIDO

Mais em conta, os tecidos naturais, como lã ou algodão, respiram e são agradáveis ao toque. As cadeiras de tecido, em geral, têm visual texturizado e estampado.

COURO

Durável e resistente, o couro é prático e de preço médio. A exposição prolongada ao calor (do ar-condicionado ou dos raios de sol) pode fazê-lo rachar.

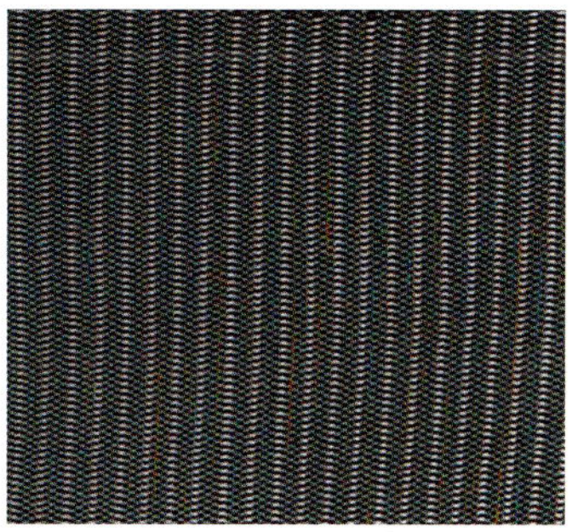

MALHA

A malha é confortável, pois se amolda ao corpo e deixa o ar circular para refrescar. Seu preço vai do barato ao caro, e as opções de cor são limitadas.

6 ESCOLHA A **ILUMINAÇÃO**

O escritório precisa ser cuidadosamente iluminado para atingir o equilíbrio entre os focos de luz e a claridade natural. Pense se necessita de níveis ou tipos diferentes de iluminação (principalmente para trabalhar) durante o dia e à noite, se você, seu sócio ou a família usam o escritório com frequência.

1 SELECIONE O ESTILO

Embora você possa acrescentar uma luz de destaque num escritório amplo, na realidade esse cômodo é basicamente um espaço funcional e, em geral, pequeno. Assim, sua preocupação deve ser a iluminação para o trabalho propriamente dito.

AMBIENTE

Resolva que tipo de iluminação ambiente é necessária. Vale a pena garantir que nesse cômodo ela seja clara o suficiente para iluminar o escritório inteiro sem uma luz de trabalho, se for preciso. Instale um dimmer (regulador de luminosidade) a fim de suavizar as luzes quando quiser.

DE TRABALHO

Talvez você precise somente de uma única luminária de mesa para clarear o espaço ao lado do computador ou a área de trabalho. Mas, se o seu escritório tiver mais de uma superfície de trabalho, avalie se não seria o caso de pôr mais algumas luzes.

2 ESCOLHA OS MODELOS

Se o escritório for um cômodo pequeno, com teto baixo, ou se a luz natural for fraca, uma sequência de refletores eficientes encaixados no teto ou perto dele constitui uma solução prática; reserve os lustres pendentes para um escritório maior.

DE TETO

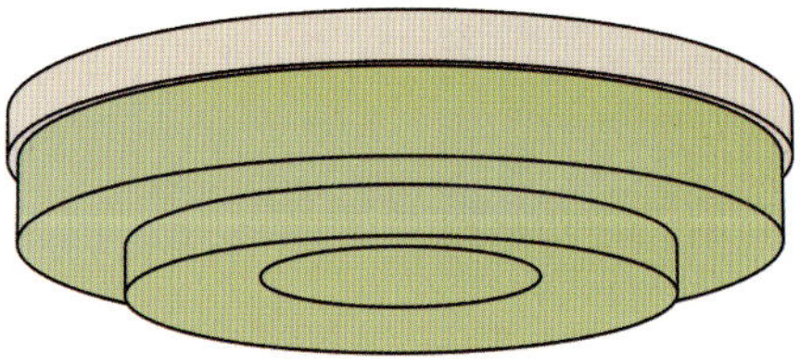

LUSTRE FIXO NO TETO

Um ambiente pequeno com teto baixo ficará muito bem iluminado com um lustre preso a pouca distância do teto. Se esse tipo de iluminação tiver mais de uma lâmpada, veja se a luz emitida é suficiente para trabalhar.

LUSTRE PENDENTE

A não ser que você também esteja investindo em boa iluminação direta para trabalhar, escolha um lustre pendente, de cor clara, para não enfraquecer a claridade da lâmpada. Verifique se o lustre direciona a luz para baixo, e não para o teto.

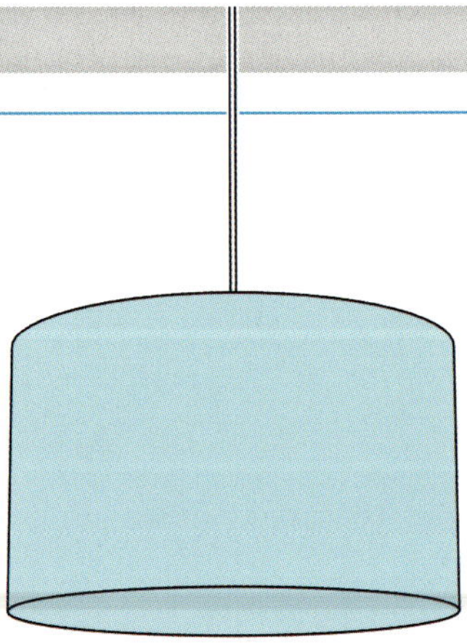

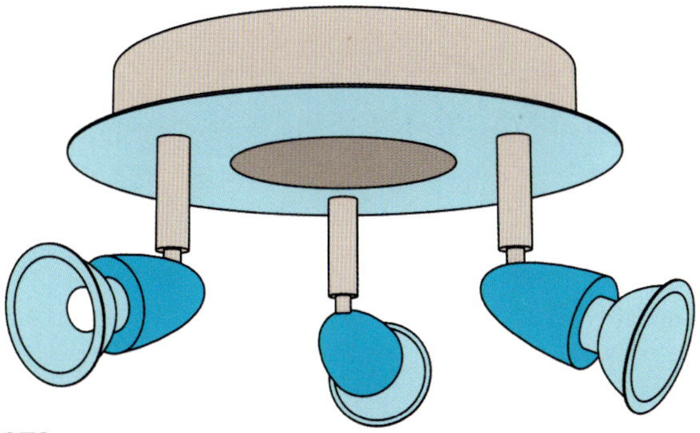

SPOTS

Boa opção para cômodos pequenos e escuros, principalmente se puderem ser direcionados conforme suas necessidades. Lembre-se, porém, de que os refletores de teto lançam sombras pelo cômodo. Assim, se você se sentar à mesa de costas para um refletor central, é provável que o espaço à sua frente fique na sombra.

LUZ EMBUTIDA NO TETO

Essas luzes são uma opção elegante para um escritório pequeno e moderno, ainda mais se tiver teto baixo que não aceita lustres pendentes ou similares. As embutidas costumam ser muito claras; por isso, não instale muitas num espaço apertado – procure pôr uma luz por metro quadrado.

DE PAREDE

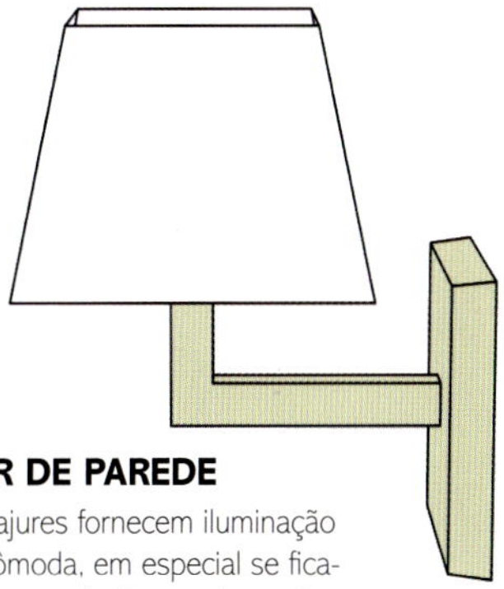

ABAJUR DE PAREDE

Esses abajures fornecem iluminação extra e cômoda, em especial se ficarem numa parede destacada ou de cada lado de um quadro grande num escritório amplo. Escolha os que emitam luz para baixo para maximizar seu efeito prático.

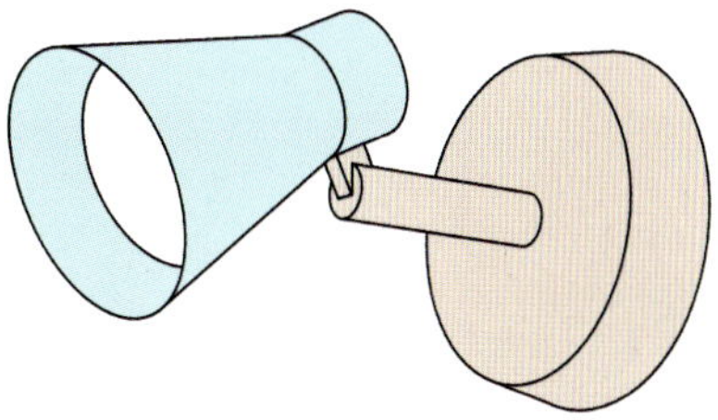

SPOTS INDIVIDUAIS

Um refletor de parede pode ser usado como luz de trabalho, fornecendo um forte feixe de luz sobre a mesa, mas também pode ser direcionado, por exemplo, para uma estante de livros, a fim de destacá-los e facilitar a busca por um título.

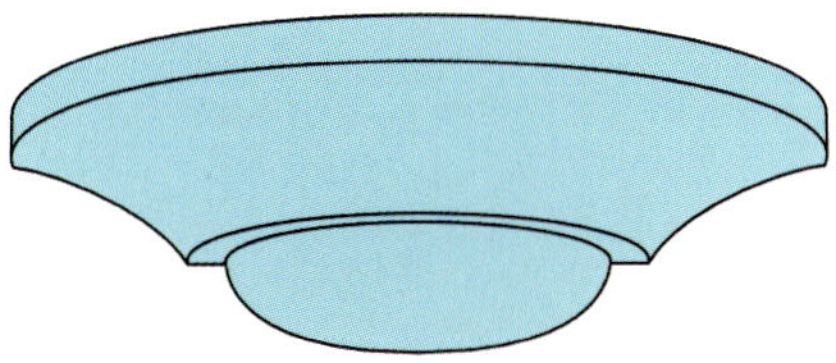

PLAFON

Com iluminação suave, as arandelas de parede podem criar uma atmosfera acolhedora – muitas vezes esquecidas num escritório em casa. Elas lançam a luz para o teto e conferem às paredes a ilusão de que são mais altas.

LUMINÁRIA

DE MESA

Essas luminárias são indispensáveis num escritório, e as melhores são as que podem ser direcionadas para cima e para baixo, e de um lado para outro. O melhor é que a peça fique logo atrás, à direita ou à esquerda do computador ou do principal espaço em que se escreve.

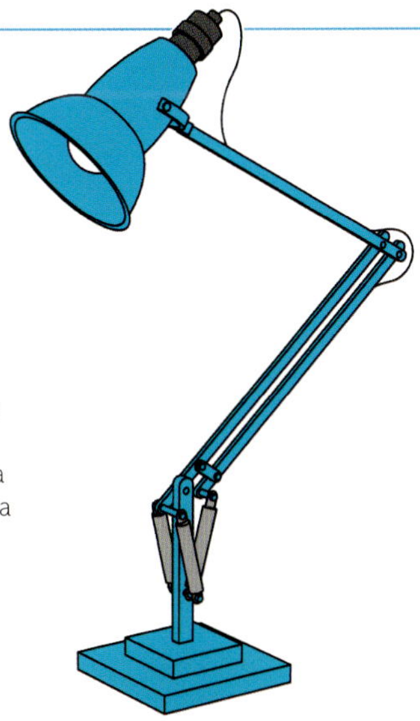

COM GARRA

Se não houver espaço para um abajur de mesa, ou se você precisar de mais iluminação em outras áreas do cômodo, as luminárias com garra são uma boa solução. Elas podem ficar presas na beirada de prateleiras e em muitas outras superfícies. Prefira as articuladas, pois permitem mudar a direção do foco.

7 ESCOLHA O QUE COLOCAR NAS JANELAS

A decoração que você escolher para a janela do escritório depende de como e quando o cômodo é usado. Se você trabalha em casa e usa o escritório durante o dia, opte por algo que se ajuste às mudanças de luz. Se você só usa o espaço à noite, poderá escolher algo mais decorativo.

1 ESCOLHA O TIPO

Decida o que será prático para seu escritório e veja se o que você gosta fornecerá sombra e isolamento suficiente, e se será fácil de limpar. Vale a pena verificar se haverá algum empecilho para abrir e fechar a janela, se a mesa estiver ao lado dela.

PERSIANA

As persianas são discretas e se adaptam bem ao caixilho da janela, ocupando um espaço mínimo – fator importante, no caso de a mesa ficar ao lado da janela ou se o cômodo for pequeno. Se a persiana sozinha lhe parecer sem graça, combine-a com cortinas.

CORTINA

Se a mesa fica na frente da janela, cortinas combinadas com persianas ou venezianas oferecem o visual que você quer sem ter de desenhar nada. As cortinas ficam bem em um cômodo maior, se preferir uma aparência singela e mais isolamento.

VENEZIANA

Venezianas, ótimas para o escritório, são oferecidas em ampla variedade de madeiras com diferentes acabamentos e cores. Elas podem ser projetadas com dois ou três painéis, em estilos como porta-balcão, só com a metade inferior, ou painéis independentes.

VERIFIQUE

- **Avalie a luz** que entra pela janela em diferentes momentos do dia e veja se precisa de algo para controlar isso. Se gosta de cortinas, talvez possa combiná-las com uma persiana, por exemplo.
- **Se você mora em lugar frio**, pode usar cortinas pesadas para evitar a perda de calor pela vidraça à noite e dar ao escritório um visual aconchegante durante o dia.
- **Se o escritório fica exposto à visão de fora**, pense em usar um tecido translúcido, como musselina, voile ou renda, que oferece privacidade, mas deixa a luz entrar. Venezianas de meia altura cumprem a mesma função.

2 ESCOLHA O ESTILO

As janelas do escritório raramente recebem a merecida atenção, pois quase sempre são vistas, como o resto do cômodo, como algo puramente funcional. Mas decorá-las com capricho vai causar um impacto importante no visual do ambiente.

PERSIANA

ROMANA

A persiana romana, a mais decorativa indicada para o escritório em casa, é formada por lâminas flexíveis que ficam retas contra a janela quando abaixadas e se empilham ordenadamente, quando levantadas. Há grande variedade de escolhas, e ficam atraentes quando combinadas com cortinas.

ROLÔ

As persianas de rolo são uma opção barata e de instalação fácil, desde que você tenha habilidade. São feitas de tecido enrijecido numa grande variedade de cores e estampas e podem ser puxadas para cima ou para baixo para bloquear ou deixar o sol entrar. Muitas persianas de rolo prontas podem ser cortadas para se adaptarem ao tamanho da janela.

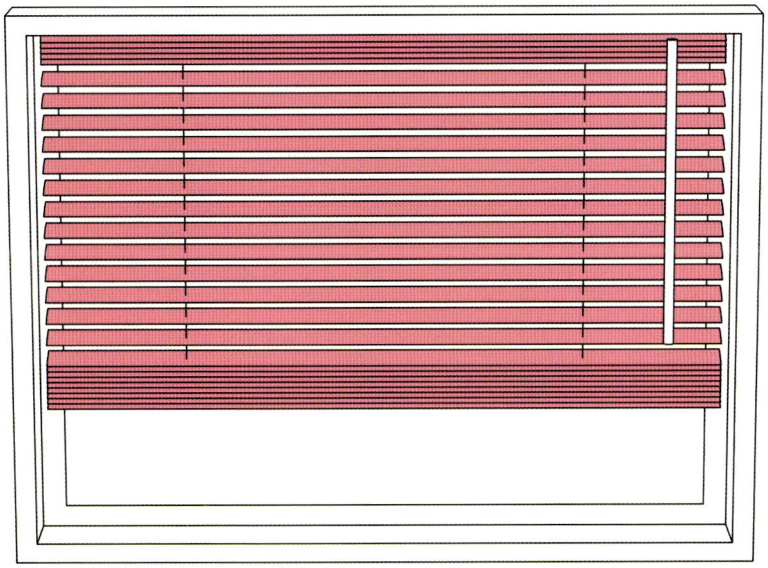

TIPO VENEZIANA

Com lâminas horizontais ajustáveis, a persiana do tipo veneziana constitui uma escolha prática para o escritório, pois é possível controlar a quantidade de luz que entra pela janela movendo as lâminas para cima ou para baixo. Há lâminas de muitos materiais, cores e larguras.

COM LÂMINAS VERTICAIS

Elas estão disponíveis em ampla variedade de cores e tecidos. São feitas de tiras verticais, que podem ser enviezadas ou puxadas. São mais indicadas para janelas do chão ao teto e se adaptam melhor aos espaços modernos do que aos convencionais.

CORTINA

COMPRIDA

Você só deve escolher cortinas de altura total para o escritório se a mesa ou outro móvel não estiver perto da janela (senão, perceberá que elas ficam presas a uma gaveta ou sob as rodinhas da cadeira). O trilho deve ser mais largo que a janela para que as cortinas possam ser puxadas de modo a entrar o máximo possível de luz.

ATÉ O PEITORIL

As cortinas até o peitoril são mais indicadas para cômodos com pouco espaço, pois ficam junto à janela e não prejudicam a área de parede abaixo. O comprimento dessa cortina pode parecer meio antigo; por isso, escolha o tecido com cuidado.

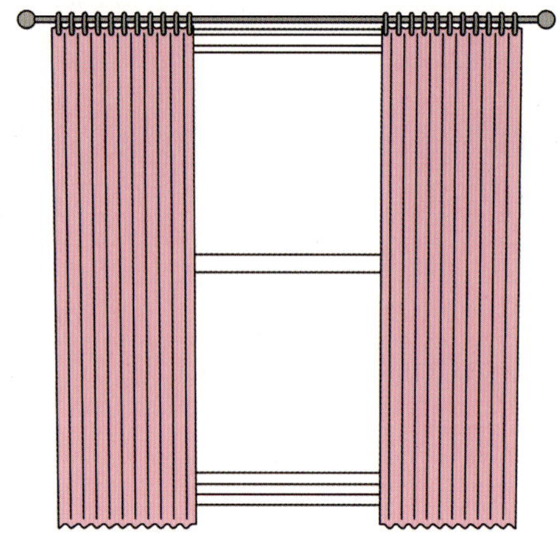

SOBREPOSTA

Se você usar persiana rolô ou romana para fins práticos, mas quiser colocar cortinas como toque decorativo, combine-a com cortinas sobrepostas, mais estreitas que as normais, pois não são para se puxar.

VENEZIANA

MACIÇA

As venezianas maciças são indicadas para casas de época. Feitas de placas sólidas de madeira, ajudam a reduzir os níveis de barulho, sendo excelentes para ruas movimentadas. Contudo, lembre-se de que elas não deixam entrar luz quando estão fechadas.

COM LÂMINAS DE MADEIRA

Venezianas com lâminas de madeira são uma ótima escolha para escritórios, pois você pode ajustar as lâminas para controlar a entrada de luz no cômodo. As melhores opções para o escritório são as do tipo porta-balcão e as que têm painéis independentes, que você controla as partes de cima e de baixo separadamente.

8 COMO ORGANIZAR **OS OBJETOS NO ESCRITÓRIO**

Impeça que o escritório fique em desordem investindo na organização. Você pode comprar uma peça com diversas finalidades ou uma combinação que atenda às suas necessidades. Não se limite a móveis de escritório – itens para a sala de estar ou o dormitório podem funcionar. Solte a imaginação.

1 ESCOLHA AS PEÇAS

As peças a escolher dependem do que você tem para guardar e do espaço disponível. Com calma, calcule o que terá de arquivar, o que gostaria de manter fechado e o que precisa ficar à mão.

PARA FIXAR NA PAREDE

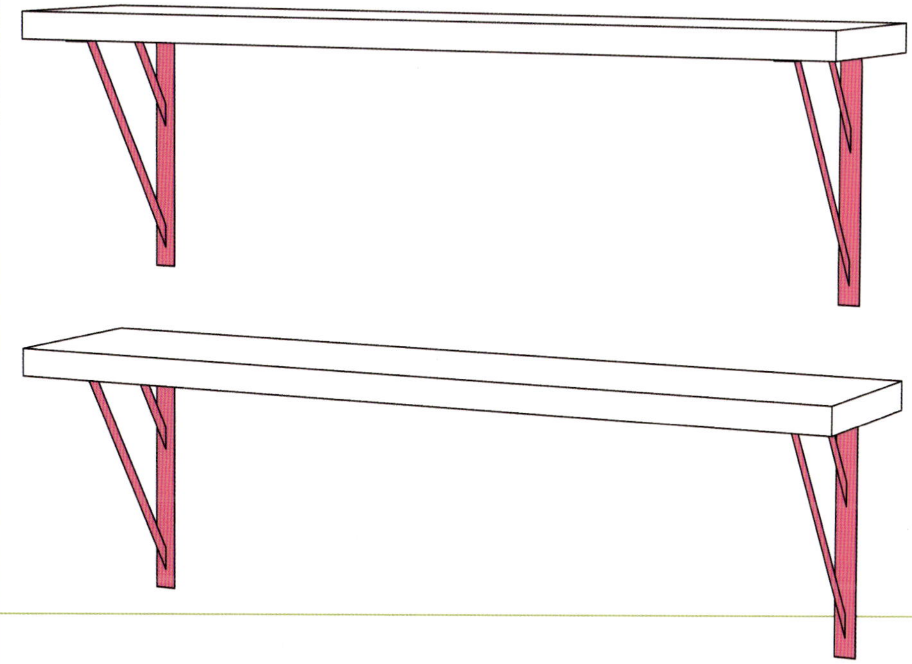

PRATELEIRAS

Se você utilizar uma parede inteira para pôr prateleiras ou apenas o espaço acima da mesa, sempre terá de calcular a altura e a largura da peça, além da profundidade. Se uma estante ou uma prateleira suficientemente profunda para acomodar pastas for muito volumosa para o espaço, talvez seja melhor colocar as pastas em outro lugar e pregar prateleiras menores e menos profundas na parede.

ARMÁRIOS

Se quer manter pastas e papelada de trabalho guardadas, mas tem pouco espaço para um armário grande, opte por uma peça presa à parede e com portas. Pense onde deve fixá-la – acima da mesa pode ser desajeitado, a menos que as portas não sejam de abrir, e sim de correr.

PEÇAS VERTICAIS E HORIZONTAIS

ARQUIVO

Um arquivo tradicional será útil se você precisar de muito espaço para pastas suspensas. Em geral, esse móvel dispõe de três ou quatro gavetas fundas, fechadas à chave. Trata-se de boa opção para quem tem papéis particulares que precisam ficar trancados.

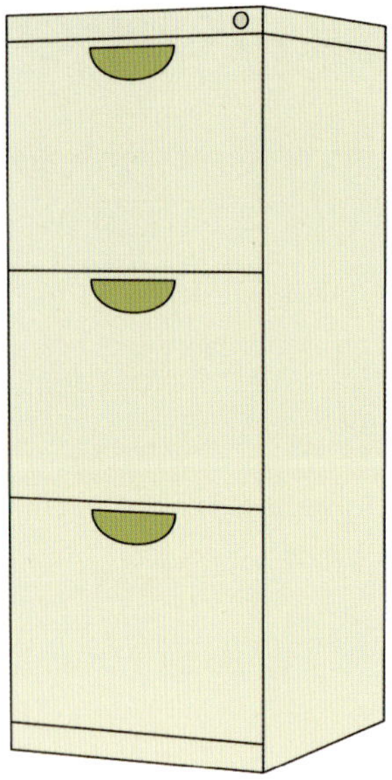

GAVETEIRO

Existem gaveteiros para escritório de diversas alturas e larguras – alguns se adaptam perfeitamente sob a mesa – e quase sempre dispõem de rodinhas para facilitar o deslocamento. Podem ter gavetas de mesmo tamanho ou de tamanhos diferentes.

ESTANTE

Se o escritório é mais usado para a administração doméstica e lições de casa, talvez você só precise de uma estante para livros e pastas que não cabem em outros lugares. Pela flexibilidade, procure uma peça que permita mudar a altura das prateleiras para atender às necessidades específicas e variáveis.

ARMÁRIO ALTO

Os armários altos fornecem espaço para acomodar de tudo, desde computador até pastas que você não quer que fiquem expostas. Num cômodo pequeno, uma peça com armário envidraçado aumenta a sensação de espaço. Mas só adquira um deles se tiver certeza de que manterá em ordem tudo que ficar à vista.

ARMÁRIO BAIXO

Armários baixos são uma boa escolha para cômodos pequenos e estreitos, desde que não façam o lugar parecer menor. Selecione um com profundidade suficiente para guardar pastas e que tenha um tampo com área para colocar uma impressora.

PEÇAS PEQUENAS

PORTA-PAPÉIS

Bandejas porta-papéis são práticas para documentos que não estão prontos para enviar ou arquivar. Existem conjuntos com uma, duas ou três bandejas, ou você pode usar bandejas empilháveis para criar uma configuração em diversas camadas.

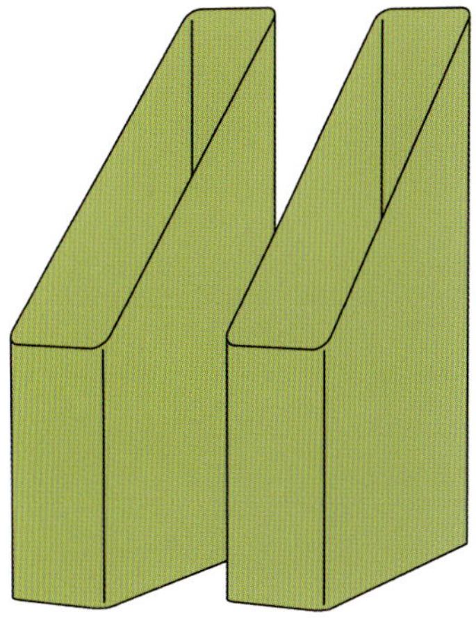

REVISTEIROS

Esses arquivos verticais são úteis para guardar brochuras, pastas e papéis, além de revistas. Seu formato mostra que eles se encaixam num armário, numa prateleira ou na mesa. A opção mais barata é feita de papelão, e as mais duráveis são de plástico, metal ou madeira.

CAIXA DE PASTAS SUSPENSAS

As caixas com tampa para pastas suspensas oferecem mais opções para organizar melhor seus papéis. São de fácil acesso e portáteis. Há grande variedade de materiais e tamanhos.

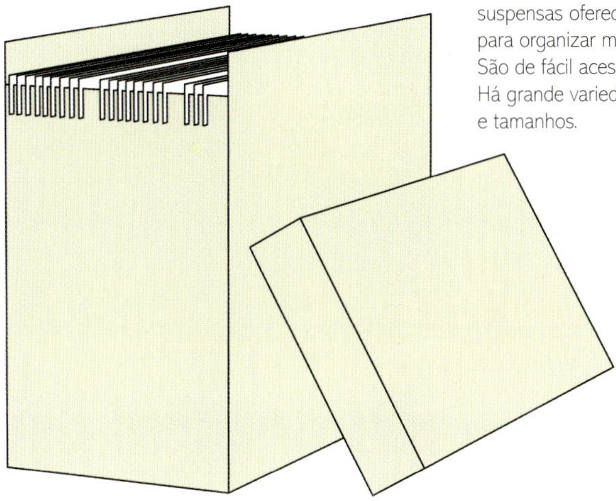

GAVETEIRO DE MESA

Mantenha seu material de papelaria organizado e fora da visão com gaveteiro para colocar na mesa, numa prateleira ou no armário. Use apenas um ou empilhe alguns para ter mais espaço para guardar coisas.

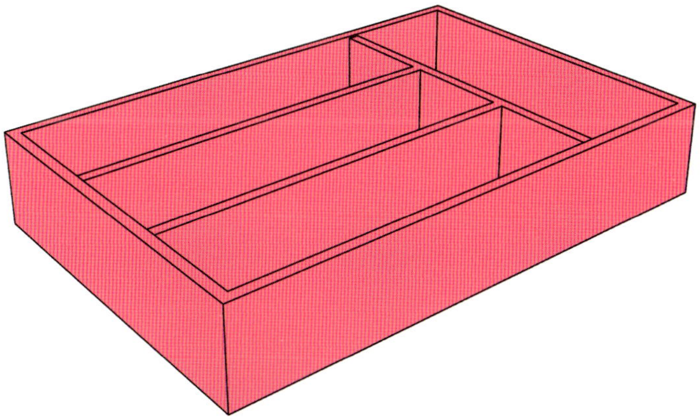

ORGANIZADOR DE GAVETA

Mantenha as gavetas limpas e em ordem com um organizador. Semelhante ao organizador de talheres, é dividido em compartimentos de tamanhos variados, ótimos para guardar canetas e outros pequenos itens de papelaria.

CAIXAS ORGANIZADORAS

As caixas organizadoras são úteis para guardar desde recibos até pequenos suprimentos de escritório. Escolha cores e modelos que combinem com o cômodo e mantenha o conteúdo organizado colocando etiquetas nas caixas.

9 ESCOLHA O PISO

Embora um escritório em casa seja basicamente funcional, quanto mais personalidade e estilo você injetar nele, mais agradáveis serão os momentos passados ali. Para isso, o piso correto merece atenção especial. E não se esqueça de considerações práticas; pense no desgaste da área ao redor da mesa, por exemplo.

1 ESCOLHA O VISUAL

Nem todos os tipos de piso são adequados às cadeiras de escritório. Assim, há menos opções aqui do que para outros cômodos. A madeira dá um visual elegante e moderno, e o carpete oferece um aspecto tradicional e aconchegante.

MADEIRA

Pisos de madeira podem dar personalidade e calor ao projeto do escritório. Tábuas de madeira fazem um cômodo parecer mais longo e largo, sendo indicadas para áreas pequenas. Madeiras claras ajudam a aumentar ainda mais a sensação de espaço.

CARPETE

O carpete, por sua própria natureza, sempre fará um cômodo parecer mais quente e acolhedor. Seu uso acrescenta textura e cor ao escritório; se as paredes forem lisas, você poderá até optar por um carpete estampado.

2 ESCOLHA O MATERIAL

O piso de um escritório precisa ser resistente em volta da mesa. Por isso, escolha um material durável, fácil de limpar e que você possa consertar se ele se desgastar. Vale a pena analisar cada um dos exemplos abaixo.

MADEIRA

DE LEI

Madeiras como carvalho, bordo e freixo são elegantes e duráveis. Têm preço de médio a alto e devem ser instaladas por profissionais que dão bom acabamento.

DE CONÍFERA

Pisos de preço baixo a médio. Dão uma sensação de calor ao escritório. Use material cuja secagem é feita em fornos para que a deformação das fibras seja mínima.

PROCESSADA

Chapas de madeira de lei e de conífera e superfície folheada com madeira de lei criam uma madeira processada de preço médio, com aspecto de madeira sólida.

LAMINADA

Feita da laminação de madeiras, cujas fibras são comprimidas para criar placas com aspecto de madeira maciça. Tem preço de baixo a médio.

CARPETE

TRAMA TORCIDA

De preço baixo a médio, o carpete de trama torcida tem aparência rústica e irregular. Feito de lã ou fibras processadas, apresenta visual liso ou estampado.

TRAMA AVELUDADA

Tem trama cortada rente e aparência suave e macia, como camurça. Apesar do visual luxuoso e do preço de médio a alto, o carpete aveludado é durável.

PLACA DE CARPETE

De preço baixo, as placas de carpete permitem substituir os quadrados que desgastarem (como a área sob a mesa e a cadeira) sem ter de trocar o piso inteiro.

FIBRA DE COCO

Preço em conta, é feito com as fibras da casca do coco amaciadas na água do mar e depois tecidas. Sua textura bem rústica é extremamente durável.

SISAL

Feito da planta *Agave sizalana*, o sisal tem preço médio e textura excelente. Disponível em diversas tramas e opções de cores.

JUTA

Mais macia do que outros pisos naturais, a juta é oferecida com trama do tipo buclê e espinha de peixe, na cor natural. Tem preço médio.

FIBRA MARINHA

De preço médio, as fibras marinhas crescem nas barrancas de rios litorâneos. Têm aparência grosseira, depois de tecidas, e textura cerosa, resistente a manchas.

AS CADEIRAS DE ESCRITÓRIO E O PISO

Uma cadeira de escritório com rodinhas, em uso constante, coloca mais pressão no piso do que qualquer cadeira da casa. Se você anda para a frente e para trás sobre as rodinhas, verifique qual tipo de piso seria melhor:

- **Procure um carpete** misto de lã e náilon, pois é mais durável que outros carpetes.
- **Pisos de madeira de lei e de madeira processada** podem ficar arranhados, mas provavelmente suportarão bem o desgaste, e ambos podem ser lixados para readquirir a aparência; pisos de coníferas ficarão mais danificados.
- **O piso laminado** tende a ficar bem arranhado pelas rodinhas, e as rodas de metal e plástico duro também raspam o chão. Por isso, essa opção não serve, se você quer algo bem durável.
- **Seja qual for o piso escolhido**, convém proteger a área sob sua cadeira com uma esteira ou tapete de trama baixa.

Se você comprar uma boa cadeira de escritório com rodinhas, vale a pena investir num piso de material durável.

FAÇA UM
QUADRO DE AVISO FORRADO

Dê um toque de cor e textura ao escritório com um atraente quadro de aviso. Você escolhe o estofado que deseja para seu quadro (conforme a espessura da manta de poliéster que selecionar). Vale a pena comprar aproximadamente 5m de fita para não faltar, pois vai usar bastante.

VOCÊ PRECISA DE:

- Quadro de aviso de cortiça
- Manta de poliéster
- Tecido de algodão
- Grampeador potente e grampos
- Fita
- Tesoura
- Prendedores de tecido ou tachinhas

1 CORTE O TECIDO E A MANTA

CORTE UM RETÂNGULO da manta de poliéster que seja ligeiramente maior que o quadro. Corte um retângulo de tecido que fique 5cm maior que o quadro, em todos os lados. Ponha o tecido, com o lado direito para baixo, numa superfície plana, e coloque a manta por cima, deixando por último o quadro virado para baixo sobre a manta.

2 GRAMPEIE O TECIDO

DOBRE A BEIRADA de um dos lados do tecido e estique-o delicadamente sobre a parte de trás da moldura, dobre a beirada e fixe-a no lugar com um grampo (usando grampeador potente). Repita o processo no lado oposto e depois siga a sequência sugerida (veja à direita) para grampear o restante do tecido no quadro, deixando os cantos por último.

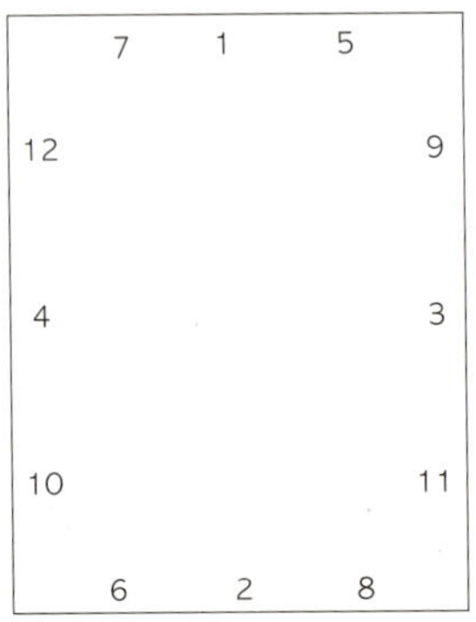

3 PRENDA OS CANTOS

1 **GRAMPEIE A EXTREMIDADE** de um dos lados do tecido no canto do quadro; depois dobre o excesso de tecido, formando um triângulo.

2 **COM CAPRICHO**, dobre o triângulo (e o que sobrou do tecido) sobre a parte traseira da moldura do quadro e grampeie tudo no lugar.

4 FIXE AS FITAS

1 GRAMPEIE UMA PONTA da fita atrás do canto do quadro e estique-a, atravessando a frente numa linha diagonal. Corte e grampeie a ponta da fita atrás do canto oposto do quadro. Prenda mais pedaços de fita na mesma direção, calculando a olho a distância entre eles em vez de medir.

2 CRIE UM PADRÃO DE LOSANGOS, prendendo na diagonal pedaços de fita na direção oposta.

3 PRESSIONE UM ALFINETE DE TECIDO ou uma tachinha na frente do quadro, nos pontos em que as fitas se cruzam.

PLANEJE UM AMBIENTE **FUNCIONAL PERFEITO**

Se a área de trabalho está instalada na sala de estar, é importante encontrar móveis adequados e espaços para guardar coisas que atendam às necessidades práticas e tenham um belo visual. Siga as orientações para tirar o máximo de seu espaço de função dupla.

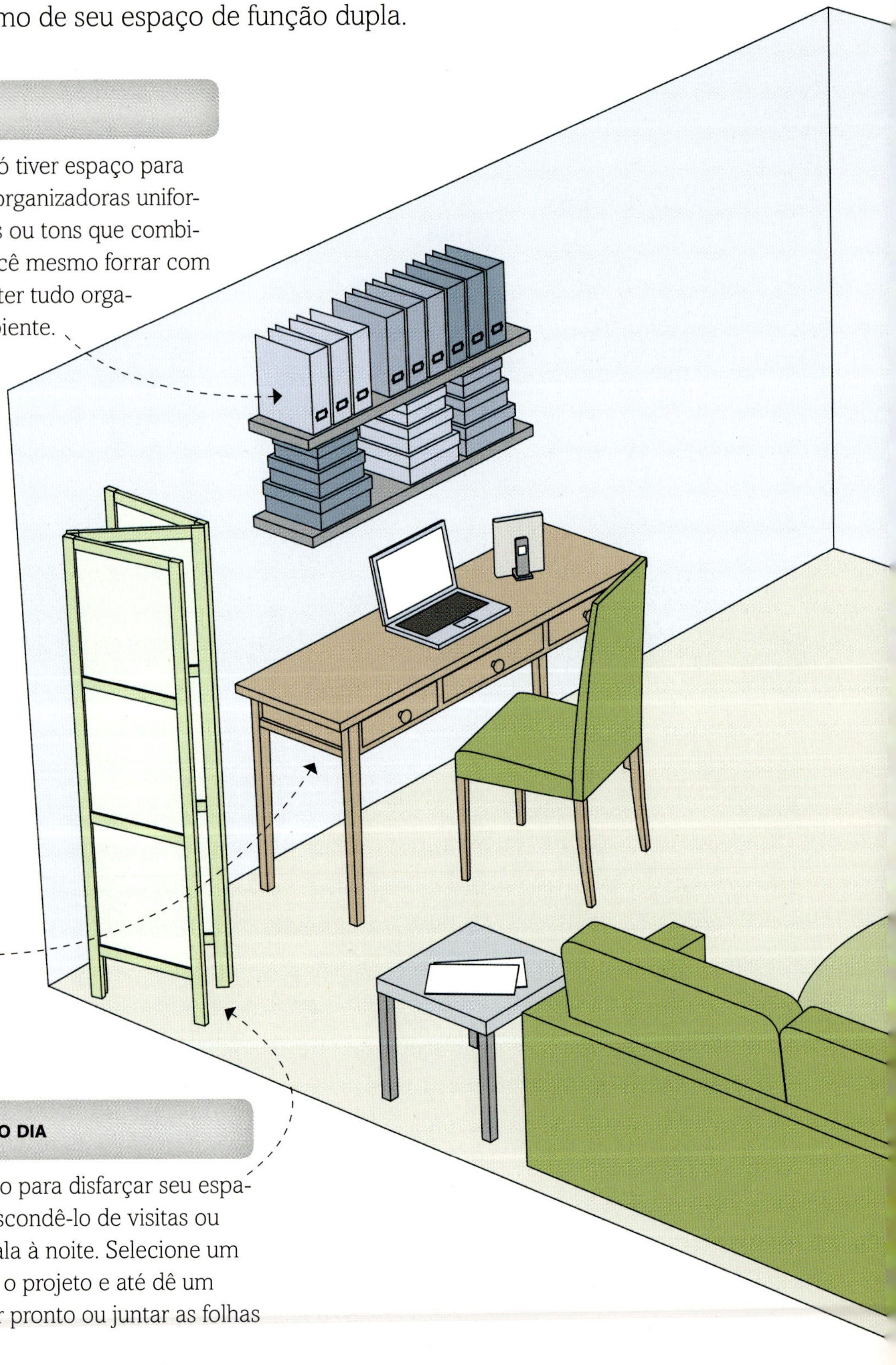

USE PASTAS ATRAENTES

Se, para guardar sua papelada, você só tiver espaço para prateleiras de parede, escolha caixas organizadoras uniformes ou pastas forradas com estampas ou tons que combinem com o cômodo. Outra oção é você mesmo forrar com papéis ou tecidos. Elas ajudam a manter tudo organizado e dão um bonito visual ao ambiente.

ESCOLHA UMA MESA

Opte por uma mesa console estreita, uma penteadeira pequena ou uma mesa de canto, todas elas compactas e ideais para ambientes de função dupla. Se quiser que a área de trabalho se misture à sala, escolha uma mesa de material que complemente os demais móveis. Na loja, sente-se à mesa antes de comprá-la e veja se há espaço suficiente para laptop, abajur, telefone e uma pasta.

ESCONDA TUDO NO FIM DO DIA

Um biombo pode ser usado para disfarçar seu espaço de trabalho, se quiser escondê-lo de visitas ou separá-lo do restante da sala à noite. Selecione um biombo que combine com o projeto e até dê um realce (você pode comprar pronto ou juntar as folhas e decorar do seu jeito).

DISFARCE APARELHOS

Equipamentos, como impressora ou scanner, não são atraentes. Por isso, se o ambiente tiver uso como escritório e dormitório, você precisa esconder essas peças grandes. Em vez de escolher móveis de escritório, que nem sempre são bonitos, procure um aparador, um armário antigo ou uma peça com profundidade para caber tudo dentro.

ESCRITÓRIO/DORMITÓRIO

Se o escritório foi instalado no quarto, serão aplicáveis muitos dos mesmos princípios. Opte por móveis que acompanhem o design do dormitório e esconda os equipamentos pouco atraentes, e veja se a mesa tem espaço suficiente para acomodar os itens de trabalho. Se o quarto for grande, talvez seja o caso de usar prateleiras modulares em vez de um biombo para esconder a área do escritório, e guarde pastas, livros, molduras de fotos e itens decorativos nos dois lados das prateleiras. Veja se a luz natural é suficiente (e se as janelas têm bom acabamento) ou se vai precisar de iluminação de trabalho, como uma luminária pantográfica.

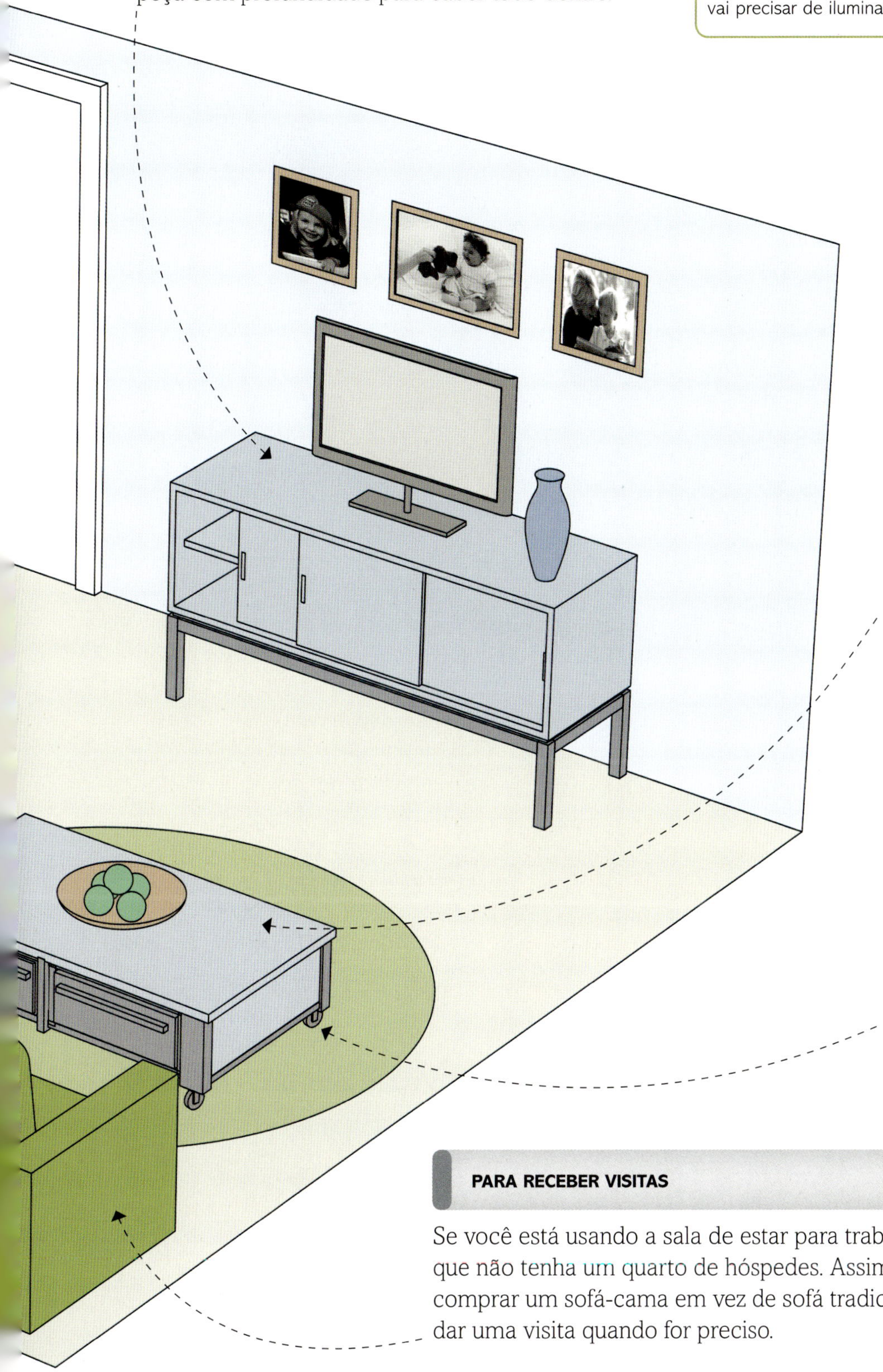

ECONOMIZE ESPAÇO COM MÓVEIS DE FUNÇÃO DUPLA

Cada móvel deve ter dois propósitos num cômodo de função dupla. Por isso, quando procurar móveis não projetados para seu escritório em casa – a exemplo de uma mesa de centro ou um banquinho –, adquira peças com espaço para guardar coisas ou desenhadas para ter função dupla. Algumas mesas de centro, por exemplo, têm gavetas fundas, que servem para guardar listas telefônicas, ou sua tampa se transforma em mesa de computador. O segredo para acertar nessas compras é pesquisar até encontrar os itens certos.

PROCURE MÓVEIS COM RODINHAS

Peças que se movimentam sobre rodinhas são ótimas para ambientes de função dupla, pois podem ser facilmente afastadas se for preciso criar espaço, por exemplo, para abrir um sofá-cama. O móvel tem de ser sólido, com rodinhas resistentes, para suportar o desgaste.

PARA RECEBER VISITAS

Se você está usando a sala de estar para trabalhar, é provável que não tenha um quarto de hóspedes. Assim, é uma boa ideia comprar um sofá-cama em vez de sofá tradicional para acomodar uma visita quando for preciso.

RECURSOS ÚTEIS

A lista a seguir auxiliará você nas compras de eletrodomésticos, móveis, materiais e acessórios para a reforma da casa. Trata-se de uma seleção de empresas brasileiras e britânicas que oferecem informações, sugestões, produtos e serviços.

Banheiro, Cozinha e Lavanderia

Corian®
www2.dupont.com/Brazil_Country_Site/pt_BR
A DuPont oferece produtos, serviços e dicas para quem busca bancadas de Corian®.

Cozinhas Itatiaia
www.cozinhasitatiaia.com.br
O site disponibiliza catálogos e instruções de montagem dos módulos de cozinha. Também permite que você simule sua futura cozinha e faça compras on-line.

Deca
www.deca.com.br
No catálogo on-line você encontra acessórios para cozinha, banheiro e lavanderia: louças e metais sanitários, cubas e lavatórios, torneiras e misturadores, bacias etc. A empresa tem um showroom em São Paulo.

Tigre
www.tigre.com.br
Empresa voltada para o setor de tubos, conexões e acessórios para obras nos sistemas elétrico e hidráulico.

Eletrodomésticos

É possível encontrar todos os tipos e variedades de aparelhos eletrodomésticos nas grandes redes varejistas do Brasil.

Casas Bahia
www.casasbahia.com.br

Lojas Cem
www.lojascem.com.br

Magazine Luiza
www.magazineluiza.com.br

Ponto Frio
www.pontofrio.com.br

Ricardo Eletro
www.ricardoeletro.com.br

Iluminação

E-lustre
www.e-lustre.com.br
Loja virtual especializada em iluminação.

Leni Lustres
www.lenilustres.com.br
Situada em Curitiba, dispõe de mais de 2.800 modelos em estoque.

Lustres Yamamura
www.yamamura.com.br
É um dos destaques da Rua da Consolação (em São Paulo), o maior centro de iluminação da América Latina, e possui grande variedade de lustres, pendentes, arandelas, abajures, luminárias, spots e plafons.

Móveis e Decoração

Camicado
www.camicado.com.br
A loja trabalha com os setores de decoração, utilidades domésticas, eletroportáteis e cama, mesa e banho.

Casa & Móvel
www.casaemovel.com.br
Galeria que reúne cerca de 30 lojas dedicadas a móveis e itens de decoração. Situa-se na Rua Teodoro Sampaio, em São Paulo, onde há grande concentração de lojas do gênero.

Etna
www.etna.com.br
Além de móveis, tapetes, cortinas e acessórios de decoração e de utilidade doméstica, oferece também ambientes assinados por profissionais, com dicas e soluções de combinação para renovar a casa.

Oppa
www.oppa.com.br
Empresa especializada no comércio eletrônico de móveis e objetos decorativos.

Preçolândia
www.precolandia.com.br
Oferece utensílios domésticos de diferentes marcas.

Multiespecialistas em Construção e Reforma

Com vendas on-line e lojas espalhadas por todo o país, essas redes multiespecializadas oferecem tudo o que é preciso para construir, reformar ou decorar a casa.

C&C
www.cec.com.br

Center Castilho
www.centercastilho.com.br

Leroy Merlin
www.leroymerlin.com.br

Telhanorte
www.telhanorte.com.br

Tok&Stok
www.tokstok.com.br

Pintura

Nos sites a seguir, você pode simular decorações e calcular a quantidade de tinta necessária para o seu projeto. Consulte os leques de cores disponíveis nas lojas e faça um teste no local a ser pintado, pois as cores podem sofrer variações.

Lukscolor Tintas
www.lukscolor.com.br

Tintas Coral
www.tintascoral.com.br

Tintas Suvinil
www.suvinil.com.br

Pisos e Revestimentos

Mundo do Papel de Parede
www.mundodopapeldeparede.com.br
A loja oferece aos clientes as últimas tendências mundiais em revestimentos para paredes. Simule seu orçamento on-line.

Portobello
www.portobello.com.br
Empresa de revestimentos cerâmicos sediada em Santa Catarina, mas presente em lojas multimarcas de todo o país.

Tecidos

Bauhaus
www.bauhaus.com.br
Conta com uma gama de cores e tramas de diferentes origens, como italiana, americana, belga, alemã, argentina, espanhola, francesa e indiana.

Donatelli Tecidos
www.donatelli.com.br
A rede tem lojas distribuídas pelas principais capitais do Brasil e oferece tecidos nacionais e importados. Além disso, indica profissionais especializados em diversos serviços de confecção e instalação.

Kauany Golden
www.kauany.com.br
Com endereços em Curitiba e São Paulo, essa rede especializada em tecidos para decoração dispõe de sedas indianas para cortinas, colchas e estofados.

Larmod
www.larmod.com.br
Vende estampas originais, coloridas e exclusivas, em tecidos 100% algodão.

Tecelagem Cinerama
www.cinerama.com.br
Oferece diferentes cores, formas e texturas de tecidos.

Villa Nova
www.villanovatecidos.com.br
A marca registrada da Villa Nova são os tecidos coloridos.

Wiler-K
www.wiler-kar.com.br
Nessa megaloja você encontra tecidos, corinos, espumas, aviamentos, panos para cortinas, toalhas, cetins, cobre-manchas, cortinas de blecaute, acessórios e tapetes.

Sites Britânicos

Esses sites em inglês dão valiosas dicas e ideias de construção e decoração, além de fotos de ambientes decorados.

Elledecor
www.elledecor.com

Home & Design
www.homeanddesign.com

House to Home
www.housetohome.co.uk

houzz
www.houzz.com

kbsa
www.kbsa.org.uk

CÁLCULO DA METRAGEM DE **TECIDO PARA CORTINAS**

Para fazer cortinas como as mostradas nas páginas 160-3, você vai precisar saber, desde o início, qual a metragem de tecido necessária. Para isso, siga os passos abaixo. Realizar esses cálculos pode ser complicado, se você for inexperiente. É sempre bom calcular duas ou mais vezes até ter certeza de que os números estão corretos.

MEÇA O COMPRIMENTO DO TRILHO OU VARÃO

Você vai precisar saber disso mais tarde, quando estabelecer que largura as cortinas devem ter. Se estiver instalando um varão novo, procure usar um que se estenda de 15 cm a 30 cm além da janela ou do caixilho, excluindo qualquer extremidade decorativa.

DETERMINE A LARGURA UTILIZÁVEL DO TECIDO

Com tecido liso, a largura utilizável é a largura do tecido menos a margem para as costuras. É provável que seja menos para tecidos padronizados, nos quais a largura será ditada pela repetição do padrão.

MARQUE O COMPRIMENTO FINAL DAS CORTINAS

Em geral, você calcula o comprimento final das cortinas medindo do alto do trilho ou varão até o ponto em que deseja que elas terminem, seja logo abaixo do peitoril ou logo acima do chão (se quiser cortinas longas o bastante para sobrarem drapeadas sobre o piso, meça até o chão e acrescente mais 20 cm a 30 cm). Você terá de ter em mente as diferentes partes de cima. Por exemplo: se usar passantes em cima, a cortina propriamente dita começará mais abaixo; por isso, tire as medidas a partir de um ponto embaixo do varão em vez de medir a partir de cima.

CALCULE O CORTE DO COMPRIMENTO DAS CORTINAS

O corte do comprimento das cortinas é a metragem que você precisa para cortar o tecido, a fim de conseguir a altura final das cortinas. Para fazer as cortinas deste livro, usando tecido liso, calcule o comprimento do corte acrescentando 25 cm à altura final desejada, para as costuras da bainha e do alto. Novamente, se usar tecido padronizado, precisará levar em conta a repetição do padrão.

ESTABELEÇA A LARGURA MÍNIMA DAS CORTINAS

A cortina sempre deve ser "volumosa", ou seja, ela deve ter tecido suficiente para cair em franzido abundante e atraente. O franzido depende da parte de cima, e, como resultado, estilos diferentes de cortinas precisam ser feitos com larguras diferentes, mesmo se a janela tiver o mesmo tamanho. Para que as cortinas com passantes em cima (pp. 160-3) tenham um bom caimento, a largura de cada metade deve ter de metade a três quartos o comprimento do varão.

CALCULE QUANTAS LARGURAS DE TECIDO VOCÊ VAI PRECISAR

Para isso, divida o número da largura final pretendida para a cortina pela largura útil do tecido. Dificilmente o resultado será um número inteiro. Arredonde para cima, para ver quantas larguras serão necessárias para a cortina.

CALCULE A QUANTIDADE TOTAL DE TECIDO NECESSÁRIA

Agora você sabe o comprimento de tecido necessário para cortar a cortina (o comprimento de corte das cortinas) e quantas larguras de tecido cada cortina precisa. Multiplicando esses dois números, o resultado será a quantidade de tecido necessária para o painel frontal de cada cortina.

NÃO SE ESQUEÇA DOS EXTRAS

Antes de comprar ainda é preciso levar em conta todos os pedaços extras. As cortinas com alças em cima, por exemplo, têm um painel posterior no alto, que também precisa entrar na conta, além das próprias alças. Você calcula o tecido extra necessário para o painel posterior repetindo os passos acima, supondo um comprimento de 25 cm. Para calcular quanto tecido a mais é preciso para os passantes, primeiro calcule o tamanho de cada um – 20 cm de largura: o comprimento depende da espessura do varão. Depois você tem de calcular o número de passantes: eles serão colocados a intervalos de 10 cm a 30 cm; por isso, divida a largura final da cortina por 20, 25 ou 30. O número obtido, arredondado para cima para dar um número inteiro, representa o número de passantes. Calcule quantos você conseguirá com uma largura de tecido e veja quanto tecido será necessário.

LEMBRE-SE DE QUE
para as cortinas com passantes em cima, como esta, você vai precisar comprar mais tecido para confeccioná-los.

ÍNDICE

D

E

F

G

H

I

Q

R

S

T

V

AGRADECIMENTOS

Agradecimentos da autora

Clare Steel gostaria de agradecer a Gary por seu apoio e paciência e a Lucy Searle pelos constantes conselhos e pelas orientações.

Agradecimentos do editor

A Dorling Kindersley gostaria de agradecer a Zoe Browne e Alison Smith por criar os projetos especializados, Jane Coulter pelo índice, Barry Cox e Kit Jolliffe pelas construções, Sara Emslie pelo design de interiores e Samuel Grant pelos projetos de bricolagem.

Agradecemos também aos seguintes fornecedores que nos ofereceram amostras para serem fotografadas:

Bamboo Flooring Company – piso de bambu
www.bambooflooringcompany.com

Bushboard – bancadas laminadas
www.bushboard.com

Churchfield sofa bed company – tecidos para sofás
www.sofabed.co.uk

Concreations – bancadas de concreto
www.concreations.co.uk

Decorative Aggregates – lascas de borracha e pedra
www.decorativeaggregates.com

Flooringsupplies.co.uk – piso de madeira, piso de madeira processada, piso laminado, carpetes
www.flooringsupplies.co.uk

Fritztile – lajotas para terraços
www.fritztile.com

Furniture Choice – tecidos para sofás
www.furniturechoice.co.uk

Glassact – bancadas de vidro
www.glassactuk.com

Granitesolutionsdirect– bancadas de compostos de granito e quartzo
www.granitesolutionsdirect.co.uk

London Stone – pavimentação tipo Yorkstone
www.londonstone.com

Meadee Flooring – piso de borracha, vinil e linóleo
www.meadeeflooring.co.uk

Puur – Pisos sem emenda de concreto e resina
www.puur.uk.com

Q Stoneworks – bancadas de granito e basalto
www.qstoneworks.co.uk

Sofa.com – tecidos para sofá
www.sofa.com

Sofas&stuff – tecidos para sofá
www.sofasandstuff.com

The Sofa Company – tecidos para sofá
www.sofa-company.co.uk

Tong Ling Bamboo Flooring – piso de bambu
www.tlflooring.co.uk

Walls and Floors – azulejos/ladrilhos
www.wallsandfloors.co.uk

Wallpaper direct – papel de parede
www.wallpaperdirect.co.uk

Wilsons Flooring – carpetes Saxony
www.wilsonsflooringdirect.co.uk

Wilton Carpets – carpetes aveludados
www.wiltoncarpets.com

Créditos das fotos

A Dorling Kindersley gostaria de agradecer às seguintes empresas pela permissão para reproduzir suas fotografias:

(Legenda: b-abaixo/embaixo; c-centro; e-esquerda; d-direita; t-topo)

Alamy Images: Ivan Barta 51; **Dorling Kindersley**: (c) Judith Miller / Dorling Kindersley / Bonhams 35td, 66ce, 146crd (c) Judith Miller / Dorling Kindersley / Lyon and Turnbull Ltd 261bd; **Getty Images**: Neo Vision 14td; **IPC+ Syndication**: Hallie Burton / Livingetc 16be, Ideal Home 131; **Photoshot**: Red Cover / Ed Reeve 16cb, 16cdb, Red Cover / Ken Hayden 237, Red Cover / Mary-Jane Maybury 16bd; **www.jordicanosa.com**: 181

Todas as outras imagens © Dorling Kindersley
Para mais informações: www.dkimages.com

Sobre o autor

Clare Steel escreve para uma série de revistas de decoração no Reino Unido, como *Ideal Home* e *House Beautiful*, e colabora regularmente com sites relacionados com temas como escolha de cores e pisos. Passou a maior parte de sua carreira concebendo, projetando e criando cenários para ensaios fotográficos, além de participar de transformações em diversas casas de leitores das revistas.